Mon évasion d'Allemagne

Eric A. Keith

Writat

Cette édition parue en 2024

ISBN : 9789359943091

Publié par
Writat
email : info@writat.com

Selon les informations que nous détenons, ce livre est dans le domaine public. Ce livre est la reproduction d'un ouvrage historique important. Alpha Editions utilise la meilleure technologie pour reproduire un travail historique de la même manière qu'il a été publié pour la première fois afin de préserver son caractère original. Toute marque ou numéro vu est laissé intentionnellement pour préserver sa vraie forme.

Contenu

INTRODUCTION

Il y a un élément de hasard et de risque dans une tentative d'évasion d'un pays ennemi qui ne manquera pas de plaire à quiconque possède un soupçon d'instinct sportif. Considéré comme un sport, bien que ses adeptes soient naturellement peu nombreux et espèrent le devenir, il possède une technique qui lui est propre, et il serait peut-être préférable, plutôt que d'interrompre le cours de mon récit, d'en dire quelques mots ici.

Comme toujours, un équipement approprié facilite la tâche. Mais son manque, puisqu'un prisonnier de guerre ne peut pas commander une tenue idéale, peut être largement compensé par des qualités personnelles.

En considérant les chances de succès ou d'échec, il faut toujours supposer que la route traverse un pays entièrement inconnu du fugitif. Pourtant, ce n'est pas un inconvénient aussi important qu'on pourrait le supposer. Une fois libéré des villes et des chemins de fer, un homme possédant une certaine connaissance de la nature et du ciel, et doté de quelques facultés d'observation et de déduction, ne peut guère manquer d'atteindre un objectif aussi considérable qu'une ligne frontière, même si une centaine de milles ont été parcourus. à parcourir, à condition qu'il connaisse la position de son point de départ et qu'il bénéficie d'une météo favorable.

Le ciel étant obscurci, il lui faut au moins avoir une boussole de poche pour garder sa direction ; cependant, lorsque les étoiles sont visibles, il est plus facile et plus sûr de marcher grâce à leur aide.

Viennent ensuite les cartes. Avec d'assez bonnes cartes, ainsi qu'une boussole, les chances d'échapper à la découverte avant d'approcher de la frontière, avec sa zone de sentinelles et de patrouilles, sont, à mon avis, à peu près égales.

Une autre condition indispensable est une bouteille d'eau, une bonne grande. Ma propre conviction est qu'un homme dans un état tolérable - disons en bon état dans un camp d'internement - peut continuer à vivre pendant deux à trois semaines avec pas plus de nourriture qu'il ne peut en ramasser dans les champs. Mais trente heures sans eau seront, dans la plupart des cas, trop pour lui. Sous les tortures de la soif, sa détermination sera sapée. J'étais donc toujours prêt à échanger la route la plus directe contre une route plus longue et offrant de bonnes réserves d'eau. Lors de ma dernière et réussie tentative, alors que j'étais à la tête d'un groupe de trois personnes et que je devais traverser une partie de l'Allemagne où les ruisseaux et les rivières sont rares, j'ai toujours préféré prendre le risque de chercher de l'eau douce plutôt que de m'en passer pendant quelques jours. plus de vingt heures entre les sources, en s'appuyant entre-temps sur ce que nous avions dans nos bouteilles.

Plus on peut emporter de vêtements, mieux c'est – dans la limite du raisonnable, bien sûr. On est prêt à se passer de beaucoup de choses, mais il faut, si nécessaire, sacrifier la nourriture pour un pull et une soie cirée. Deux ensembles de sous-vêtements à porter simultanément lorsque le temps devient froid sont un confort. Au-delà de cela, chacun prendra naturellement la nourriture qui peut être transportée commodément. Du chocolat, dur et dégoulinant, avec un peu de sel, c'est, à mon avis, à volonté. Étant une personne réfléchie, je parvenais généralement à en avoir suffisamment avant même de penser à d'autres dispositions pour le départ.

Les gens sont doués de manière très différente avec ce qu'on pourrait appeler le sens du plein air, même s'il est fort chez certains qui n'ont jamais vraiment mené une vie à l'extérieur. Ceux qui possèdent ce don sauront presque instinctivement vers qui se tourner en cas d'urgence et rassembleront à partir du terrain des informations refusées à ceux qui ne le possèdent pas. Cela pose la question de la camaraderie. Comme je suis heureusement doté d'une bonne part de ce sens du grand air, ce n'était pas pour moi un petit handicap d'être seul à mon premier essai. En fait, tant que j'utilisais les chemins de fer, c'était un net avantage. Dans les moments critiques, un homme peut décider plus rapidement quoi faire, s'il ne pense qu'à lui-même, que lorsqu'il doit réfléchir et éventuellement communiquer avec un compagnon, qui envisage peut-être une solution meilleure mais tout à fait différente. Savoir que seule sa propre peau est en jeu donne cette rapidité de décision qui est elle-même le germe du succès ; l'idée d'impliquer un autre homme dans une erreur entrave facilement la rapidité de son action.

En marche, ces conditions sont inversées. On ne peut marcher que la nuit, et la meilleure façon de faire face à l'approche d'un danger réel est de tomber à plat et de rester immobile, ou bien de prendre ses talons. C'est dans des conditions éprouvantes, à la limite du péril réel de la découverte, que l'influence apaisante d'un compagnon présente un avantage inestimable. La marche à pied met à rude épreuve les forces nerveuses. Les heures passent et aucun repère reconnaissable n'apparaît. On a enfin le sentiment d'être condamné éternellement à piétiner les champs, à longer les bois et à se dégager d'une succession infinie de marécages. Avec le temps, le ciel semble chanceler et l'aiguille de la boussole pointer dans toutes les directions sauf la bonne. C'est alors que la voix d'un ami, le contact de sa main, ou simplement le bruit de ses pas derrière soi, rétablissent le sentiment de normalité qui, si l'on est seul, ne peut être retrouvé que par un effort délibéré de volonté et de volonté. souvent très épuisant.

Avant de commencer, je savais toujours à peu près ce qui m'attendait et ce à quoi je devais m'attendre, jusqu'à ce que je rencontre soit le succès, soit l'échec complet en étant capturé. Même lorsque les chances semblaient me le suggérer, je ne me fierais jamais aveuglément à la simple chance, que je gardais en réserve comme une ressource absolument dernière. Une fois caché pour la journée, j'élaborais généralement un plan détaillé pour la promenade de la nuit suivante et je passais des heures à regarder les cartes afin de me faire une image aussi complète que possible du pays situé directement devant moi. et de chaque côté de ma route.

Lors de la première publication de ce livre, je soulignais que « l'une des conséquences d'une évasion est que, tant que d'autres restent derrière, il est impossible, pour des raisons évidentes, de donner des détails trop précis, et souvent les moments que l'on souhaiterait le plus. pour décrire doivent nécessairement être camouflés à l'observation de l'ennemi. Maintenant que la guerre est terminée et que rien ne l'empêche, j'ai pu compléter mon histoire originale avec certains détails omis à l'origine pour les raisons mentionnées ci-dessus. Dans sa forme actuelle, le livre a été considérablement agrandi et aucun détail de mon évasion n'a été omis.

EAK

PARTIE I

CHAPITRE I
LA MAISON DU BONDAGE

C'était le 7 avril 1916. Le gros gardien allemand sortit de ma cellule à reculons, un sourire satisfait sur le visage ; la porte s'ouvrit, la grosse clé claqua dans la serrure, et j'étais seul.

Prison encore une fois ! Et à seulement trois milles de là se trouvait la frontière pour laquelle j'avais tant lutté – le fossé et les barbelés qui séparaient l'Allemagne, et tout ce que ce mot signifie, de la Hollande, du Crochet, du bateau de Londres et de la liberté.

La partie était perdue. C'était là le cœur de la situation telle qu'elle se présentait à moi, assis sur mon lit dans la cellule étroite et sombre.

Vreden, où je me trouvai ainsi en prison, est une petite ville à peine à trois milles de la frontière hollandaise, dans la province prussienne de Westphalie. Si près, et même bien plus près, étais-je arrivé à la liberté !

Vingt-quatre heures auparavant, ma première tentative d'évasion d'Allemagne – que l'on pourrait qualifier à juste titre de troisième – avait échoué, et au lieu d'être un homme libre dans un pays neutre, j'étais toujours un prisonnier de guerre civil britannique.

En dehors du sentiment d'échec qui m'oppressait, je n'étais pas vraiment à l'aise physiquement. Pour commencer, je voulais des vêtements de rechange et un vrai bain. Je n'avais pas enlevé mes bottes — sauf pendant plusieurs heures où je marchais pieds nus pour le silence — depuis plus de huit jours, et pendant presque le même temps je ne m'étais même pas lavé les mains. Il était hors de question de changer de vêtements. Le bain — On n'a pas l'impression d'avoir pris un bain après une ablution dans une bassine en fer blanc contenant une pinte d'eau, avec un gâteau de savon crayeux de la taille d'une pièce de monnaie et une serviette qui, sans sa texture, aurait fait un mouchoir passable. Et pas d'eau renversée sur le sol de la cellule, remarquez !

Mon lit de prison était un vieux lit « civil » en bois avec un tas de paillasses et les deux couvertures habituelles. Il était assez confortable de s'allonger, à condition que la nombreuse population indigène vous laissait tranquille, ce qui était rarement le cas.

Le gardien, le seul, je crois, dans la prison, m'avait demandé immédiatement après mon arrivée si j'avais ou non de l'argent sur moi. Lorsqu'il apprit que non, son visage tomba. Comme il ne pouvait pas me rentabiliser, il me rendait utile et me mettait à éplucher les pommes de terre le matin, travail qui me plaisait beaucoup dans ces circonstances.

La nourriture dans la prison de Vreden était rare, à peine suffisante. J'avais toujours une faim modérée et une faim de faim lorsque l'heure du repas était encore à deux ou trois heures. Deux fois en quatre jours, j'avais l'occasion de marcher vingt minutes dans la petite cour de la prison, sans soleil et humide, où la mousse verte s'étendait dans trois coins inexplorés, tandis que le quatrième était occupé par un grand puisard. Le reste de mon temps, je passais seul dans ma cellule, lisant de temps en temps quelques pages des « Cinq semaines en ballon » de Jules Verne, exécrablement traduites en allemand et prêtées par le gardien. Mais j'étais surtout occupé à spéculer sur mon avenir immédiat ou à penser aux dix-huit mois de ma captivité en Allemagne.

Techniquement, je n'étais pas encore puni pour mon évasion. J'étais simplement gardé sous clé en attendant d'être renvoyé au camp de Ruhleben ou dans une prison de Berlin, je ne savais pas laquelle. Mais si ce n'était pas un châtiment que je subissais dans la petite ville frontière, c'en était une excellente imitation.

Certaines expériences, passionnantes par rapport à la routine ennuyeuse de la vie au camp, m'attendaient encore ; le voyage à Berlin était en tout cas quelque chose à espérer avec impatience. Mais que se passerait-il après ? Je ne le savais pas, car je refusais catégoriquement de croire à l'isolement cellulaire jusqu'à la fin de la guerre – le châtiment qui avait été proposé comme réservé aux évadés infructueux.

Je n'avais pas échappé à Ruhleben, comme mes prédécesseurs. Je sortais d'un sanatorium pratiquement sans surveillance à Charlottenburg, une banlieue de Berlin, où étaient soignés des prisonniers de guerre civils britanniques, souffrant de maladies et d'affections qui ne pouvaient être combattues correctement dans un camp. Cela ne pourrait-il pas donner un sérieux à un plaidoyer qui se dessinait dans mon esprit ? Pouvait-on persuader les Allemands de croire que j'avais agi sous l'influence d'une crise de folie passagère, provoquée par un immense mal du pays ? Il est vrai que j'étais « parti » bien préparé ; J'avais fait preuve d'une certaine détermination et d'une certaine ténacité. En revanche, je n'avais détruit aucun bien militaire. Bien sûr, j'avais endommagé pas mal de biens, mais ce n'étaient pas des biens militaires ! Un bon point, mais important, surtout en Allemagne.

C'est le genre de réflexions qui ont occupé la plupart de mes quatre jours à la prison de Vreden, un optimisme irraisonné luttant désespérément contre un bon sens plutôt sombre.

Ce que j'attendais le plus dans la solitude de ma cellule, c'était une rencontre prochaine avec mes vieux amis du camp de Ruhleben. Les autres évadés avaient tous été ramenés au camp pendant une courte période avant d'être emmenés en prison, afin de nous démontrer visuellement combien de nouvelles tentatives étaient désespérées. Les Allemands feraient sûrement la même chose avec moi ; et ensuite je devrais parler avec un ou deux de mes amis particuliers. C'est ce que j'avais très envie, même si je n'avais pas hâte de leur dire que j'avais échoué.

Un seul d'entre eux connaissait les premiers maillons de la chaîne d'événements qui reliaient mes sensations du premier jour de guerre au présent, lorsque je mesurais sans cesse la longueur de ma cellule, ou que j'étais assis immobile sur le bord du lit, les yeux fixés sur moi. avec des yeux ternes sur le sol sale. Sous la pression de ma déception, et sans la soupape de sécurité naturelle que permet de parler à une âme amie, j'ai naturellement commencé à examiner mes expériences pendant la guerre, ouvrant un à un les casiers de ma mémoire, revivant un incident ici, revisualisant une photo là-bas, et retraçant toute la longueur des développements - pour moi - les plus importants qui ont conduit à ma tentative d'évasion.

Lorsque les nuages d'orage de la guerre européenne s'amoncelaient, j'habitais à Neuss, une ville sur la rive gauche du Rhin, entre Düsseldorf, à quelques kilomètres au nord, et Cologne, à vingt milles au sud. J'y étais depuis un peu plus d'un an. Même si j'étais immergé dans les affaires, je n'étais en aucun cas heureux. J'étais visiblement fatigué de l'Allemagne et j'étais sur le point d'abréger mes engagements et de quitter la « Patrie ».

J'avais trente ans auparavant et, jusqu'à présent, ma vie, même si elle m'avait conduit dans de nombreux endroits, avait été celle d'un homme d'affaires ordinaire. Malgré une tendance évidente à l'itinérance, il est probable que cela se poursuive assez placidement. Et puis soudain, tout a changé.

Un après-midi, vers le 20 juillet, j'étais dans l'enceinte du Neuss Tennis Club, attendant un match. Les tribunaux étaient proches du point de bifurcation de plusieurs lignes ferroviaires importantes vers la Belgique et la France. J'observais et m'inquiétais du trafic incessant des trains de marchandises qui, depuis des jours, roulaient dans cette direction à un quart d'heure d'intervalle environ. Il s'agissait presque exclusivement de camions fermés.

Un autre membre du club a pointé sa raquette vers l'un d'entre eux. « Matériel de guerre. Soldats!" dit-il succinctement. Le cœur serré, j'ai regardé le train alors qu'il disparaissait de notre vue. L'horizon politique était assombri, mais on n'en arriverait sûrement pas là ! Cela ne pouvait pas en arriver là. Il était impossible que cela se produise.

La police, toujours gênante et curieuse en Allemagne, semblait s'intéresser à moi d'une manière inexplicable. Rien n'était plus éloigné de mon esprit que de relier ce vif intérêt pour un individu obscur comme moi à quelque chose d'aussi prodigieux qu'une guerre.

Et puis c'est arrivé. La guerre fut déclarée.

On m'a prévenu de ne pas quitter la ville sans autorisation. Je me rongeais la tête d'oisiveté et d'anxiété. J'espérais être expulsé du pays dans un bref délai, mais l'ordre de faire mes valises et de partir n'est pas venu. Au lieu de cela, j'ai été invité à rendre visite à l'inspecteur de police à 9 HEURES du matin le 27 août. J'ai obéi. Une heure plus tard, j'étais enfermé dans une cellule d'une vieille petite prison malodorante. Je ne savais pas pour quelle raison, au-delà de la raison quelque peu incompréhensible d'être sujet britannique. Je ne savais pas non plus combien de temps. L'inspecteur de police avait répondu à mes questions par une phrase orientale : C'était un ordre !

Il est apparu que l'ordre se référait uniquement aux Britanniques en âge de servir dans l'armée, ce qui, selon lui, commençait à la dix-septième année et se terminait à la trente-neuvième année. C'est ainsi que je fis la connaissance de trois des six Anglais résidant alors temporairement à Neuss, mais jusqu'alors hors de ma portée. Ils étaient tous des installateurs d'une grande entreprise de Manchester, MM. Mather & Platt Ltd., employés à l'installation d'une installation de gicleurs dans les usines de l'International Harvester Co., une entreprise américaine à Neuss.

Nous avons été relativement bien traités en prison. Pourtant, les jours que nous devions passer dans cette vieille maison des douleurs à l'odeur nauséabonde étaient interminables. Nous passions la plupart de notre temps ensemble, dans une partie fermée à clé du couloir du deuxième étage. Dehors, il faisait un temps d'été magnifique. Toutes nos fenêtres étaient ouvertes à la brise, qui ne parvenait jamais à dissiper la puanteur qui envahissait tout le bâtiment. Assis sur des tabourets en bois inconfortables ou marchant les bras croisés, nous fumions sans cesse, lisions de manière décousue dans des magazines et des livres et parlions de manière spasmodique. Et toujours l'air vibrait avec le murmure faible, lointain, à moitié entendu, à moitié perçu, de canons lointains. Les nouvelles des journaux allemands ne nous ont jamais réjouis.

Aussi soudainement que nous avions été arrêtés, nous avons été libérés de prison au bout de onze jours et confinés en ville.

S'ensuivent neuf semaines d'inactivité et d'attente interminable. Pour la première fois, j'ai pensé un instant à une tentative de quitter l'Allemagne furtivement. Cela ne semblait guère en valoir la peine, car nous étions « sûrs d'être échangés tôt ou tard » ! A deux reprises, j'ai quitté la ville pour quelques heures. À mon retour, j'ai toujours trouvé la police parfaitement au courant de chacun de mes mouvements, ce qui montrait avec quelle attention elle me surveillait. Ayant toujours fourni d'excellentes explications sur mes actes, j'ai échappé aux ennuis de ces escapades.

Comme annoncé auparavant dans la presse allemande, nous fûmes de nouveau arrêtés le 6 novembre 1914. Nous passâmes quatre jours joyeux dans la vieille prison familière, puis vint l'excitation de notre départ pour le camp de Ruhleben, via Cologne, où nous et cent et cinquante autres prisonniers civils, rassemblés dans les provinces rhénanes, passèrent une nuit dans une grande prison pénale.

Sous une forte escorte, nous avons été conduits à la gare à sept heures le lendemain matin. Avant de commencer, on nous avait dit qu'il n'y avait qu'une seule punition en cas de mauvaise conduite dans les transports : la mort ! Les mauvais comportements comprenaient le fait de quitter les rangs dans les rues ou de se pencher par les fenêtres dans les wagons.

Partis en train à huit heures, nous n'arrivâmes à notre destination finale que vingt-trois heures plus tard. La première heure environ de notre voyage a été supportable. Nous étions dans des voitures de troisième classe. N'ayant pratiquement pas pris de petit-déjeuner, ni de thé ni de dîner la veille, nous avons vite eu faim et soif. Mais nous n'avions même pas le droit de boire de l'eau. Chaque fois que le train arrivait en gare, les femmes de la Croix-Rouge se précipitaient vers nos wagons avec des cafetières et des plateaux de nourriture, sous l'impression que nous étions des Allemands en route pour rejoindre nos régiments. Mais ils étaient toujours avertis par des fonctionnaires en uniforme : « Rien pour ces porcs anglais ». Nous étions évidemment hors des limites de l'humanité.

À 2 HEURES DU MATIN , nous avons débarqué à la gare de Hanovre pour attendre deux heures un autre train. Ici, un bol de très bonne soupe nous a été servi.

à 7 HEURES DU MATIN , notre train s'est arrêté sur une voie d'évitement. On nous a ordonné grossièrement de sortir et de nous mettre par quatre. Il faisait sombre et froid. Une fine pluie bruine tombait. À peine aussi joyeux qu'à notre départ de Neuss, nous entrâmes dans le camp de Ruhleben.

CHAPITRE II
RUHLEBEN : LES MOUTONS ET LES CHÈVRES

Ruhleben! Un trajet en tramway de cinquante minutes vers l'est, et on aurait été au centre de Berlin. Vers l'ouest, la ville de Spandau était clairement visible. Oublierons-nous un jour sa ligne d'horizon – la forêt de cheminées, les silhouettes hautes et laides de la tour de l'hôtel de ville, la tour trapue « Julius », le prétendu « trésor de guerre » des Allemands où d'innombrables millions de marks d'or auraient menti !

Avant la guerre, le camp était un hippodrome de trot, modèle du genre en termes d'affectations. Au total, six grandes tribunes, un restaurant pour le public, un club-house pour les membres du Turf Club, des bâtiments administratifs et onze grandes écuries, le tout solidement construit en brique et en béton, illustrent la rigueur allemande.

Ces bâtiments, à l'exception des trois grandes tribunes plus petites, étaient regroupés le long des côtés ouest et sud d'une piste ovale, qui n'était pas initialement incluse dans la zone du camp.

Depuis le début de la guerre, le restaurant, la « Maison de Thé », comme on l'appelait, situé à l'extrême ouest, et les grandes salles situées sous les trois grandes tribunes adjacentes, servaient à héberger des réfugiés de Prusse orientale. Puis, un grand nombre de prisonniers de guerre et de civils internés, en majorité russes mais avec une pincée de sujets britanniques et français, avaient pris leur place. Quelques Russes étaient encore là à notre arrivée mais ont été évacués très peu de temps après. Leur départ rendit le camp exclusivement britannique.

On nous a donné le petit déjeuner. Il s'agissait d'un bol de soi-disant café et d'une miche de pain noir. Le pain devait nous suffire pour deux jours. Ensuite, nous avons été conduits jusqu'à notre somptueuse résidence, l'écurie n°5. Nous nous sommes mis au travail pour éliminer les nombreux vestiges des anciens habitants à quatre pattes et nous nous sommes installés du mieux que nous pouvions.

Les écuries contenaient vingt-quatre box et deux petites pièces pour le personnel de l'écurie au rez-de-chaussée, ainsi que deux grands greniers à foin au-dessus. Six hommes par box étaient la règle, et autant que possible dans les greniers. J'avais de l'expérience dans les deux quartiers, car j'ai dormi dans le loft pendant plus d'une semaine, puis j'ai emménagé dans la « Boîte n° 6 », où un espace au sol était devenu vide. Mes nouveaux quartiers étaient, au début, beaucoup moins attrayants que le loft. Ils offraient cependant de plus grandes possibilités d'amélioration.

Pendant six semaines, nous avons dormi sur un sol en pierre recouvert d'environ un pouce de paille humide. Nous avions juste assez de place pour nous allonger côte à côte. Nous pourrions nous retourner si nous le faisions ensemble. Les « loftites » dormaient sur des planches recouvertes de paille. Plus tard, nous avons tous eu des tiques dans lesquelles nous pouvions emballer la paille mouillée et sale. Au début, il n'y avait pas de chauffage. Puis des radiateurs à vapeur furent installés, et pendant cet hiver et les trois suivants, les casernes en pierre furent chauffées de manière intermittente. Les chaudières des locomobiles qui fournissaient la vapeur, une pour chaque trois ou quatre casernes, la délivraient dans les radiateurs de 10h à 12h et de 15h à 17h .

Enfin les « boxites » reçurent des sommiers. Ils consistaient en une simple structure en fer avec des planches de trois quarts de pouce comme matelas. Sur ceux-ci, nous avons placé nos coches. Les montants du lit avaient des extrémités mâles et femelles, ce qui permettait de construire autant de couchettes superposées que possible. Deux structures de couchage de trois couchettes chacune étaient la règle dans les loges.

La nourriture que nous recevions des Allemands était à tout moment insuffisante. L'allocation par homme pour les rations était de soixante-cinq pfennigs par jour, soit seize cents au taux de change d'avant-guerre. Il a été commandé à ce prix par un traiteur.

Alors que la nourriture était abondante en Allemagne, nous pouvions acheter des compléments à nos rations à la cantine. Cela est devenu peu à peu impossible. Cela ne nous dérangeait pas beaucoup, car des colis contenant de la nourriture et d'autres produits de première nécessité, mais principalement de la nourriture, commençaient à arriver d'Angleterre en nombre toujours croissant. Les proches des prisonniers, les entreprises pour lesquelles ils travaillaient, les syndicats ou autres organisations auxquelles ils appartenaient ont ouvert le bal. Mais lorsque les besoins réels des prisonniers furent connus à Blighty, des organisations spéciales furent créées partout dans le but de leur venir en aide. Comme ils étaient indépendants les uns des autres, leurs travaux se chevauchaient dans une large mesure. La majorité des civils internés ont reçu trop d'argent ; ici et là, un homme ne recevait rien du tout. Grâce à l'action du gouvernement britannique, le travail des différentes sociétés fut coordonné en novembre 1916. À partir de cette date, l'Ordre de la Croix-Rouge et de Saint-Jean fut chargé de toutes les opérations de secours en faveur des prisonniers de guerre, et chacune Le prisonnier recevait six colis de nourriture par mois lunaire, sans compter deux miches de pain blanc par semaine.

D'après mon expérience, les autorités allemandes ont fait des efforts pour que ces colis arrivent à destination. Durant la dernière partie de mon emprisonnement, les accouchements sont devenus quelque peu irréguliers. La nourriture était rare à cette époque dans certaines régions d'Allemagne et coûtait des prix très élevés, et les vols de colis augmentaient naturellement.

Le camp de Ruhleben fut d'abord administré par les officiers allemands en charge, avec l'aide des internés. Au printemps 1916, toutes les affaires intérieures du camp furent confiées aux internés eux-mêmes, les Allemands se limitant aux fonctions de garde et de surveillance générale.

De nombreuses publications ont été publiées sur les camps de prisonniers en Allemagne. Des histoires horribles ont été racontées à leur sujet, et elles sont pour l'essentiel tout à fait vraies. Mais les camps différaient les uns des autres ; et les conditions dans un camp donné n'étaient pas toujours les mêmes. Je ne suggère pas d'amélioration graduelle ou régulière. Mais tout comme les commandants de camp et les commandants militaires régionaux différaient, le traitement réservé à leurs charges différait également. En tant que prisonniers de guerre, les hommes du camp de Ruhleben étaient plutôt chanceux. Les fleurs de choix de *la Kultur* ont fleuri ailleurs.

Au début de notre internement, les espoirs d'un échange rapide avec l'Angleterre étaient grands, tout comme les rumeurs à ce sujet. Ils nous ont aidés à supporter les difficultés des premiers mois, difficultés qui auraient pu s'avérer encore moins tolérables qu'elles ne l'ont été sans une telle ancre de foi.

Malgré la misère du premier hiver, la majorité de la partie pro-anglaise du camp aurait à tout moment refusé la possibilité de vivre « libre » en Allemagne dans les conditions que nous avons connues avant notre internement. C'était certainement l'opinion dominante parmi mes amis, tout comme la mienne. Au camp, en tout cas, nous pourrions remuer la langue et parler comme bon nous semble, si nous prenions seulement les précautions ordinaires. Nous avions des compagnons sympathiques et partagions nos joies et nos inconforts. Tant que notre santé restait supportable, qui n'aurait pas préféré cela à la liberté dans un environnement allemand ? Mais lorsque la maladie survenait – et peu d'entre eux y échappaient – la situation était plutôt difficile.

Les Britanniques coloniaux n'étaient pas au début considérés comme relevant de la catégorie des « *Anglais* ». Les Allemands attendaient probablement la destruction de l'Empire britannique et avaient l'intention de la favoriser en traitant partiellement les hommes de nos colonies, car ils les laissèrent en liberté jusqu'à la fin janvier 1915. C'est alors que les colons arrivèrent à Ruhleben. .

Plus tard vint la séparation des moutons et des chèvres ! Il y a eu des problèmes au camp. Cela avait commencé de manière ridicule. Un jeune garçon avait été entendu parler de « maudits Allemands », et cela avait été rapporté aux autorités par un de leurs espions. L'estime de soi des Allemands a été horriblement blessée, d'autant plus qu'ils ont mal compris l'épithète et l'ont interprétée comme « assoiffée de sang ». Des murmures de troubles imminents nous étaient parvenus, et nous ne fûmes pas étonnés quand, un matin – je crois en février ou mars 1915 – la sonnette d'alarme sonna la « file d'attente ». Chaque caserne se formait séparément dans un carré creux devant son habitation. Et chaque caserne était adressée séparément par le commandant du camp, le baron von Taube. Il était dans une frénésie de rage lorsque notre tour arriva. Notre caserne a été l'un des derniers à avoir parlé, et je ne comprends pas facilement comment il a réussi à maintenir sa performance après tant de répétitions.

« Nous serons les vainqueurs de cette guerre que votre pays nous impose ! » nous a-t-il crié. « Et ici et maintenant, je renvoie votre propre expression à vos visages. Maudits Anglais, je vous appelle ! Maudits Anglais ! » Il se frappa la poitrine comme un gorille prêt à charger. Il faillit écumer à la bouche. Jusqu'à présent, c'était simplement amusant. Puis vint l'ordre : « Tous ceux qui entretiennent des sentiments amicaux à l'égard de l'Allemagne se précipitent et rendent votre nom. »

Notre caserne était plutôt mixte, beaucoup de ses habitants étant pro-allemands. En outre, dans tout le camp, des hommes bons et loyaux, dont les intérêts financiers étaient entièrement en Allemagne, furent pris de panique et passèrent de l'autre côté dans l'espoir vain de sauver leurs biens. Lorsqu'ils furent arrivés au bureau, nous autres avons été licenciés. Avec enthousiasme, nous avons discuté de ce qui s'était passé. Beaucoup d'entre nous étaient profondément perturbés. Ce sont eux qui pensaient avoir tout jeté dans un puits, pour ainsi dire, en restant immobiles lorsque les pro-allemands se sont brouillés. Mais nous espérions tous que les autres seraient isolés de nous.

Malheureusement, ce n'était pas le cas. Ils revinrent et vécurent quelque temps parmi nous, leur présence donnant lieu à bien des querelles.

Quelques mois plus tard, une autre séparation des moutons et des chèvres eut lieu, beaucoup moins dramatique, et cette fois les pro-allemands furent cantonnés seuls à une extrémité du camp.

En avril 1915, deux hommes s'évadent de la caserne de l'hôpital, située à l'extérieur de l'enceinte de barbelés, et gardée avec négligence. L'un d'eux est devenu plus tard un grand ami à moi.

Lorsque ces deux hommes se sont enfuis, je jouais moi-même avec cette idée. C'était un très beau printemps. L'après-midi, j'avais l'habitude de m'asseoir au niveau le plus élevé de la grande tribune. Aussi haut que j'étais, les bâtiments de l'usine et les cheminées vers l'ouest, là où se trouvait Spandau, semblaient minuscules ; et en regardant avec mon livre sur mes genoux, j'avais un sentiment de liberté. Je faisais des rêves extravagants de vols en avions avec l'Allemagne glissant à reculons sous mes pieds, avec les gras pâturages de Hollande se déroulant à l'horizon, avec le reflet gris de la mer apparaissant et les côtes de l'Angleterre roses sous un soleil d'ouest. Et puis, revenant aux réalités, j'ai commencé à spéculer sérieusement sur les chances de « m'en sortir ».

J'en vins bientôt à la conclusion qu'un compagnon était souhaitable, un homme bon qui parlait bien l'allemand, comme moi ; un homme plein de bon sens. J'en ai trouvé un en avril, T——, originaire de l'État du Kansas. Le manque d'argent a rendu impossible une première tentative. J'en avais assez pour moi, mais mon ami dépendait des cinq shillings par semaine versés par le gouvernement britannique à ceux qui n'avaient pas de ressources propres. Je ne parvenais pas à réunir suffisamment d'argent pour nous deux à la fois, alors je me mis à accumuler progressivement la somme nécessaire.

Mais l'été passa, les feuilles commencèrent à jaunir, et mon portefeuille contenait encore moins que ce que je croyais nécessaire.

En juin de la même année, une évasion réussie du camp et d'Allemagne de MM. Pyke et Falk nous a tous fait discuter et nous interroger. Puis, coup sur coup, deux tentatives sérieuses de deux hommes échouèrent chacune. La nouvelle nous est parvenue qu'ils seraient maintenus en cellule d'isolement jusqu'à la fin de la guerre. Ce châtiment inhumain n'a pas été effectivement appliqué, mais les malheureux ont été respectivement condamnés à cinq mois et quatre mois et demi d'isolement cellulaire, puis à une détention indéfinie en prison.

Mon compagnon et moi n'avons entendu parler que de la première phrase. Cela nous a quelque peu stupéfiés ; mais nous décidâmes que, comme nous n'avions pas l'intention d'être pris, la punition ne devait pas nous décourager, et que si nous étions pris, nous pourrions tenir le coup aussi bien que n'importe qui d'autre.

Les jours devenaient plus courts, les nuits plus froides, les branches des arbres plus dénudées et les conditions généralement plus défavorables, et pourtant nous tenions bon. Les autorités militaires ont alors commencé à doubler le nombre de grillages autour du camp et à ériger de nombreux lampadaires supplémentaires dans l'espace qui les séparait. Le nombre de sentinelles a également été augmenté. Tout cela nous a décidé à tenter notre chance sur-le-champ, avant que les clôtures supplémentaires ne soient terminées.

Nous avions espéré un ciel couvert. Au lieu de cela, la pleine lune baignait le camp de lumière. Ne nous sentant pas du tout à l'aise, nous avons marché jusqu'à la partie du grillage par laquelle nous avions l'intention de grimper. Nous étions en train de nous préparer lorsqu'une sentinelle est arrivée au coin de la caserne, à l'extérieur du grillage. Nous n'avions jamais observé l'homme sur ce rythme auparavant. Il s'arrêta net et son fusil se présenta prêt. « Nous sommes des policiers du camp, s'il le demande », murmurai-je à mon compagnon. Après nous être attardés un instant comme en conversation, nous nous sommes éloignés lentement. Nous avons décidé de ne pas réessayer ce soir-là.

Le lendemain matin, j'étais dégoûté de moi-même et du monde entier. J'en ai discuté avec mon compagnon, et il a convenu avec moi que ce n'était «pas permis» cette année-là. Une autre semaine de nuits légères verrait les grillages terminés et la saison tellement avancée que les chances seraient trop lourdes contre nous.

Pendant quelques jours, j'ai ruminé l'amère déception. Ensuite, j'ai dit à mon ami que je serais heureux de l'accompagner s'il en avait l'occasion, mais qu'en attendant, je prendrais n'importe quelle chance, si l'un d'eux venait à moi, seul. Il a exprimé son approbation.

CHAPITRE III
LE SANATORIUM

Vers la fin novembre, un vieil Écossais, membre de ma caserne (n° 5), fut ramené au camp du sanatorium de Charlottenburg. Je l'ai interrogé sur l'endroit. Il semblait qu'aucune maladie désespérée n'était nécessaire pour y arriver, à condition que l'on soit prêt à payer soi-même au lieu de recourir aux fonds du gouvernement britannique habituellement prévus à cet effet.

Cette institution était un établissement médical privé connu sous le nom de Sanatorium Weiler. L'administration du camp, désormais entre nos mains, avait pris des dispositions avec les propriétaires pour recevoir et traiter les cas de maladie ou de mauvaise santé qui ne pouvaient être traités de manière adéquate au camp, où l'hébergement à l'infirmerie, mesuré selon les normes civilisées, était des plus rudes.

Ayant une grosse cicatrice sur la cuisse gauche, seul rappel d'une fracture ouverte parfaitement cicatrisée vieille de plusieurs années, je pensais que la sciatique était une plainte probable à acquérir. Sauf cas extrêmes, aucun changement observable ne se produit dans le membre atteint et la déclaration du patient constitue le seul moyen de diagnostic. Immédiatement, j'ai développé une claudication qui s'accentuait progressivement. Avec cela, je suis devenu grincheux et de mauvaise humeur, la boiterie m'empêchant de faire mon exercice habituel, et cela a vite eu son effet.

À intervalles réguliers et courts, j'allais voir le médecin. Pour commencer, j'ai eu de la sympathie de sa part et de l'aspirine. Mais rien ne m'a servi à rien, même si j'ai avoué une amélioration occasionnelle lorsque le temps était beau et sec. Finalement, je fus emmené au *Schonungsbaracke* et soumis à une forte transpiration. J'ai tenu bon, mais j'ai failli vomir l'éponge avant d'être libéré au bout d'une semaine. À ce moment-là, j'avais décidé que ma sciatique devait être guérie, au moins temporairement.

Je me suis tenu éloigné du médecin pendant un certain temps, mais après une quinzaine de jours, pendant lesquels ma claudication s'est progressivement accentuée, j'ai repris le cabinet. Il a admis que dans les conditions des camps, une guérison durable, même pour un cas bénin comme le mien, était difficilement envisageable ; mais comme le Schonungsbaracke était plein, je n'avais plus qu'à rester au lit le plus possible et à avaler de l'aspirine. Ce traitement me convenait parfaitement.

J'ai continué à traîner autour de l'opération en me plaignant légèrement jusqu'aux premiers jours de février, lorsque le temps était pourri. J'ai alors eu une grave crise. Je savais que le Schönungsbaracke était encore plein, ce qui me donna l'occasion de demander à être transféré pour me faire soigner au sanatorium.

Mon cas étant jugé urgent, je quittai le camp l'après-midi même, accompagné d'un soldat et d'un de mes compagnons de box qui s'étaient portés volontaires pour porter mes bagages, car je ne pouvais même pas, bien entendu, les soulever. C'est avec des sentiments quelque peu mêlés que j'ai regardé Ruhleben pour la dernière fois pendant de longues journées.

À l'origine, ma nouvelle maison était destinée uniquement aux malades nerveux – un asile d'aliénés privé, pour parler franchement. Les accords passés avec les autorités du camp pour le traitement de toutes sortes de maladies parmi une population de plus de quatre mille habitants mettaient à rude épreuve sa capacité. Un si grand nombre de nos hommes étaient là à cette époque que non seulement ils remplissaient l'institution d'origine, mais qu'ils étaient hébergés et soignés dans plusieurs logements loués par les propriétaires en plus de l'asile.

Il s'agissait d'un grand bâtiment avec un vaste jardin situé au 38 Nussbaum Allee, à Charlottenburg. L'appellation « Nussbaum Allee » la distinguait des autres maisons, qui étaient au nombre de quatre, si je ne me trompe. J'oublie cependant leurs noms, à l'exception de « Linden Allee ».

Il y avait deux catégories de patients, dont la nourriture et le logement différaient selon le montant qu'ils payaient ou qui était payé pour eux par le gouvernement britannique par l'intermédiaire de l'ambassade américaine. Un traitement de première classe coûtait à l'époque douze marks par jour, sans compter les médicaments et les traitements spéciaux. Sans exception, les frais devaient être supportés par le patient lui-même. En deuxième classe, huit marks par jour étaient facturés. Aucune des deux classes ne pouvait s'attendre à des chambres privées pour cela, sauf lorsque des maladies infectieuses ou d'autres raisons médicales rendaient impératives des chambres séparées.

J'avais proposé de payer mes propres frais, afin d'éviter tout retard en soumettant mon cas à l'ambassade américaine. La classe dans laquelle j'étais mis m'était indifférente. Les points de confort que je recherchais étaient des fenêtres faciles à ouvrir, etc. J'aimais l'air frais à tout moment, mais j'étais maintenant particulièrement impressionné par une de mes théories, selon laquelle l'air frais ne pouvait être admis en quantité suffisante que par des fenêtres pas trop hautes. le sol et assez grand pour admettre, ou plutôt pour donner sortie, un homme assez volumineux.

Les fenêtres avaient l'air bien, mais, de mon point de vue, elles ne l'étaient *pas* . Ils avaient des vitres en diamant montées sur des cadres en fonte ; et même s'ils s'ouvraient, un chien n'aurait pas pu sortir par l'ouverture. Toutes les portes des couloirs étaient constamment verrouillées. Il n'était pas possible de passer d'une partie du bâtiment à une autre sans l'aide d'un gardien ou d'une infirmière. L'idée de devoir dormir dans la même chambre que six ou huit personnes, dont une ou deux gravement malades, ne me séduisait pas. L'un d'eux était toujours sûr d'être éveillé la nuit. J'ai immédiatement demandé un traitement de première classe, car cela m'aurait valu d'être envoyé à la « Linden Allee Villa », où ces précautions d'asile pour fous seraient probablement absentes.

J'y ai été emmené dans la matinée suivante. Mon hypothèse s'est avérée correcte, car les choses étaient différentes. Douze patients occupaient presque tous les logements disponibles. Le personnel se composait seulement d'une infirmière et de trois servantes, et aucun garde militaire n'était présent sur les lieux. Les plus grandes chambres contenaient trois lits. Un jardin entourait la maison, accessible par au moins trois portes et un certain nombre de fenêtres de type français ordinaire. Une basse grille de fer séparait le jardin des rues, qui dans cette partie de la ville étaient très larges, et qui avaient souvent deux chaussées bordées d'arbres et divisées par des étendues de pelouse et d'épais buissons.

Non loin de la « Linden Allee », une grande artère menait directement à Berlin.

CHAPITRE IV
PLANIFICATION DES DÉTAILS

Les grandes lignes de mon plan d'évasion avaient été conçues presque un an auparavant à Ruhleben et étaient restées inchangées.

D'une manière générale, les chances de succès étaient si faibles que j'étais convaincu qu'il ne pouvait être obtenu qu'en éliminant tous les risques inutiles et en y mettant une somme considérable de chance pour compenser l'inévitable équilibre du mauvais côté.

Il ne faut pas oublier que nous, civils, avons été internés en plein centre de l'Allemagne. Il y avait trois pays neutres à atteindre : le Danemark, la Hollande et la Suisse, éloignés de Ruhleben dans cet ordre. Mon choix se porta sur la Hollande, qui, d'après les renseignements que j'avais obtenus, me paraissait offrir les meilleures opportunités.

Le Danemark, situé à seulement cent cinquante milles environ, avait d'abord paru très tentant. Mais la difficulté de traverser le canal de Kiel, la surveillance extraordinairement étroite exercée dans tout le Schleswig-Holstein et à la frontière, le manque d'informations sur la situation le long de la côte baltique et la difficulté évidente d'effectuer un passage sur un bateau volé vers le Le point le plus proche de la côte danoise, à vingt-cinq milles de distance, m'a décidé à ne pas entreprendre ce projet. La Suisse était distante d'environ six cents milles, et le voyage en chemin de fer, avec les dangers qui l'accompagnent, était d'autant plus long. Nous avions également entendu dire qu'une partie au moins de la frontière suisse était gardée de manière imprenable. Restait la Hollande, à environ quatre cents milles de distance.

Compte tenu de ma connaissance approfondie de l'allemand, je ne considérais pas le voyage en train comme une entreprise impossible. Cela semblait en tout cas plus réalisable que de parcourir quatre semaines jusqu'à la frontière avec le peu de nourriture que l'on pouvait transporter. Jusqu'au dernier moment, j'ai essayé de savoir si des passeports spéciaux étaient nécessaires pour voyager en train et s'ils seraient contrôlés au moment de la prise du billet ou pendant le voyage. J'ai eu des récits contradictoires à ce sujet.

Arrivé au sanatorium, je me décidai très vite à la manière de procéder suivante : un séjour à la « Linden Allee » jusqu'au 30 mars me donnerait environ quatre semaines pour rétablir ma santé, ce qui n'était pas un problème. le meilleur après un hiver épuisant au camp. Puis, avec une nouvelle lune le 1er avril, une succession de nuits sombres serait favorable à mon projet. En raison de la météo, il pourrait s'avérer judicieux de retarder le départ d'un jour ou deux ; mais si des conditions exceptionnellement hivernales prévalaient alors, un report jusqu'à ce que la lune ait à nouveau changé dans toutes ses phases deviendrait nécessaire. En essayant d'imaginer les conditions proches de la frontière, j'étais arrivé à la conclusion qu'avec la neige au sol, offrant une visibilité considérable même pendant les heures les plus sombres de la nuit, un passage réussi à travers les lignes de sentinelle serait hors de question. En revanche, les nuits seraient beaucoup plus courtes à la fin du mois d'avril, ce qui me rendait nerveux à l'idée qu'un tel report ne me soit imposé. La tâche de sortir du sanatorium et de me rendre à Berlin ne me dérangeait pas du tout. C'était aussi simple que de tomber d'une bûche. J'allais emporter avec moi dans un petit sac Gladstone en cuir celles que je jugerais nécessaires ou très désirables pour l'exploit.

J'avais appris par les journaux qu'un train quittait Berlin pour Leipzig à 7 HEURES DU MATIN. Mon absence ne serait probablement pas découverte avant le premier petit-déjeuner, servi au lit à 7h45. JE pourrais donc être à plusieurs kilomètres lorsque l'alarme parviendra au quartier général.

Leipzig n'était pas sur ma route directe vers la frontière néerlandaise, mais elle me paraissait très attrayante comme premier objectif, en partie pour cette raison. C'est un grand endroit, et un homme pourrait facilement y passer une journée dans la foule, tandis que les magasins me permettraient de compléter mon équipement avec une boussole et des cartes.

A Berlin, la vente de ces derniers était interdite sauf autorisation du commandant du corps d'armée. Cette ordonnance fut sauvagement appliquée et probablement strictement observée. Leipzig — le centre de l'imprimerie allemande et, dans le royaume de Saxe, non en Prusse — était l'endroit où l'on pouvait espérer les obtenir, voire nulle part.

D'une autre manière, le fait que Leipzig se trouve dans un état différent était en ma faveur. Tout effort de la police berlinoise pour me retrouver serait très probablement retardé si l'affaire devait être confiée à une organisation policière distincte et indépendante.

J'espérais qu'à mon arrivée à Dortmund, dans la matinée suivant mon évasion du sanatorium, je pourrais me rendre en train lent jusqu'à la petite ville de Haltern.

Ceci est situé dans le coin nord-ouest de la province de Westphalie, sur la rive nord de la rivière Lippe. La partie de la Hollande la plus proche de là n'est qu'à vingt-cinq milles à vol d'oiseau, et aucune rivière d'aucune taille n'y intervient, considération importante pour la période de l'année que j'avais fixée. De plus, elle est loin du Rhin. Comme j'avais vécu dans la partie nord de la province du Rhin, le danger d'être aperçu par hasard par une ancienne connaissance m'ordonnait de m'éloigner de cette région.

Il restait les petits détails de mon plan à élaborer, à classer et à mettre en place. Certaines d'entre elles ont été planifiées et exécutées avant mon départ du camp. Par exemple, je m'étais laissé laisser pousser la barbe durant l'hiver 1915-16. Cela a modifié mon apparence et s'est prêté à une autre modification, pour revenir à l'original. Dans la « Linden Allee », je me suis dit que les Allemands s'attendraient probablement à ce que je le rase. Une bonne raison pour ne pas le faire.

La pratique universelle des Boches, tant dans les camps civils que militaires, était de marquer tous les vêtements des prisonniers de guerre de manière si distincte que le statut de celui qui les portait pouvait être reconnu d'un coup d'œil, si jamais il s'enfuyait. Ces marques consistaient d'abord en des rayures de couleurs vives peintes sur les coutures de leurs pantalons et autour de leurs bras, et en des figures fantaisistes, des cercles, des triangles, etc., sur le dos. Plus tard, des bandes de tissu marron ont été cousues sur le pantalon et les manches, le tissu d'origine ayant d'abord été découpé.

Cette pratique n'a jamais existé à Ruhleben, où nous étions autorisés à porter ce que nous aimions. Pendant deux hivers au camp, j'avais utilisé une combinaison très solide et chaude en corde Manchester. Il était maintenant considérablement dégradé, blanchi par le soleil et la pluie et noirci à nouveau par la boue et la graisse, assez visible par son état de délabrement et, au camp, très clairement lié à moi. Pendant des mois, j'avais caché dans ma malle une discrète veste de tailleur grise. Quand je suis allé au sanatorium, il était rangé sous d'autres affaires, au fond de mon sac à main. Tout le temps à la villa, je portais mon costume en velours côtelé, expliquant que je n'avais pas d'autres vêtements, mais que j'en attendais en arrivant d'Angleterre. J'avais dû faire une figure bien bizarre parmi mes compagnons, mais chacun d'entre eux pouvait jurer en conscience, après mon départ, que j'avais dû partir en costume de velours côtelé marron, car, évidemment, je n'en avais pas d'autre. Le bon pardessus d'Ulster dont j'avais l'intention d'utiliser ne pouvait guère me trahir. Il y en avait probablement un demi-million en Allemagne à cette époque.

Après la première semaine de mars, l'hiver s'installe à nouveau et occupe les terres pendant une quinzaine de jours. Puis, brusquement, le printemps a éclaté – ce glorieux début de printemps de 1916 avec sa longue succession de journées chaudes et ensoleillées et de nuits fraîches et éclairées par les étoiles.

Un changement dans le nombre et la répartition des détenus m'avait laissé avec un seul compagnon dans notre chambre. Il était alité à cause d'une maladie cardiaque. Je devenais plutôt nerveux, craignant que ma disparition inattendue et l'inévitable enquête qui s'ensuivrait ne le bouleversent. Pour minimiser ce choc éventuel, je l'ai mis en confiance.

À mesure que « le jour » approchait, je préparais mes affaires aussi discrètement que possible, emballant progressivement ma petite poignée et détruisant finalement lettres et papiers privés. C'est alors que mon colocataire a montré les premiers signes d'un intérêt non feint.

« Eh bien, s'écria-t-il soudain, alors vous le pensiez vraiment, après tout ! Pardonnez mon incrédulité jusqu'à présent, mais j'ai entendu tellement de gars parler de ce qu'ils comptaient faire, sans jamais voir personne le faire, que je n'ai pas vraiment réalisé que vous étiez l'exception qui confirme la règle. Ne vous inquiétez pas pour moi et bonne chance à vous.

J'avais peu à peu abandonné la claudication avec laquelle j'étais arrivé au sanatorium à mesure que j'annonçais des améliorations de mon état. Elle devait être reprise en cours de route comme une sorte de déguisement, une explication non demandée de mon non-engagement dans l'armée.

J'avais mis de côté de la nourriture, à savoir une grosse saucisse fumée allemande, encore disponible bien que très chère, et contenant une quantité considérable de nourriture, une boîte de fèves au lard, des biscuits, du chocolat et une préparation spéciale anti-fatigue. Une chemise de laine verte, un pull épais, deux paires de chaussettes, un ensemble de sous-vêtements supplémentaire, une solide ceinture et un ciré de marine, remplissaient le sac presque jusqu'à l'éclatement. Montre, lampe électrique, couteau et argent devaient être portés sur moi.

Vers cette époque, mon premier compte mensuel devait être payé par le sanatorium. Je n'osais pas le demander, je ne pouvais pas non plus partir sans payer. Outre l'aspect moral de disparaître et de laisser derrière moi une facture non réglée, un tel acte aurait certainement entraîné contre moi des poursuites pénales pour vol ou larcin, en cas de capture, et, selon l'application allemande de la loi où Les Anglais étaient inquiets, notamment s'ils étaient condamnés à une peine maximale. J'ai donc décidé de laisser suffisamment d'argent dans un tiroir de ma coiffeuse pour couvrir ma facture.

CHAPITRE V
UN APERÇU DE LIBERTÉ

Contrairement à mes attentes, je n'ai ressenti aucune excitation lors de mon dernier jour à la « Linden Allee ». Mon attitude mentale était plutôt désintéressée, comme si j'observais quelqu'un d'autre s'enfuir.

Quand je me suis couché à l'heure habituelle, je me suis immédiatement endormi, après avoir décidé de me réveiller à 3h30 DU MATIN, je me suis réveillé une heure plus tôt et je me suis rendormi. Il était près de quatre heures lorsque j'ouvris les yeux pour la deuxième fois. En me levant sans bruit, j'ai porté le Gladstone et un gros sac à main contenant mes vêtements, mes bottes, etc., dans la salle de bain du premier étage. Là, j'ai fait mousser mon blaireau et rasé quelques poils de mon avant-bras gauche, laissant le rasoir de sécurité sur le lavabo, non nettoyé, pour donner l'impression que je m'étais rasé la barbe. Je m'habillai le plus rapidement possible, jetant mon pyjama par terre et laissant généralement pas mal de désordre derrière moi. Un voyage haletant jusqu'au grenier de la maison pour cacher ma combinaison en corde derrière des poutres a été exécuté avec autant de rapidité et de prudence que possible. Mon sac à la main et mes bottes au cou, je redescendis à la lueur de la torche électrique, j'enfilai mon pardessus dans le hall et, arrachant mon chapeau au porte-chapeau, j'entrai dans la salle à manger. De là, une porte-fenêtre donnait sur un porche auquel montaient quelques marches du jardin. La fenêtre n'opposait aucune résistance et, heureusement, le store de protection n'était pas baissé. Quelques femmes, probablement des ouvrières dans les munitions, sont passées devant la maison et lorsqu'elles n'ont plus pu entendre, je suis sortie.

Il faisait encore nuit, même si l'aube était annoncée à l'est. Dans un endroit préalablement choisi parce qu'il était masqué par des buissons et d'où je pouvais surveiller la rue sans être vu, j'ai franchi la clôture. J'avais à peine fini de le faire qu'une toux retentit à quelque distance derrière moi. Avec un frisson qui parcourait ma colonne vertébrale, j'ai continué mon chemin. Tournant au coin le plus proche, je jetai un rapide coup d'œil par-dessus mon épaule, mais je ne vis personne. Néanmoins, j'ai pensé qu'il était sage de revenir sur mes traces pendant plusieurs pâtés de maisons, avant de me diriger vers la grande artère qui menait vers Berlin.

Un certain nombre de personnes, hommes et femmes, se rendaient au travail. Continuant mon chemin, j'arrivai après un laps de temps d'une quinzaine de minutes à une station des Elévés. Il était maintenant cinq heures.

Lorsque je montai les marches de la salle des réservations, la nuit se retirait lentement devant l'avant-garde du jour qui approchait. Les lumières électriques des rues ont clignoté une fois et étaient éteintes. Dans la gare, ils commençaient à se montrer pâles et inefficaces.

À mon grand soulagement, des gens entraient dans la gare avec moi. Évidemment, il y avait un service de trains aussi tôt, même si j'en avais douté jusque-là. La prise d'un ticket pour la station Friedrich Strasse, l'une des principales gares de Berlin, m'a coûté une certaine agitation. Cela signifiait le premier test de ma capacité à « continuer ».

« Friedrich Strasse ! Six heures moins dix ! Je dois trouver le restaurant et prendre le petit-déjeuner. Cela n'a aucun sens de négliger l'homme intérieur ; aucun militant expérimenté ne prendra volontairement le risque.

La Friedrich Strasse était un endroit des plus inconfortables. Elle grouillait de soldats, et ses passages et escaliers complexes étaient recouverts de pancartes : « Grand Prévôt de la Station », « Bureau des Passeports Militaires », « Passeports à montrer ici », « Pour les Militaires ». seulement."

Finalement, je trouvai une petite salle d'attente et un restaurant douillet, où je reçus un repas assez convenable, comprenant des œufs, qu'on pouvait encore se procurer à l'époque sans carte de rationnement, et des petits pains, pour lesquels j'aurais dû livrer du pain. billets, mais je ne l'ai pas fait. Dès que j'en ai eu l'occasion, j'ai acheté un journal et des cigarettes. L'un ou l'autre pourrait aider à surmonter un moment difficile.

Le train pour Leipzig partait d'une gare dont je ne connaissais rien sauf le nom. Le moyen le plus simple pour moi de m'y rendre était le taxi. Un certain nombre d'entre eux se trouvaient devant la gare Friedrich Strasse.

«Anhalter Bahnhof», dis-je sèchement au conducteur du premier quatre-roues du rang. Cabby marmonna quelque chose à propos de *Marke* à travers une barbe d'une sauvagerie vraiment étonnante. C'est alors seulement que je me suis rappelé qu'il faut, avant de prendre un taxi à la gare de Berlin, se procurer un bouclier en cuivre, avec son numéro, auprès d'un policier posté à l'intérieur de la salle de réservation. Je repartis, surmontant tant bien que mal l'aspect terrifiant de l'uniforme bleu près de moi. Heureusement, l'homme se montra extraordinairement poli pour un officier de justice prussien et me demanda avec sollicitude quel type particulier de fiacre je désirais et s'il devait être fermé ou ouvert. Il devait être fermé.

J'avais vingt minutes à perdre après être descendu du taxi devant ma destination. Cette station paraissait moins fréquentée que l'ancienne, bien qu'un nombre considérable de soldats se trouvaient dans la grande salle ou la traversaient. Le moment était venu où l'un des points essentiels de mon projet allait être mis à l'épreuve. Puis-je obtenir un billet longue distance sans passeport ? J'ai attendu que plusieurs personnes s'approchent du bureau de réservation, puis je me suis aligné derrière eux. L'un d'eux demanda un billet de seconde classe pour Leipzig et l'obtint sans aucune formalité. Je me considérais en toute sécurité lorsque j'ai réitéré sa demande.

Le train, un corridor-express, était bondé. Il était tôt pour les gens ordinaires et personne ne semblait le moins du monde bavard. Pour éviter d'être interpellé, j'avais acheté suffisamment de littérature allemande du type sanguinaire pour convaincre quiconque de mes sentiments patriotiques, mais je ne la regardais pratiquement pas. J'étais trop intéressé à regarder le pays défiler devant la fenêtre et à spéculer sur ce à quoi il ressemblerait près de la frontière néerlandaise.

A Leipzig, où nous sommes arrivés à 9 heures 30 , j'ai fait conduire mon petit Gladstone au vestiaire par un porteur, pour donner plus de vraisemblance à ma boiterie. Pour la même raison, j'ai fait ma première affaire d'acheter une grosse canne au magasin le plus proche. Après cela, j'ai reçu une bonne boussole lumineuse, dont l'achat était un autre cas de test. Lorsqu'elle était traitée comme une transaction quotidienne par l'homme derrière le comptoir, mon moral remontait et l'acquisition de cartes me paraissait une entreprise moins formidable. Néanmoins, j'ai résolu de laisser leur achat à l'après-midi. Si je constatais que ma demande « d'une bonne carte de la province de Westphalie » éveillait des soupçons, j'avais l'intention de m'enfuir dans le premier train, si je pouvais atteindre la gare sans être arrêté.

Je passai le reste de la matinée à parcourir la ville en boitant, toujours en alerte. Les rues tortueuses et étroites du centre-ville, avec leurs vieilles maisons à hauts pignons contrastant curieusement avec les bâtiments modernes et le bruit des tramways, étaient pour moi un plaisir autant qu'une difficulté ; ce dernier dans la mesure où je devais tenir compte de mes déplacements, afin de mieux pouvoir agir rapidement en cas d'urgence. Petit à petit, je me suis retrouvé dans des rues plus modernes, larges et droites. Au passage, j'avais noté mentalement un restaurant probable où déjeuner plus tard.

Enfin, je me trouvai dans un parc public, où je restai quelque temps assis sur un siège. Un vent astucieux, qui sifflait à travers les branches nues des arbres, me fit m'envelopper davantage dans mon pardessus.

J'ai commencé à marcher vers le restaurant à midi, suivant la plus grande partie du chemin dans le sillage de trois bourgeois gros et à l'air confortable, qui décidaient de la guerre et du sort des nations d'une voix suffisamment forte pour que je puisse suivre leur voix. conversation, quoique trente pas en arrière. Au restaurant, j'ai pris un repas, quelque peu réduit en qualité et en quantité, pour un peu plus que ce que j'aurais dû payer en temps de paix. Autour d'une cigarette, je me mis alors à chercher mon train du soir dans l'horaire que j'avais acheté à la gare. Incapable de trouver ce que je voulais, j'avais chaud et froid partout. Je n'avais en aucun cas envisagé de devoir passer la nuit dans une ville, et je n'aurais pas su comment agir si j'avais été contraint de le faire. Cette question devait être réglée sur-le-champ, alors je me suis rendu au commissariat et au bureau d'enquête. On m'a dit que je pouvais prendre un train à 19 h 50 ou 20 HEURES — je ne sais plus laquelle — pour Magdebourg, et de là prendre l'express pour l'ouest jusqu'à Dortmund.

J'ai passé la première partie de l'après-midi dans plusieurs cafés, mécontent d'être entre quatre murs, mais désireux de me reposer le plus possible. Vers cinq heures, je partais nerveusement pour acheter les cartes et quelques autres choses moins importantes. Je suis passé devant plusieurs librairies dont les vitrines arboraient d'immenses cartes de guerre, mais mes pieds, apparemment de leur propre gré, m'ont porté devant elles. Lorsque j'ai finalement trouvé le courage d'entrer dans un magasin, mon appréhension s'est révélée tout à fait inutile. Je suis reparti avec une belle motor-map et une autre, moins utile en général mais donnant quelques informations supplémentaires. Ensuite, le reste de mon équipement fut rapidement acquis : une paire de jumelles de nuit, une pince à fil, un sac à dos, un ciré très léger et une valise bon marché pour transporter tout cela. Par un heureux hasard, j'aperçus des gourdes militaires. dans une vitrine, ce qui m'a rappelé que j'avais failli négliger cette partie très importante de l'équipement d'un fugitif. J'en ai un en aluminium fin.

À ce moment-là, il commençait à faire nuit. La meilleure façon de passer ce qui me restait de Leipzig était de prendre un repas tranquille au restaurant de la gare.

Pendant que j'attendais d'être servi, un homme bien habillé assis à une table en face a attiré mon attention. Il entra dans la chambre peu après moi et parut s'intéresser à ma personne avec méfiance. Il m'a regardé, ouvertement et autrement. Quand il a fait le premier, j'ai essayé de le surpasser. Après avoir été battu à deux reprises dans cette compétition, il surveillait attentivement mais discrètement le reste des gens du restaurant, mais ne me prêtait plus attention, pas même lorsque je traversais la salle plus tard pour acheter au comptoir autant de personnes que possible. des biscuits sucrés et autant de chocolat que j'osais. Après cela, je me suis assis en train de lire un livre avec une couverture sinistre dans lequel un sous-marin allemand torpillait un navire de guerre britannique au milieu de vagues agitées. Profitant de la myopie impliquée par mes lunettes, je les ai tenues près de mes yeux, afin que les spectateurs puissent bénéficier de la couverture inspirante et les regarder à la place de mon visage.

Un porteur, à qui j'avais donné un pourboire suffisant pour que cela en vaille la peine, vint chercher mes bagages et me reconduisit dans le train, où j'avais un compartiment pour moi seul. Dès que nous avons déménagé, j'ai exécuté une danse de guerre sauvage mais silencieuse pour soulager mes sentiments surchargés, puis j'ai jeté un premier coup d'œil aux cartes.

A Magdebourg, je n'avais que quelques minutes à attendre l'express pour la Belgique, qui devait arriver à minuit. Il s'est avéré qu'il était divisé en trois sections, se succédant à dix minutes d'intervalle. J'ai pris le premier des trains. Le compartiment de deuxième classe dans lequel j'entrai était occupé par un officier de l'AMC et deux sous-officiers. Ces derniers nous quittèrent bientôt, après avoir soudoyé, semble-t-il, le gardien pour les laisser entrer en première classe. De cette façon, le médecin et moi avions tout le compartiment pour nous seuls. Nous nous sommes couchés de tout notre long et j'ai dormi sans interruption jusqu'à 16 h 30, une demi-heure avant l'arrivée du train à Dortmund.

A Dortmund, la salle d'attente où je me rendais était presque vide. J'ai laissé mes bagages aux soins d'un serveur et je suis sorti me laver et me brosser les dents. Cette expédition m'a donné l'occasion d'en apprendre davantage sur la gare avant d'obtenir un nouveau billet. Je vis que pour cela, je devais passer par des portiques chargés d'une garde extraordinairement forte, avec des baïonnettes au canon. L'importance de Dortmund en tant que ville manufacturière, couplée à sa situation dans le district industriel de l'Ouest, point vulnérable de l'Allemagne, expliquait ces précautions.

De retour dans la salle d'attente, un liquide appelé café et un pain de guerre des plus insatisfaisants durent remplacer le petit-déjeuner chrétien. D'après l'horaire, j'ai appris qu'il y avait un train local pour Wanne vers 6h30. Il a raté de peu la connexion avec un autre de Wanne à Haltern, si je me souviens bien. La perspective de devoir attendre plus de deux heures dans une petite ville en bordure de la zone industrielle, avant de pouvoir prendre un train, n'était pas particulièrement attrayante, mais il n'y avait pas d'alternative. Mon billet n'a été pris qu'à la dernière minute ; puis Dortmund a été laissé pour compte.

Pendant la majeure partie du trajet jusqu'à Wanne, j'ai voyagé en compagnie de deux jeunes civils, massivement bâtis et en bonne santé. Quand ils furent partis, j'emballai en toute hâte mes impedimenta dans le nouveau portemanteau, laissant le Gladstone vide, avec l'intention de le déposer dans un vestiaire comme meilleur moyen de m'en débarrasser sans laisser de trace.

Arrivé à Wanne à huit heures, j'ai déposé mes deux bagages à la fenêtre du vestiaire en demandant un billet séparé pour chacun.

L'homme derrière le comptoir, que j'ai pris en grande antipathie à partir de ce moment-là, m'a regardé en silence pendant quelques secondes, jusqu'à ce que je n'en puisse plus, et a commencé une explication boiteuse : je voulais laisser le petit sac à un ami. à moi pour aller le chercher plus tard à qui je l'avais emprunté en ville il y a environ une semaine, du nom de Hugo Schmidt. L'autre, je l'emporterais avec moi dès que mes affaires à Wanne seraient terminées. Le mensonge semblait assez peu convaincant à mes propres oreilles. Le visage en bois de mon antagoniste de l'autre côté de la fenêtre ne donnait aucune indication de pensées ou d'émotions. Tout ce qui comptait vraiment, c'était qu'il m'ait donné deux contraventions et que je me suis retrouvé dans la rue, toujours sans être arrêté, mais avec une chaleur inexplicable.

Marchant aussi vite que ma boiterie me le permettait, j'errais dans les rues, plongeant ici dans une cour d'usine et là dans le hall d'un immeuble de bureaux, comme si j'étais un voyageur de commerce, prenant soin de ne pas m'attarder trop longtemps pour que d'autres personnes puissent le faire. s'intéresser à moi.

Je me sentais tout le temps mal à l'aise et insatisfait de mon travail à la gare et de la feinte que je faisais, et c'est ainsi que la photographie d'un de mes amis à Ruhleben s'est désintégrée sous mes doigts dans ma poche pour être laissée tomber petit à petit. je me suis mis sur la route, de peur que, si j'étais arrêté, l'original n'ait des ennuis.

C'était un soulagement quand dix heures étaient passées et que l'heure du train approchait. J'ai récupéré mon porte-manteau chez mon ami du vestiaire, qui était heureusement occupé avec d'autres personnes, et je suis monté dans un compartiment vide. Entre les stations, pendant les vingt minutes de trajet, j'ai regardé mes cartes pour me faire une idée de la meilleure façon de sortir de Haltern dans la bonne direction.

Cette petite ville se trouve à environ 800 mètres de la gare, qui est un carrefour ferroviaire important. Je ne connaissais absolument pas cette partie de la province de Westphalie. Les cartes le montraient comme peu peuplé, avec beaucoup de bois parsemés partout et beaucoup d'eau.

Le train a tonné sur le grand pont ferroviaire traversant la rivière Lippe et est entré dans la gare, et moi, me sentant plutôt bien, j'ai atterri sur le quai avec quelque chose comme un saut et un saut, jusqu'à ce que je me souvienne de ma jambe. Puis lentement j'ai boité après les autres personnes que le train avait dégorgées. Devant moi, je voyais le clocher de l'église s'élever au-dessus des toits de la petite ville compacte à mi-distance. À mi-chemin, je croisai un détachement de Tommies anglais assis au sommet d'une clôture, fumant la pipe et la cigarette. À peu près autant de Poilus se tenaient près d'eux, riant et critiquant l'apparence des femmes qui passaient. Le seul garde que j'ai pu découvrir était appuyé, endormi, contre un arbre de l'autre côté de la route. J'ai réprimé un désir presque irrésistible d'échanger des salutations et je les ai plutôt passées avec un regard de pierre.

CHAPITRE VI
EN CACHÉE

C'était une journée chaude et ensoleillée, et il n'y avait aucune difficulté à s'orienter. Sur la place du marché, un panneau « Vers Wesel » m'a dirigé vers une rue étroite bordée de modestes habitations sur ma gauche. Juste à l'extérieur de la ville, plusieurs routes se croisaient. Sans regarder les directions indiquées sur une borne kilométrique, j'ai étudié le pays devant moi pour obtenir des suggestions quant à mon prochain déplacement. Le plus important était de se mettre à couvert le plus rapidement possible et de se retirer de la vue des hommes. Peu importe de trouver le bon itinéraire maintenant. Cela pourrait attendre qu'une étude approfondie des cartes me permette de mieux comprendre la situation. La route la plus favorable passait devant un certain nombre de chalets, puis se dirigeait vers le nord-ouest entre une basse chaîne de collines. Un sentier bifurquant vers un bosquet sur ma gauche semblait offrir le double attrait d'une promenade solitaire et d'un raccourci vers une cachette. Il m'a fallu environ une centaine de mètres le long de l'arrière des cottages, puis j'ai rejoint la route principale à un endroit où les bois y descendaient.

Dès qu'un coin du bosquet m'abritait, je jetais un dernier regard de long en large sur la route déserte, et un instant plus tard les branches des sapins à moitié cultivés se refermaient en crépitant derrière moi.

Chargé comme je l'étais d'un épais pardessus et d'un lourd sac, j'étais passablement baigné de sueur avant d'avoir pénétré suffisamment loin dans le bosquet pour me sentir en sécurité. Les branches étaient si entrelacées que seul le frémissement le plus réaliste était efficace comme moyen de propulsion, et même alors, la progression était accompagnée d'un crépitement que je tenais à éviter.

Enfin satisfait, je me levai et regardai autour de moi. Aux points de lumière vers l'est, je conclus que l'endroit où je me trouvais n'était pas loin de la lisière du bosquet, où il bordait un champ labouré. De tous les autres côtés se trouvait un mur mort de couleur marron et verte. Sous mes pieds, le sol était détrempé, car le soleil du printemps n'avait pas encore le pouvoir de pénétrer là où les aiguilles brunes et un enchevêtrement d'herbe noire et moisie de la croissance de l'année dernière seraient bientôt recouverts par les pousses du nouveau printemps. Humides et noires, les branches inférieures des jeunes arbres appartenaient au passé, mais plus haut, elles étendaient leurs bras vers le ciel, vêtues de leurs aiguilles vert foncé. Les cimes des sapins brillaient comme de l'ambre vert lorsqu'elles se balançaient légèrement sous la lumière claire du soleil, formant de délicats motifs entrelacés sous le ciel pâle du printemps.

Me reposant et préparant ma promenade nocturne, ou étudiant mes cartes, j'y ai passé la journée. Une bouchée de nourriture de temps en temps était tout ce que je pouvais avaler, car j'étais desséché par la soif. C'était la marche rapide sous le chaud soleil qui avait déclenché cette situation, et le fait de savoir qu'il n'y avait aucune chance de l'apaiser avant les petites heures du lendemain matin ne faisait qu'empirer les choses. Je n'avais osé remplir ma gourde dans aucune des gares de peur d'être repéré et d'éveiller des soupçons.

La majeure partie de la journée, mes oreilles étaient continuellement en alerte, non pas tant par peur d'être découvertes que par des sons susceptibles de transmettre des informations utiles. La route qui passait devant ma cachette semblait peu fréquentée ; le grondement d'une charrette ne me parvenait que très rarement. Aux cris aigus des enfants qui jouaient et aux caquetements des poules, je devinai l'existence de plusieurs fermes plus loin.

Avant de m'allonger, j'avais enfilé mon deuxième ensemble de sous-vêtements et abandonné ma chemise, mon col et ma cravate blancs pour une chemise en laine verte et un cache-nez sombre, qui supprimaient sur ma personne toutes les couleurs autres que neutres. Les cirés, les soies cirées, les pardessus, la nourriture, etc., devaient être emballés dans le sac à dos au lever du camp. Tout ce dont j'avais besoin pendant la marche, comme une boussole, des cartes, une lampe électrique et une petite quantité de biscuits et de chocolat, je le rangeais dans des poches pratiques. J'ai découpé les cartes en carrés faciles à manipuler, en éliminant toutes les parties superflues. Lorsque le soleil eut disparu et que l'obscurité s'accumula sous les arbres, j'enlevai la bouteille d'eau de ma ceinture, les jumelles de mon cou, puis me glissai jusqu'au bord du bosquet pour y attendre la nuit.

Dissimulé derrière des buissons, j'observais la route qui devenait peu à peu plus indistincte. Les toits de la ville, blottis dans le creux, perdaient leurs contours nets. Les lumières se succédèrent derrière les fenêtres. Les voix des enfants se firent moins nombreuses, puis cessèrent. Le son commença à parcourir une grande distance ; le grondement d'un train, l'aboiement lointain d'un chien. Des étoiles scintillantes sont apparues dans les cieux. Il était temps de commencer.

A 8h30, je sortis de ma cachette et gagnai la route, où je me tournai vers l'ouest après un dernier coup d'œil sur Haltern et ses points lumineux. Deux fermes, parfaitement obscures même à cette heure précoce de la nuit, se trouvèrent bientôt derrière moi. Ici, la forêt descendait jusqu'à la route sur ma gauche tandis que les champs la bordaient sur la droite et, à environ quatre-vingts mètres de distance, se dressaient les collines boisées. Je ne sais pas si c'était une sorte de sixième sens qui m'avertissait, mais le fort sentiment que je n'étais pas en sécurité sur la route m'a fait marcher à travers les champs jusqu'à l'ombre des arbres, d'où je pouvais observer sans être surpris. vu. Ma silhouette s'était à peine fondue dans ce fond sombre, qu'en silence un cycliste sombre voltigeait le long de la route, se dirigeant dans ma direction. Il ne portait pas de lampe et aurait pu être une patrouille.

La progression dans les champs labourés étant assez difficile, je m'impatientai bientôt de ma lenteur et retournai à la route, la parcourant désormais en parfaite sérénité. Il a augmenté progressivement. En vérifiant sa direction en jetant un coup d'œil aux étoiles de temps en temps, je remarquai bientôt un virage décidé vers le nord-ouest. Cela prouvait sans aucun doute qu'il ne pouvait pas s'agir de l'autoroute à péage vers Wesel, qui sur toute sa longueur s'étendait plein ouest.

Après peut-être une heure de dur labeur, un panneau indicateur surgit d'un blanc fantomatique à travers l'obscurité, pour ressortir nettement à la lumière de la torche. « Klein Recken 2h30 », pouvait-on lire. Une consultation de la carte montra alors que j'étais sur une route beaucoup plus favorable que je ne l'avais prévu, et qu'un ruisseau coulant près de l'autre côté du village de Klein Recken pourrait être atteint vers minuit, si je maintenais ma vitesse. Je n'avais besoin d'aucune autre incitation.

J'étais maintenant en train de gravir le dernier contrefort des collines qui m'avait fait face en sortant de Haltern. Mon chemin se faisait principalement à travers des bois, avec des clairières occasionnelles où les contours sombres des maisons et des granges se détachaient sur le ciel. Parfois seulement, une fenêtre était faiblement éclairée, comme par une veilleuse. Souvent, les chiens avertissaient de mon approche et répandaient l'alarme partout.

C'était une nuit des plus glorieuses, le ciel était d'un noir de velours, les étoiles d'un éclat rarement vu en Europe occidentale. Leur éclat parut accru lorsque je me trouvai encerclé par une haute forêt à travers laquelle la route serpentait comme à travers un canon. Une planète brillante était suspendue assez basse juste devant moi et, dans l'exubérance de mes sentiments, je la considérais comme mon étoile directrice.

Lors de l'ascension, l'air nocturne était délicieusement frais, pas froid, avec des bouffées occasionnelles plus chaudes chargées du parfum des pins, dont les branches invisibles et les feuilles sèches murmuraient doucement. Rarement j'ai ressenti un sentiment de bien-être aussi grand que durant les premières heures de cette nuit. Jamais plus, lorsque j'étais en Allemagne – que ce soit dans un camp, en prison ou dans d'autres aventures – je ne me suis senti aussi heureux, aussi libre de tout stress, aussi en sécurité.

Juste avant d'arriver au sommet de la crête, j'ai trouvé un autre panneau indiquant un bras dans la forêt comme étant le chemin le plus court vers Klein Recken. La lueur de la torche révélait un étroit sentier qui disparaissait dans une obscurité impénétrable. Je me débarrassai de mon sac à dos et me reposai dix minutes en mangeant quelques biscuits et du chocolat, ce qui me donna plus soif que jamais. Il devait faire plus froid que je ne le pensais, car en reprenant mon fardeau, je le trouvai recouvert d'une fine couche de glace.

En entrant dans le sentier, j'ai trouvé nécessaire un usage plutôt libéral de la torche. Le chemin descendait d'abord en pente raide, puis plus progressivement. Les grands arbres se sont transformés en arbres et fourrés plus petits. De temps en temps, un train de chemin de fer grondait au loin ; Pourtant, pendant plus d'une heure, le pays resta vide de toute habitation humaine. Alors plusieurs maisons, très espacées, annonçaient le voisinage d'un village. Un tintement me fit allonger ma foulée déjà mouvementée jusqu'à ce que je me retrouve sur un pont de pierre. Le faible murmure de l'eau en contrebas était très agréable à mes oreilles. Mais ce n'était pas le seul bruit. Quelque chose bougeait quelque part, mais ma langue et ma gorge sèches ne voulaient plus être refusées. En escaladant une clôture de barbelés dans une prairie, je cherchais un endroit d'où je pourrais atteindre le ruisseau aux berges abruptes. En train d'attacher ma gourde à ma canne pour la descendre dans l'eau, j'entendis des pas s'approcher. L'obscurité était une dissimulation suffisante, et je restai simplement immobile pendant que deux hommes traversaient le pont, dont l'un, d'après les bribes de conversation que je pouvais distinguer, semblait être le médecin du village, qu'on allait chercher chez un patient.

Quand ils furent partis, j'ai baissé ma bouteille d'eau. Le remplissage semblait très long, les bulles brisant la surface avec un son merveilleusement mélodieux. Et puis j'ai bu et bu, je l'ai rempli à nouveau et je l'ai presque vidé une seconde fois. Quand je me suis détourné, il pendait anormalement lourdement contre ma hanche.

Devant moi se trouvait Klein Recken. Le chemin que j'avais suivi jusqu'à présent se terminait ici. C'était à des kilomètres au nord de l'endroit où je m'attendais à être à ce moment-là, au départ, mais beaucoup plus près de la frontière. Mes projets pour la nuit avaient été bouleversés par mon engagement sur cette route favorable et je ne pouvais pas non plus consulter mes cartes. L'usage de la torche si près des habitations était hors de question. J'avais cependant une assez bonne idée de ce que j'aurais dû voir si j'avais osé.

Une ligne de chemin de fer traversait le village. Après avoir traversé cette épreuve, je devrais devoir faire confiance à mon étoile directrice et à ma capacité à travailler à l'échelle nationale.

Au lieu du passage à niveau que je cherchais, je suis tombé par hasard sur un tunnel situé dans un remblai très élevé. En retenant mon souffle, je suis passé sur la pointe des pieds, m'attendant à plus de la moitié à rencontrer une sentinelle de l'autre côté. Le sentier qui en sortait s'est avéré un guide peu fiable. Cela s'est vite éteint et m'a laissé bloqué devant une clôture de barbelés et un fossé. Le tronçon de cross-country était en cours.

La traversée des champs labourés était en comparaison facile, mais ils ne formaient qu'une partie du pays que je parcourais. De fréquentes parcelles de forêt m'obligeaient à les contourner, avec du temps perdu de l'autre côté pour apporter les corrections nécessaires. À plusieurs reprises, je suis tombé à mi-chemin jusqu'aux genoux dans la mare et l'eau. Plusieurs lancers étaient souvent nécessaires pour contourner ces lieux, car, envahis par les mauvaises herbes et dans l'obscurité, les terrains marécageux ressemblaient à des prairies fermes. Pendant un temps, une sorte de mur formé de pierres brutes m'accompagna, avec un terrain marécageux d'un côté et une forêt de l'autre. Il semblait courir dans toutes les directions. Dès que je l'ai perdu, je l'ai retrouvé. J'allais toujours aussi vite que possible ; Pourtant, heure après heure, le défilé ahurissant des bois et des champs, des marécages et des prairies continuait.

Un phénomène que j'ignorais alors, mais qui est bien connu des marins, m'occupait à conjecturer. C'est l'impression que l'on a la nuit, sur un terrain plat ou en mer, que l'on monte résolument une colline. Dans mon cas, cela a introduit un facteur perturbateur dans mes calculs quant à ma position.

Après avoir traversé une forêt à travers des clairières en damier dont la signification m'était cachée, car il ne s'agissait ni de sentiers ni de routes, je débouchai sur un sentier et j'entendis de l'eau bouillonner de la berge à ma droite. "Plus de hâte moins de vitesse. Vas-y doucement, me murmurai-je en laissant tomber la musette. Puis je me suis penché vers la source et, après avoir bu autant que nécessaire et mangé une bouchée de nourriture, j'ai fait l'une des réflexions les plus difficiles de ma vie.

Autant que je me souvienne, ma montre indiquait seulement 3h20 DU MATIN. J'ai passé en revue minutieusement tous mes mouvements depuis mon départ de Klein Recken. Même si la route que j'espérais traverser mon parcours ne s'était pas encore matérialisée, j'étais sûr d'avoir assez bien gardé ma direction. C'est l'impossibilité de calculer sa vitesse à travers le pays qui a causé l'incertitude quant à l'endroit où je me trouvais.

Heureusement, il ne faisait aucun doute qu'une autoroute à péage se trouvait à quelques kilomètres au nord de chez moi. Pour y parvenir, et ainsi connaître ma position, il fallait abandonner la route actuelle jusqu'à la frontière. Avec moins de deux heures d'obscurité avant l'aube, ce qui m'obligerait à me cacher, le premier facteur était bien plus important que le second.

Mes nerfs étaient devenus un peu fragiles sous le stress. J'ai dû presser mes mains contre ma tête pour penser logiquement et exercer toute ma volonté pour garder mon cœur stable. Oh, pour un compagnon ! L'effort m'a vidé le cerveau et m'a apaisé. J'étais presque joyeux quand j'ai continué.

En face d'une ferme, le chemin s'est divisé et mon chemin est devenu un chemin de charrettes bourbeux et profondément orné. Après avoir passé une autre ferme, il entra dans une prairie marécageuse par une porte et disparut. Furieux d'être encore trompé, je me retournai pour chercher l'autre embranchement de la piste, mais je fus arrêté en apercevant une lumière à la fenêtre de la ferme où un gros chien avait donné l'alarme lorsque je passais. C'était la goutte d'eau qui a fait déborder le vase. Serrant les dents, je m'accroupis derrière la haie, une fureur insensée faisant chanter mes oreilles. Pour le moment, ayant perdu tout contrôle de moi-même, j'étais plus que prêt à rencontrer un homme ou un chien, ou les deux, et à en découdre sur place. Mais ce sentiment est vite passé.

Le bruit d'une porte qu'on ouvre parvint à mes oreilles. Une lanterne fut portée de la maison et de nouveau obscurcie. Une autre porte s'ouvrit et les pas d'un cheval résonnèrent sur les pavés, suivis du tintement du harnais. Puis une charrette s'éloigna dans l'obscurité. Là où une charrette pouvait aller, il devait y avoir une route ; alors je le suivis, trébuchant sur les ornières et pataugeant dans les flaques d'eau, et courant quand le cheval se mettait au trot.

La charrette s'arrêta devant un bâtiment dont je ne voyais que des pans du mur de façade où frappait la lumière de la lanterne. Suivit le bruit des objets lourds déversés dans le véhicule. Puis tout a recommencé, de retour là où je me tenais. Complètement exaspéré, j'ai tourné les talons et j'ai repris le chemin par lequel j'étais venu, sans me soucier d'être vu ou non. Je m'éloignai bientôt, essayai de tourner en rond et retrouvai bientôt une route.

Quel soulagement de sentir même le sol sous mes pieds ! Un peu plus loin, un panneau indiquant des directions opposées le long de la route indique : « Klein Recken 8 km., Heiden 2 km. » Fini la carte. Il y avait la route que j'avais complètement négligée jusqu'à présent, car elle était très faiblement balisée. Avec satisfaction, je vis que j'avais admirablement gardé ma direction ; mais c'était ennuyeux de constater que ma route était parallèle à lui tout le temps, probablement jamais à plus d'un mile. En me dirigeant vers le village, avec seulement une vingtaine de minutes d'avance, je pouvais atteindre à temps un haut plateau désolé, où l'on pouvait très probablement trouver un abri.

À Heiden, un petit village compact, mes pas résonnaient fort dans les rues pavées. Il n'y avait aucun signe de vie dans les environs et des précautions particulières semblaient tout à fait superflues. Je passai devant l'église et me retrouvai dans la grande route que je cherchais, facilement reconnaissable à sa direction et au fait qu'elle commençait immédiatement à monter sur le plateau.

Le pire de mes ennuis de la nuit, le fait que j'étais fatigué, pas tant musculairement que mentalement, n'est devenu que trop évident à mesure que j'avançais péniblement. J'ai commencé à parler tout seul, à imiter les tours de langage de mes défunts compagnons du sanatorium et à inventer des dialogues entiers. Cela a continué tant que je suivais machinalement l'autoroute à péage, même si j'étais parfaitement conscient de l'absurdité de mon comportement et essayais de l'arrêter.

Le ciel pâlissait maintenant à l'est et, à environ trois kilomètres d'Heiden, j'ai commencé à chercher un abri. Pendant trois quarts d'heure, je quittai la route vers des bois d'aspect probable, pour toujours trouver des fermes cachées derrière eux.

Plusieurs fois, alors que je me tenais parmi les arbres et que je regardais autour de moi avec inquiétude, des silhouettes en robe blanche semblaient exécuter d'étranges danses entre les troncs, pour ensuite se dissoudre dans le néant à mon approche pour les examiner. Des amis à moi ont vécu des expériences similaires lorsque nous nous sommes rencontrés plus tard en prison et avons échangé des histoires sur nos aventures.

La lumière augmentait rapidement lorsqu'un grand bois de pins apparut sur ma gauche. Traversant les buissons qui le bordaient, j'avançai un peu plus loin, jusqu'à ce que j'arrive à un fossé profond et sec marquant sa limite et assez efficacement dissimulé par des buissons. J'avais les bois de sapins à ma gauche ; à ma droite se trouvait un lopin de terre délimité par un grillage et recouvert de petits sapins et d'ajoncs sans épines. Un peu plus haut, une partie des ajoncs avait été coupée et gisait sur le sol. Un examen des souches les montra noires et altérées ; il n'y avait aucun signe de travaux récents. Au-delà du grillage et à travers un champ labouré, une ferme était à moitié cachée dans son verger.

Rassemblant le plus d'ajoncs possible dans mes bras, je le portai jusqu'à un endroit où le fossé était particulièrement profond et bien caché. Deux voyages ont suffi pour me fournir la somme nécessaire. En disposant les ajoncs de la manière approuvée, dans le sens de la longueur et de la largeur, j'eus bientôt un excellent matelas à ressorts au fond du fossé. En me déshabillant, j'enfilai le pull sec près de ma peau et mis par-dessus tous les vêtements que j'avais sous la main, car l'air était extrêmement froid.

Une dernière grande gorgée de la bouteille d'eau, un mouvement prudent pour monter sur mon canapé, et je m'endormis instantanément.

Je me suis réveillé sans sursaut et avec tous mes sens en éveil, après à peine deux heures, merveilleusement reposé et nullement raide. Le soleil était bas dans le ciel et brillait comme un gros disque rouge à travers la brume matinale. Des rayons de lumière doré pâle pénétraient dans la salle à piliers sous le dôme vert foncé des sapins majestueux. Il faisait très froid, mais cela ne me paraissait que comme la piqûre rafraîchissante d'un bain froid. Sans me rendormir, je restai immobile, tous mes muscles détendus, tandis que le soleil montait plus haut. Ce faisant, l'air se réchauffait, l'odeur des pins devenait plus forte, tandis que l'odeur terreuse du sol suggérait la nouvelle vie du printemps et le brassage de la sève dans les pousses autour de moi.

Vers onze heures, un bourdon du matin me fit une visite d'inspection et repartit à la manière maladroite de sa tribu. Les roucoulements des palombes près de moi m'assuraient de ma parfaite solitude. Un jour, une crécerelle a survolé le fossé et a disparu avec une torsion surprise de ses ailes et de sa queue en m'apercevant. Le rugissement des armes à feu à des kilomètres de là semblait de plus en plus fort, mais le bruit n'était pas suffisamment proche pour mériter la moindre attention de ma part.

Lorsque le fossé était en pleine lumière du soleil, j'ôtais mes couvertures pour passer une journée des plus glorieuses dans un parfait contentement, mangeant un peu, économisant mon eau du mieux que je pouvais, fumant et regardant mes cartes. La nuit suivante, j'espérais me voir de l'autre côté de la frontière. J'avais l'intention de traverser un village à environ six kilomètres de là, et... mais cela n'a pas d'importance. Ce qui comptait, c'était que j'oubliais que c'était samedi et que les gens resteraient probablement beaucoup plus longtemps que les jours de semaine ordinaires.

Les ombres se rejoignaient à l'abri des bois lorsque je retournais vers la route. De minuscules rôdeurs nocturnes suivaient déjà leurs affaires et soit s'éloignaient bruyamment, soit se figèrent dans l'immobilité de la peur, alors que mes pieds maladroits s'écrasaient dans leur domaine. Derrière quelques buissons proches, j'ai observé le ruban blanc de la route jusqu'à ce qu'il soit presque effacé par l'obscurité, puis je suis parti.

CHAPITRE VII
ÉCHEC

Ma bouteille d'eau voulait être remplie. Une source bouillonnante au bord de la route m'en a donné l'occasion. C'était à environ un kilomètre et demi sur la route. J'avais repris le pas rapide de la nuit précédente et les quelques kilomètres jusqu'au village de Vehlen furent bientôt parcourus. Un virage soudain de la route à proximité m'a amené devant un bâtiment ressemblant à un moulin à farine. Une lumière électrique brillait à son coin. De l'autre côté de la route, ses rayons se reflétaient dans les ondulations huileuses d'un grand étang dont l'autre côté était caché dans l'obscurité.

Peut-être que la tension et la solitude des derniers jours me pesaient sur moi sans que je m'en rende compte. En tout cas, je n'avais pas réalisé que la lumière était un signal de danger affiché par la Providence en face de moi. Il ne m'est jamais venu à l'esprit qu'en voyant cela, je devrais quitter immédiatement la route et parcourir le village à travers le pays. Au lieu de cela, avec l'expérience de la nuit dernière au fond de mon esprit, j'ai tenu bon obstinément et je n'ai réalisé ma folie que lorsque j'étais dans la rue principale.

La plupart des maisons étaient éclairées et de nombreux lampadaires allumés. Plusieurs personnes passaient entre les maisons. Il était trop tard pour revenir en arrière quand j'ai vu ce que j'avais fait. Deux vieillards devant moi, que j'avais rattrapés, m'ont fait adapter mon rythme au leur pour ne pas les dépasser. Ils tournèrent à un coin de rue, moi après eux, quand, venant de la direction opposée, une bicyclette apparut. Les rayons de sa lampe m'aveuglaient. Je n'osai pas regarder en arrière quand il fut passé, mais je me dépêchai d'avancer aussi vite que possible, sans courir. Après une éternité de quelques minutes, quelqu'un a sauté d'un vélo sur mon épaule, après être arrivé sans bruit par derrière. Il m'a touché.

"Qui es-tu?" Un soldat armé se tenait devant moi.

J'ai donné un nom.

"D'où viens-tu?"

«J'appartiens à Düsseldorf.»

"Donc. D'où viens-tu maintenant ?

"De Borken."

"Mais vous n'êtes pas sur la route de Borken !"

Je le savais, mais aucun autre nom ne m'était venu à l'esprit. Ce que j'aurais dû dire, c'était « Bocholt », je pense.

– Je ne suis pas obligé de suivre ce que vous appelez la route directe, et d'ailleurs, que voulez-vous dire en m'arrêtant et en m'interrogeant ainsi ?

"Où vas-tu?"

Faute de mieux, j'ai créé la maison de campagne imaginaire d'un noble imaginaire.

«Je ne le sais pas», dit le soldat en me regardant d'un air dubitatif et en se grattant la tête.

A ce moment-là, une foule s'était rassemblée autour de nous. Les ajouts, pour la plupart des enfants, tiraient à toute vitesse dans les virages les plus proches, comme je le voyais du coin de l'œil, la barre bien à bâbord et se penchant sur le côté pour négocier le virage. Mais j'étais déjà encerclé par quatre ou cinq piliers. En dehors de la foule, un petit homme dansait avec enthousiasme et exigeait que je sois conduit devant l'Amtmann, le chef du village. Cet homme s'est avéré être le médecin du village, le cycliste qui m'avait doublé. «Quel visage désagréable et rusé ce type a», me traversa l'esprit. Le soldat avait évidemment encore des doutes à mon sujet, mais il a été écarté malgré tous les arguments auxquels je pouvais penser.

Avec le soldat à mes côtés, deux vaillants devant et trois derrière, et entouré par la foule, j'ai marché dans les rues. Nous nous arrêtâmes devant un bâtiment ressemblant à une ferme et, poliment mais fermement, on me demanda d'entrer. Nous sommes entrés dans une grande pièce au rez-de-chaussée. Deux bureaux, plusieurs chaises et tables et des classeurs composaient le mobilier. Un téléphone était accroché au mur à côté de la porte.

Un jeune homme sauta de sa chaise devant l'un des bureaux, et lui et ceux qui étaient entrés avec moi me regardèrent un instant avec méfiance sans parler. Puis le jeune homme — il semblait être employé — aperçut les jumelles à moitié cachées sous les revers de mon manteau. Avec le cri : « C'est un espion ! il se précipita sur moi et, d'un mouvement rapide de la main, déchira mon habit et mon gilet.

« Tiens, ne me mets pas tes sales pattes ! » J'ai grogné avec colère.

Il recula. À ce moment, l'Amtmann entra, un type jeune et gentleman. Mon agresseur s'est immédiatement effondré sur une chaise et a tenté d'adopter une attitude judiciaire, un stylo à la main et du papier devant lui. Puis ils m'ont fouillé, et la graisse était dans le feu. Cela n'avait évidemment aucun sens de poursuivre le jeu du bluff, alors que des cartes, des boussoles et quelques lettres qui m'étaient adressées à Ruhleben étaient sur la table. J'avais emporté ce dernier comme preuve supplémentaire de mon identité pour le consul britannique, si j'arrivais à passer. Ce qu'ils n'ont pas trouvé, c'est mon passeport britannique. Cela a été astucieusement, je pense, et dissimulé avec succès.

La partie commerciale de la représentation étant terminée, ils devinrent plus sympathiques. L'Amtmann m'a demandé si j'avais faim ou non. "Non." Dois-je aimer une tasse de café ? "Je devrais, et fumer, s'il te plaît." A l'aide de deux tasses de café et de trois de mes cigarettes, je me ressaisis du mieux que je pouvais.

Le soldat qui m'avait arrêté était de très bonne humeur à l'idée de la grosse prise qu'il pensait avoir faite, et il voulait évidemment que tout le mérite lui revienne. Peut-être s'attendait-il au congé habituel accordé pour l'arrestation des prisonniers de guerre fugitifs, et aux dix ou quinze marks de reconnaissance monétaire. Dans son souci de faire valoir ses droits, il oublia l'indécision et l'hésitation dont il avait fait preuve au départ.

« Je t'ai tout de suite connu pour un Anglais ! Ton nez !

J'ai le visage et le nez les plus ordinaires, et je ne suis pas d'un type particulier, mais j'ai hoché la tête avec une profonde compréhension.

« Où aviez-vous l'intention de passer la frontière ? » il a continué.

Je le lui ai montré sur la carte posée sur la table.

« Vous n'auriez jamais pu traverser là-bas », affirma-t-il triomphalement. "En plus des sentinelles et des patrouilles ordinaires, il y a des patrouilles de chiens et de cavalerie à cet endroit et au nord de celui-ci."

Si seulement j'avais pu obtenir cette information dans des circonstances différentes !

« Quelles belles cartes vous avez et quelle belle boussole ! Est-ce que… est-ce que… me trouverais-tu effronté si je te le demandais comme souvenir ?

Considérant que de toute façon, ce serait perdu pour moi, j'ai exprimé mon plaisir de pouvoir assouvir son désir. Et puis l'Amtmann m'a fait comprendre qu'il était temps d'être enfermé.

L'entretien au bureau avait duré quelque temps, et les nez qui s'étaient aplatis contre l'extérieur des fenêtres avaient diminué en nombre. Il y avait néanmoins une garde assez forte composée d'adultes et d'enfants pour nous accompagner jusqu'au cachot du village.

Il s'agissait d'un petit bâtiment composé d'un seul étage. Ici, j'ai observé pour la première fois un autre petit homme aux traits acérés qui ouvrait la porte. Bien entendu, il faisait sombre autour de nous et, à cette distance, il est difficile de déterminer ce que j'ai vu alors et ce que j'ai appris au cours de la journée suivante.

Nous sommes entrés par une grande porte dans un endroit où se trouvait un camion de pompiers – une pompe à main. Une porte de gauche ayant été ouverte, l'Amtmann et le petit homme me précédèrent à travers elle. La lueur de leurs torches électriques révélait une cellule, avec sur un côté une sorte de lit, composé d'une paillasse de paille posée sur des planches surélevées et de deux couvertures enroulées au pied.

Ils m'avaient laissé mon pardessus, mes cirés, ma soie cirée et mon pull, donc je devrais aller bien, même si la nuit était très froide. Seul dans la cellule, dans l'obscurité totale, j'entendis la clé tourner dans la serrure, les pas s'éloigner, la porte extérieure se fermer ; alors tout fut silencieux.

À mesure que mes yeux s'habituaient à l'obscurité, j'apercevais à ma droite une petite fenêtre, à hauteur d'épaule, et traversée par les stries noires de trois barres de fer verticales. La cellule était si sombre que j'avais l'impression d'être dans une vaste salle noire. J'ai fait trois pas en avant et je me suis cogné le nez contre le mur. Très malheureux et très déçu, presque désespéré, j'ai tâtonné jusqu'à la fenêtre et j'ai secoué les barreaux de toutes mes forces. Ils étaient fermes et inflexibles. En tâtonnant jusqu'au lit, j'ai enfilé toutes mes affaires, dédaignant les couvertures qui me semblaient sales, puis je me suis allongé et je me suis vite endormi.

CHAPITRE VIII
UN NOUVEL ESPOIR

Je me suis réveillé, très reposé, juste avant que l'horloge du clocher de l'église ne sonne six heures. Pendant un moment, je restai tranquille, tâtonnant pour revenir à la réalité. Lorsque le souvenir de mon désastre de la nuit dernière revint dans mon cerveau, je me sentis presque physiquement malade de déception et de rage, jusqu'à ce qu'une détermination éveillée vienne à mon aide. « Inutile de se plaindre. N'y a-t-il aucun moyen de réparer les dégâts ? Tiens! c'est dimanche aujourd'hui. Dimanche! Une prison de village ne peut pas être aussi terriblement forte ! Mais je serai déplacé aujourd'hui. Vont-ils m'emmener en voiture ? Ces gendarmes ne se laissent pas duper facilement ! Mais après tout, c'est dimanche. C'est peut-être une raison pour laquelle ils ne me déplaceront pas ! L'idée m'a tellement envahi que je me suis levé en un tournemain.

La cellule, comme je pouvais le voir maintenant, était carrée et très petite, large de quatre pas. Le seul meuble était le lit, qui occupait environ un tiers de la surface au sol. Il n'y avait rien d'autre dans la pièce. La fenêtre était dans le mur opposé au lit, la porte à droite. Le premier était fortement interdit, comme je le savais déjà. De plus, plusieurs échelles étaient suspendues devant elle le long du mur extérieur. La porte semblait assez solide et était faite de planches brutes. Le plafond aussi. Une poutre s'étendait du dessus de la fenêtre jusqu'au mur opposé. Les planches de plafond à angle droit ne traversaient pas de mur en mur mais se terminaient au sommet de la poutre, comme en témoignent leurs différentes largeurs de chaque côté de celle-ci. Debout sur le lit, je pouvais poser mes mains à plat contre elles sans étirer complètement mes bras. À un endroit au-dessus, et près du mur de gauche, face à la fenêtre, un éclat s'était détaché du bord d'une planche. Bien que le bois présentait à ce moment-là des signes de pourriture sèche, je n'ai pas fait d'examen approfondi à ce moment-là.

C'était une belle découverte, pensai-je à l'époque, lorsque je découvris sous le lit un gros morceau de bois, l'extrémité sciée d'une poutre, longue d'environ trois pieds. Se jeter dessus et le cacher sous la paillasse était l'affaire de secondes. Ce serait un excellent bélier.

Jusqu'à présent, je comptais sur mes oreilles pour m'avertir de l'arrivée de quelqu'un. Après la découverte du bélier, je me suis assuré, en essayant d'apercevoir la pièce voisine à travers les fentes de la porte, que personne ne me surveillait. On pouvait voir une partie du camion de pompiers, et dessus une tasse et une soucoupe propres. « Quelqu'un devait être dans cette pièce aujourd'hui ! Personne ne l'aurait placé là hier soir. En plus, je n'ai vu personne porter quoi que ce soit. Cela n'aurait pas pu être fait pendant que j'étais éveillé. Mieux vaut y aller doucement !

Devant la fenêtre se trouvait un potager avec quelques arbres fruitiers. À droite, le coin d'une maison et une porcherie avec un seul occupant de petite taille terminaient la vue. Mon horizon était délimité par les toits de quelques maisons dressées derrière les arbres.

Il était sept heures passées lorsque j'entendis la clé tourner dans la porte extérieure. Bientôt, la porte de ma cellule s'ouvrit à la volée et entra l'homme petit et aux traits pointus de la veille, avec une cafetière, une tasse et une soucoupe, et quelque chose de papier préparé, qui s'avéra être un excellent pain et beurre. Du beurre, attention ! Avec lui entra un très jeune soldat, qui s'assit nonchalamment sur mon lit pour m'examiner gravement. Autour de l'ouverture de la porte se rassemblaient les garçons les plus âgés du village, se poussant et se tendant. Derrière eux se trouvaient les filles, riant et chuchotant nerveusement. Tous m'ont dévoré des yeux. À l'arrière se trouvaient les menus fretins. Ils débordèrent dans la rue, où les gamins, se sentant parfaitement à l'abri du méchant qui se trouvait à l'intérieur, se livrèrent à des cris et à des cris désobligeants à mes dépens, pendant que je déjeunais. Je causais pendant ce temps avec celui que j'appellerai le gardien, bien qu'il ait probablement exercé de nombreuses fonctions dans le village. Mes efforts pour obtenir de lui des informations sur la probabilité que je sois emmené ce jour-là se sont révélés vains.

Lorsque mes visiteurs m'avaient quitté, je me suis souvenu que, en prisonnier expérimenté que j'étais devenu depuis le début de la guerre, j'avais un devoir à accomplir : examiner les murs de la cellule à la recherche de tout document que les anciens occupants auraient pu y laisser. Ces inscriptions semblent être « la bonne chose » parmi les prisonniers allemands – les criminels, je veux dire. Ils ne sont pas toujours agréables mais toujours intéressants, surtout dans les circonstances dans lesquelles ils sont lus. Les murs de ma demeure avaient été récemment blanchis à la chaux, et il n'y avait qu'une seule inscription : « André—[j'ai oublié le nom] évadé le 2 avril 1916, repris le 3 avril 1916. » Ainsi, un autre fugitif était là la veille seulement.

J'avais très envie de fumer le matin et, contre toute attente, j'avais trouvé deux cigarettes dans mes poches, mais il n'y avait pas d'allumettes ; et on m'avait prévenu qu'il était interdit de fumer. Une femme se promenait à ce moment dans le jardin. Je l'ai prise pour appartenir à la maison dont je voyais le coin ; c'était probablement l'épouse du propriétaire. J'avais l'intention de faire appel à son esprit compatissant. Au bout d'un moment, elle fut rejointe par une femme âgée, peut-être sa mère. Même s'ils ne montraient pas d'intérêt évident pour moi, ils continuaient néanmoins à passer devant ma fenêtre. Finalement, je leur ai adressé la parole, sur quoi ils se sont arrêtés avec empressement. La femme aînée était certainement bavarde. Elle s'est jetée sur moi aussitôt, passant en revue tout le registre de mes péchés d'Anglais tel que le concevait l'esprit allemand, et me disant quelle bande dégoûtante de voleurs, de voleurs et d'assassins nous étions. Dès qu'elle l'eut retiré de sa poitrine, elle devint plutôt amicale. "Vous seriez en Hollande maintenant, si vous n'aviez pas été emmené la nuit dernière."

"Sûrement pas", avec un froncement de sourcils perplexe. "Je pensais que j'aurais encore deux jours de marche à partir d'ici."

"Oh non. D'ici, il n'y a que quatre heures de marche par la route jusqu'en Hollande.

"Dans cette direction?" J'ai pointé vers l'est, vers l'Allemagne.

« Non, là-bas. Vous traversez —— et ——, puis prenez la route —— à droite. Cela ne fait pas plus de quatre heures, n'est-ce pas ? se tournant vers sa fille, qui hocha la tête.

"A quoi ça sert de me le dire maintenant alors que je suis de nouveau derrière les barreaux ?" J'ai gémi. De manière flatteuse : « Pourriez-vous m'obliger avec une allumette ? Je meurs d'envie de fumer.

« Vous n'avez pas le droit de fumer ! » gravement. Puis ils m'ont quitté.

Pendant un certain temps, les petits garçons regardèrent par la fenêtre. Leur arrivée était toujours annoncée par le bruit d'une bousculade, d'où je comprenais qu'il devait y avoir une clôture ou un portail entre le bâtiment dans lequel je me trouvais et la maison à ma droite. Parfois, ils étaient chassés incontinent par quelqu'un que je ne pouvais pas voir. Que toute tentative d'évasion devait passer par le jardin était une fatalité. L'autre côté du bâtiment donnait sur la voie publique.

Vers dix heures, le gardien est apparu et j'ai réussi à sortir, principalement pour jeter un coup d'œil autour de moi. A notre retour, l'Amtmann m'attendait. La première chose qu'il fit fut de me chercher les deux cigarettes. Les femmes s'étaient divisées sur moi ! J'ai ensuite essayé de savoir si je devais être déplacé ce jour-là, mais je n'ai pas pu obtenir de réponse satisfaisante. Cela m'a donné l'espoir que la cellule devrait m'héberger pour une autre nuit. Bien entendu, je me disais très désireux d'être expulsé, ce qui était naturel. Plus tôt les autorités militaires me prendraient en charge, plus tôt je connaîtrais ma punition et en finirais avec elle. J'ai pris soin d'expliquer tout cela. Finalement, l'Amtmann m'a demandé si je voulais ou non de la nourriture qu'il m'avait prise. La réponse fut affirmative. Mais bien qu'il ait répété cette question plus tard dans la journée et promis de m'envoyer la saucisse, je ne l'ai jamais reçue. Il accéda à ma demande de lecture en m'envoyant des hebdomadaires allemands appelés *Die Woche* (« La Semaine »).

Puis il m'a quitté, pour réapparaître à 11h30. Cette fois, il fut très solennel et me demanda de lui donner ma parole d'honneur que je n'étais pas un officier anglais. Évidemment, l'un d'eux était en liberté en Allemagne ; Je ne pouvais pas supposer que c'était un tir aléatoire. Avec émotion, je lui ai assuré que je n'étais pas officier et que je ne l'avais jamais été. Mes questions sur ce sujet intéressant sont tombées dans l'oreille d'un sourd.

Les mots d'adieu de l'Amtmann m'ont beaucoup excité. Il regrettait que je doive passer une nuit de plus dans son village, car ils ne pouvaient pas organiser une escorte le dimanche. Il était difficile de cacher mon exultation face à cette nouvelle, mais je crois avoir réussi à paraître abattu et résigné.

Peu après le départ de l'Amtmann, le gardien m'apporta mon dîner dans un seau. Il me l'a laissé et a disparu. La nourriture était certainement la meilleure que j'aie jamais reçue des autorités allemandes. La marmite était pleine d'excellentes pommes de terre dans une sauce à l'oignon brune et grasse. Un morceau de saucisse chaude faite maison de bonne taille était posé dessus. J'avais très faim, mais tellement excité que j'étais à mi-chemin du désordre avant de réaliser que je l'avalais simplement sans en goûter un peu. C'était une pure ingratitude, et ensuite j'ai avancé lentement, en m'amusant pleinement. Le pot fut vide bien trop tôt ; une deuxième édition aurait été très acceptable. J'ai félicité le gardien pour l'excellent tarif de sa prison.

«J'ai parlé de vous à ma femme», a-t-il reconnu, «et elle a dit que nous devrions de toute façon vous offrir un dîner décent.»

Quand j'eus terminé, je crus que le moment était favorable pour commencer les opérations. Après un copieux dîner dominical – la nourriture ne manquait évidemment pas encore dans cette partie de l'Allemagne – le village devait être plus ou moins somnolent. En effet, aucun bruit ne venait de la rue.

La première chose à faire était de procéder à une inspection approfondie du plafond. Si l'on pouvait accéder au grenier, le toit offrirait peu de résistance, étant, comme je l'avais vu, carrelé de la manière ordinaire.

Là où l'éclat s'était cassé, deux planches semblaient affectées par la pourriture sèche, une étroite et une plus large à côté. Provisoirement, j'ai poussé contre l'étroit près de l'extrémité qui était cloué à la poutre. Il y avait là du ressort, pas la ferme résistance d'une table d'harmonie bien clouée. Sous la pression qui augmentait lentement, il craqua soudainement, et une pluie d'éclats et de poussière s'abattit sur moi et sur le lit. Je pouvais maintenant regarder dans le grenier et voir le dessous des carreaux. Juste en face de mes yeux se trouvait un trou où une tuile avait perdu sa moitié supérieure. Ce serait l'endroit idéal pour attaquer, une fois le plafond franchi.

Pendant ce temps, le soleil brillait à travers un autre trou que je ne pouvais pas voir et à travers la fissure de mon lit. Remettre la planche dans sa position d'origine n'a eu aucun effet. Là où il y avait eu une étroite fissure le matin, un autre éclat s'était détaché, et il y avait le faisceau de lumière scintillant se frayant un chemin à travers les grains de poussière, un révélateur de trahison. Après un instant de réflexion, j'ai roulé mes soies cirées en une longue saucisse et je l'ai poussée devant la planche surélevée dans le grenier de telle manière qu'elle roulerait sur la fissure lorsque la planche serait abaissée. Cela a fonctionné et, après une inspection critique, j'ai décidé que seule une personne exceptionnellement attentive ne remarquerait jamais que le plafond avait été altéré.

Tout cela n'avait pas pris très longtemps. Un silence absolu régnait sur les lieux. Craignant que la planche étroite ne soit pas insuffisante pour me laisser entrer dans le loft, j'ai essayé de détacher la planche plus large à côté. Lorsqu'il résista à la pression de mes mains, le bélier entra en jeu, le pardessus enroulé autour de son extrémité pour en amortir le bruit. En l'utilisant avec discrétion, je ne pouvais faire aucune impression. Alors j'en suis resté là.

Après avoir enlevé toute trace de mon travail sur le lit et le sol, je me suis tenu près de la porte et j'ai cogné mes talons contre celle-ci. J'ai fait cela pour avoir une explication, au cas où quelqu'un aurait entendu le bélier à l'œuvre. Puis je me suis calmé, décidant de ne plus rien faire avant peu de temps après la prochaine visite.

J'étais maintenant tout à fait convaincu que je devais sortir de prison pendant la nuit. Ma seule inquiétude était que le temps reste beau. J'avais une bonne idée de la manière de procéder tant que je pouvais garder ma direction. Sans boussole, je dépendais des étoiles. Il n'y avait aucun signe de changement dans le ciel ; néanmoins je surveillais sans cesse et avec appréhension ce que j'en voyais.

A trois heures, l'Amtmann est revenu : « Les gens d'à côté se plaignent que vous les avez dérangés pendant la nuit. Il y avait des bruits sourds et cognant venant de cette cellule. J'avais dormi presque comme une bûche toute la nuit. L'expression involontaire d'étonnement sur mon visage face à cette plainte était une réponse plus convaincante que celle que j'aurais pu faire verbalement à l'Amtmann, qui me surveillait de près tout le temps. J'ai protesté, bien sûr, puis j'ai ensuite déclaré spontanément que j'avais cogné mes talons contre la porte il y a peu de temps, en m'excusant d'un air contrit.

"Oh, ces gens semblent toujours imaginer des choses !" fut sa réponse, avec laquelle il me quitta. Je pensais m'en être bien sorti. Il y avait évidemment un malentendu, et le bruit qui avait attiré l'attention des « gens d'à côté » était celui de mes efforts il y a une heure environ.

A quatre heures, le gardien m'apporta du café, du pain et du beurre. Il avait une petite suite avec lui. Quand j'eus fini, je lui demandai de remplir la cafetière d'eau et de me la laisser. Non seulement j'avais très soif ; Je voulais absorber autant d'humidité que possible pendant que j'en avais l'occasion.

Dès qu'il fut parti, je me remis sur le lit. Le soleil s'était maintenant suffisamment éloigné vers l'ouest pour rendre superflu le rouleau de soies cirées.

Si, comme je le pensais, la paroi cellulaire était extérieure, la planche ne pourrait désormais être fixée qu'à l'extrémité au-dessus d'elle. Appliquer ma force à l'autre extrémité, près de la poutre, devrait me donner un énorme effet de levier, qui devrait la détacher avec peu d'effort. Il a cependant résisté jusqu'à ce que j'aie l'impression d'entendre mes articulations craquer sous l'effort. L'effort dura quelques secondes ; puis la planche s'est détachée du mur avec un fracas déchirant. Simultanément, quelque chose de lourd tomba au sol de l'autre côté. Le bruit de son impact sur le sol et l'inclinaison de la planche révélaient l'existence d'une troisième pièce dans le bâtiment, à travers laquelle il s'étendait jusqu'au véritable mur extérieur de la prison, et expliquaient en même temps sa forte résistance aux chocs. mes efforts.

Le cœur battant et le souffle coupé, j'ai écouté tout bruit suspect venant de l'autre côté du mur ou de la rue, mais rien ne s'est produit. Pourtant, le plateau, qui aurait dû bouger facilement, résistait. En entrant dans le loft, je l'ai trouvé jonché de gros morceaux de métal et de nombreux verres brisés, restes d'anciens lampadaires. Certains objets métalliques projetaient au-dessus de l'ouverture ; dès que je les avais repoussés, la planche montait et descendait librement.

C'était tout ce que j'osais faire pour le moment pour préparer mon évasion. Le reste pourrait facilement être accompli par le sens du toucher pendant la nuit. Pour le moment, le tableau devait être remis en place. J'y suis parvenu, ou presque, et j'ai fait confiance à la cécité du mortel moyen pour ma sécurité.

Quand j'eus enlevé la poussière et les éclats de mon lit et que tout semblait en ordre, j'aperçus la femme d'à côté se promenant dans le jardin. J'ai été assez surpris et je l'ai observée pendant un certain temps, mais elle semblait assez indifférente. Elle n'aurait guère pu me voir sans avoir approché son visage de la fenêtre, car les avant-toits dépassaient considérablement les murs et n'étaient pas à plus de huit pieds du sol. Par conséquent, il n'y avait jamais de lumière dans la cellule, et encore moins maintenant que le soleil approchait de la ligne du ciel.

Environ une demi-heure plus tard, elle vint à ma fenêtre, emmenant avec elle deux jeunes filles, qui manifestement étaient venues exprès pour voir cet

Anglais sauvage. La plus grande était une jeune fille robuste, Junoesque, avec des joues rouge pomme et une assurance considérable. Son amie, qui était pour elle un repoussoir, était plutôt une Cendrillon, grise, de taille moyenne, réticente, mais agréable à regarder, avec des yeux intelligents et une bouche pleine d'humour. Elle n'a jamais dit un mot pendant la conversation animée de son amie avec moi, se contentant de gargouiller son amusement de temps en temps.

Une fois partis, j'ai continué à observer par intermittence « le petit coin de bleu que les prisonniers appellent le ciel ». Peu à peu, elle a pris une teinte rosée, puis la couleur s'est estompée et quelques étoiles ont commencé à scintiller faiblement.

A l'approche du soir, la température avait baissé et le pardessus était devenu un réconfort. À ma grande surprise, une poche intérieure, crépitant très peu, livrait un morceau de carte pas plus grand que ma main. C'était la carte la plus inutile que j'avais achetée, mais la partie la plus importante, la seule que j'avais gardée en partant de Haltern. Imprimée sur du papier fin et sans support, elle avait d'autant plus facilement échappé à l'attention de mes ravisseurs qu'ils avaient trouvé l'autre carte complète dans la poche de mon manteau. Il ne m'a pas appris grand-chose de plus que ce que je savais déjà, mais, gardé devant moi jusqu'à la tombée de la nuit, il m'a sans aucun doute aidé à visualiser le pays que je traversais plus tard.

CHAPITRE IX
BRISER LA PRISON

Avant d'agir, j'allais attendre que la probabilité d'une visite surprise soit passée. Je m'attendais à une telle visite vers onze heures, car à ce moment-là l'Amtmann rentrerait probablement chez lui de l'endroit où il buvait de la bière et, en chemin, il me jetterait un coup d'œil. Donner à mes geôliers une heure supplémentaire pour me surprendre n'était là encore qu'une précaution ordinaire.

Une fois dans le grenier, j'allais enlever autant de tuiles que nécessaire pour passer par le toit jusqu'au jardin, de là jusqu'à la rue, et sortir du village dans n'importe quelle direction. A la campagne, il serait très probablement nécessaire de contourner le village à une distance sûre afin de franchir une certaine autoroute à péage. A quelques kilomètres de là, un ruisseau traversant la route indiquait que je devrais chercher une piste de charrettes de troisième classe. A quelque distance de là, une voie ferrée et, peu après, une route de première classe, pourraient être considérées comme une preuve que la frontière était à moins de quatre milles et que j'étais entré dans la zone dangereuse.

Lorsqu'il faisait trop sombre pour continuer l'étude du morceau de carte, je m'allongeais, mais j'étais trop excité pour m'endormir. Lentement, les heures et les quarts d'heure, sonnés par l'église, s'écoulaient. Comme je m'y attendais, peu après onze heures, l'Amtmann entra avec le gardien. "Pourquoi! tu ne dors pas encore ? Il a demandé. J'ai protesté que le bruit de la clé m'avait réveillé. Ils sont partis. Une demi-heure plus tard, le gardien revint, dit quelque chose et disparut. A 12h15, j'entre en action.

À la recherche du pull et des soies cirées qui étaient à portée de main, je les ai roulés en un paquet. Je fis de même avec ma veste, mon gilet et mes sous-vêtements, après m'être déshabillé jusqu'à la taille, pour mieux passer par l'étroite ouverture du plafond. Ensuite, j'ai plié la paillasse et je l'ai appuyée contre le mur au pied du lit. Debout dessus, j'ai soulevé la planche flottante et, d'un mouvement sec des poignets, je l'ai libérée. J'ai poussé les deux paquets de vêtements, cherchant d'abord un espace libre au sol, puis je me suis levé derrière eux.

Les bras tendus, et avec un mouvement prudent des pieds, de peur de marcher sur un objet en verre ou en métal, j'atteignis l'endroit où une ou deux étoiles brillaient à travers le trou du toit.

Saisissant la moitié restante du carreau cassé, je l'ai tordu aussi soigneusement que possible, non sans provoquer un bruit de grincement qui résonnait fort dans le silence absolu. Après quelques difficultés, je l'ai fait passer à travers le trou élargi et, m'assurant encore une fois que le sol était dégagé, je l'ai déposé avec précaution. La tuile suivante a posé plus de problèmes. Celui-ci étant entier, les extrémités des superposés ont dû être soulevées pour permettre son retrait. Lorsque je me redressai, pour attaquer le troisième de la rangée, je fus surpris par le bruit d'une conversation à voix basse, proche de moi et apparemment au même niveau.

L'impulsion naturelle était de me taire, ce que j'ai fait. J'ai attendu. Les voix égales continuaient. Avec précaution, j'ai poussé la tête dehors et j'ai regardé autour de moi. Dans le pignon de la maison de droite, à une dizaine de mètres seulement, se trouvait une petite fenêtre. Le son des paroles murmurées flottait à travers les vitres ouvertes directement vers moi depuis la pièce sombre derrière. Je crus que c'était la chambre du fermier et de sa femme, et me souvenant de leur plainte à propos de mon bruit de la nuit précédente, je maudis le mauvais hasard qui avait fait que ce fermier allemand – un sur dix mille, sûrement – était friand de de l'air frais dans sa chambre à coucher.

L'air glacial de la nuit coulait sur mes épaules nues pendant que j'attendais que les gens s'endorment. Bientôt, la conversation cessa, mais je leur donnai suffisamment de temps avant de poursuivre mon travail.

Lorsque j'eus retiré trois tuiles de la première rangée, celles de la suivante et de la suivante furent rapidement retirées. L'ouverture était maintenant suffisamment grande, mais les deux lattes apparentes qui la traversaient ne laissaient pas trop d'espace entre elles pour qu'un homme de ma taille puisse y grimper.

En reculant pour récupérer mes vêtements, j'ai mal évalué la distance, qui était petite – un pas ou deux seulement – et j'ai failli tomber à travers le trou dans le sol. Je ne me suis sauvé qu'en déplaçant rapidement mon poids d'un pied sur l'autre, qui touchait quelque chose de mou. Avec un bruit sourd, un de mes paquets retomba dans la cellule. Heureusement, c'étaient les cirés et le pull ; malheureusement le morceau de carte était dans la poche du premier. Je ne les suivis pas, mais je les laissai là où ils étaient tombés et j'enfilai mes vêtements aussi vite que le permettaient le manque de lumière et d'espace. Cela fait, il ne fallut qu'un grand soin et des contorsions inhabituelles pour faire passer ma personne un peu volumineuse à travers les lattes.

Finalement, je me retrouvais au bas des deux que j'avais exposés, avec le vent nocturne soufflant sur moi. Dubitatif, j'ai examiné l'étendue du toit à mes pieds. Comment le faire passer, telle était la question. Glisser sur les carreaux signifiait faire un bruit énorme, sans parler du risque de blessure possible. S'ils étaient retirés un par un, que fallait-il en faire ? Dois-je les jeter dans le jardin lorsqu'ils se détachent des lattes ? Je l'avais! Pourquoi ne pas réparer le toit au-dessus de moi puisque je l'ai démoli lors de ma descente ?

Mon sens de l'humour était plutôt chatouillé à l'idée. Imaginer les visages de l'Amtmann et du gardien alors qu'ils essayaient de reconstituer « le crime » était extrêmement drôle. Cela m'a obligé à prendre des précautions supplémentaires et inutiles lorsque j'ai remplacé les carreaux des lattes du dessus de moi, en les prenant, toujours deux et deux, parmi celles du dessous.

En très peu de temps, je me trouvais sur la dernière latte. J'étais maintenant dans l'ombre plus dense du toit, et les huit pieds du sol auraient pu être huit mille d'après tout ce que j'en voyais. Cela m'a fait hésiter, car une erreur de calcul de la distance aurait facilement pu signifier une secousse ou une entorse. Sans un bruit, cependant, j'ai atterri sur un lit de jardin moelleux.

Quelques instants après, j'étais à la porte, au-delà et dans la rue. Un seul réverbère brûlait çà et là ; pas une âme n'était en vue. A l'ombre du mur, je me suis penché pour enlever mes bottes et mes chaussettes. Autant que je me souvienne, je suis sorti du village comme un éclair graissé. En réalité, j'ai probablement marché avec prudence. Je ne me suis arrêté que lorsque je me suis retrouvé dans une ruelle sombre à l'extérieur, où j'ai enfilé mes bottes. Il était maintenant 13h15.

La nouvelle de mon évasion se répandrait, j'en étais sûr, comme une traînée de poudre à travers le pays, et un tollé s'élèverait bientôt. Tous les hommes qui pourraient consacrer du temps à Jack feraient partie d'un groupe de recherche. Qu'une telle chose se produise dans une petite communauté ne pouvait que créer un émoi bien plus grand que parmi les habitants les plus sophistiqués d'une ville, même de taille moyenne. J'avais reçu une indication selon laquelle des chiens policiers étaient gardés à Vehlen. C'était peut-être du bluff, mais il n'était pas prudent de parier là-dessus. Mettre le plus de distance entre moi et mes poursuivants était ma seule chance.

Pour ce faire, j'ai dû trouver l'autoroute dont j'ai parlé. Autant que je sache, elle entrait dans Vehlen par l'ouest. Au sud et parallèlement se trouvait une voie ferrée secondaire.

Dès qu'une étendue de ciel suffisante fut visible pour que je puisse me repérer, ce qui était impossible dans la ruelle à cause des grands arbres de chaque côté, je me rendis compte qu'il me faudrait contourner le côté sud de Vehlen pour arriver à l'endroit souhaité. indiquer. Cela s'avérerait difficile et me ferait perdre mon temps le plus précieux, car un vaste bosquet et un pays généralement défavorable intervenaient. La démarche apparemment plus audacieuse consistant à revenir à pied à travers le village présentait des avantages décisifs et n'était guère dangereuse à cette heure. J'enlevai de nouveau mes bottes, et d'un petit trot qui se transforma en un sprint rapide devant un pub avec une voix ivre sortant par la fenêtre, je traversai la partie sud du village. Je ne suis pas tombé sur l'autoroute comme je l'avais espéré. En prenant mes repères après cette deuxième traversée du village, je le trouvai situé au nord-est de moi et concluai donc qu'il fallait chercher à la fois le chemin de fer et la route dans une direction nord.

"Nord-ouest maintenant, et au diable les grillages." Au début, il était difficile de parcourir le pays, sillonné de clôtures et de fossés, encerclant des prairies marécageuses. Plein nord, il était plus facile de marcher et ferait presque aussi bien. Un chemin m'a permis de me reposer. C'était si facile à suivre. Claquer! Je suis tombé sur un rail. « Hourra, le chemin de fer ! Maintenant, place à la route ! »

De nouveau à travers le pays, j'ai poussé aussi vite que possible dans ma direction préférée. Ce n'était pas très rapide, car les difficultés étaient à rendre fou. Des prairies marécageuses, des fossés, des barbelés, des bois, des bosquets, mais jamais un terrain facile. Bientôt, j'étais mouillé jusqu'aux hanches. Des branches arrachaient mes vêtements ou me coupaient le visage ; les clôtures en fil de fer barbelé saisissaient et retenaient des morceaux de tissu lorsque je les franchissais ; les parois des fossés s'effondraient sous mes pieds et, ayant sauté en conséquence, je tombai à moitié dans l'eau ; et de temps en temps l'église du village sonnait encore un quart d'heure.

C'était un véritable cauchemar. Haletant et essoufflé, je me suis relevé après une de mes nombreuses chutes. C'était dans une sorte de bois ouvert. Mes vêtements trempés dégoulinaient, mais j'avais chaud grâce à la vitesse de mon vol. Puis la sensation d'être complètement perdu m'envahit, le signal de danger que les nerfs cèdent. Heureusement, j'avais assez de bon sens pour le reconnaître comme tel et je m'assis aussitôt dans un demi-pouce d'eau, prétendant que je n'étais pas du tout pressé.

J'ai essayé de raisonner la situation. Si le chemin était là où je le cherchais, j'y serais arrivé bien avant. Mes cartes n'étaient pas fiables dans les petits détails. Supposons que la route traverse au sud de la voie ferrée, à une certaine distance de Vehlen, au lieu d'être dans le village comme indiqué. Dans ce cas, j'étais parti d'un point situé au nord de la route et au sud de la voie ferrée. Mieux vaut retourner à la voie ferrée et la suivre vers l'ouest jusqu'à ce que j'arrive au point d'intersection.

J'ai tourné plein sud, me sentant mieux pour le reste, et dix minutes plus tard j'ai sauté le fossé le long de l'autoroute à péage. La nuit était très belle, la route dure et lisse. Mes pas résonnaient si fort qu'il était difficile de dire si quelqu'un arrivait derrière moi ou non. Pour la troisième fois, j'ai enlevé mes bottes et mes chaussettes et j'ai marché le reste de la nuit pieds nus. C'était tout simplement glorieux de pouvoir sortir. L'exercice a rapidement provoqué des picotements et un réchauffement du sang dans mon corps, qui s'était refroidi pendant mon repos dans les bois. Mes vêtements séchaient rapidement ; Je savais à peine maintenant qu'ils étaient mouillés. Mes orteils semblaient agripper le sol et me faire avancer. C'était bon d'être en vie.

Après avoir traversé la ceinture considérable de fermes isolées entourant un village, le pays devint pendant un certain temps tout à fait inhabité, jusqu'à ce qu'une auberge solitaire apparaisse sur ma droite. Ici, une autre route venait du nord, et au point de rencontre se dressait un grand poteau indicateur en fer. « Virage dangereux à venir ! Les moteurs doivent ralentir », réussis-je à déchiffrer en m'accrochant au bras pointé. Peu de temps après, le ruisseau fut traversé sur un pont de pierre. N'ayant pas soif, je ne m'arrêtai pas, mais j'avançai jusqu'à arriver à une piste sur ma droite. Des poteaux y étaient plantés à intervalles mesurés, comme s'il avait été fermé à la circulation sur roues quelque temps auparavant, et pourtant de nouvelles ornières de charrettes couraient parallèlement. Le pays était plat, couvert de nombreux abris et vide. J'ai continué à vérifier la direction du chemin, qui serpentait un peu, et je l'ai trouvé un ou deux points plus à l'ouest que ce à quoi je m'attendais. Cela m'a un peu inquiété. Son angle avec la route indiquée sur la carte était cependant si petit que je ne pouvais pas y attacher une importance excessive. Au pire, cela signifiait frapper la frontière finalement un ou deux milles plus au sud, augmentant ainsi la distance par rapport au point contre lequel le soldat m'avait si triomphalement mis en garde la nuit précédente.

Au fil du temps, je suis tombé sur une autre voie ferrée et une autoroute à péage. A quatre cents mètres au nord, un clocher d'église se dessinait à peine sur le ciel, indiquant un village. Cela correspondait assez bien à mes attentes. En traversant la voie ferrée, j'étais entré dans la zone dangereuse, où l'on pouvait s'attendre partout des sentinelles et des patrouilles. La frontière n'était probablement pas à plus de trois milles et pourrait être plus proche.

Au lieu de continuer sur la route, j'ai marché environ deux cents mètres de côté à travers des champs labourés. Cela me faisait mal aux pieds jusqu'à ce que je les enfile à la hâte dans mes bottes sans me soucier des chaussettes.

Le ciel pâlissait légèrement à l'est. Il était grand temps de disparaître dans quelque bosquet, tel l'animal traqué que j'étais.

Derrière un moulin à vent et une maison sur ma droite, les contours de bois sombres promettaient un abri. Il n'y avait plus aucune possibilité de choisir ; J'ai dû prendre ce que je pouvais trouver. Ce qu'il y avait là était tout le contraire de satisfaisant. La majeure partie du terrain était marécageuse. Les arbres et les buissons, qui semblaient offrir d'excellents endroits pour se cacher lorsqu'il faisait sombre, s'écartaient avec la lumière croissante, tandis que je devenais plus anxieux.

Enfin je trouvai un bois composé de petits bouleaux et de pins, et de quelques arbres vraiment magnifiques. Plusieurs chemins le parcouraient. Assez au centre, ils laissèrent une sorte d'île, un peu plus densément boisée que le reste, et avec beaucoup de longues bruyères entre elles. Il devait être environ cinq heures.

La bruyère était trempée de rosée, et je n'avais pas envie de m'y coucher à ce moment-là. Au lieu de cela, même s'il faisait déjà assez clair, j'ai exploré les alentours, faisant confiance à l'heure matinale et à mon artisanat en bois pour ma sécurité.

À l'extrémité nord du bois, j'ai trouvé des signes de travaux de défrichement récents, m'avertissant de m'en éloigner. Plus loin, une zone dense de jeunes arbres aurait constitué un excellent repaire, sans le sol, qui était presque un bourbier. De l'autre côté, un chemin de charrettes me permettrait de démarrer la nuit suivante. Je ne m'étendis pas dans la bruyère humide en rentrant dans mon antre, mais je me blottis contre un petit sapin. J'étais fatigué, et bientôt très froid. Pourtant j'ai passé plutôt un bon moment. J'étais un peu fier de moi, et imaginer les visages de mes défunts ravisseurs à Vehlen lorsqu'ils trouveraient l'oiseau en vol, ce qui se produirait à peu près à cette époque, était un plaisir des plus amusants. Je riais intérieurement de cette plaisanterie chaque fois que ma tête, tombant en avant, me réveillait d'une semi-stupeur.

Le soleil a mis du temps à dissiper la brume matinale de la face du pays. Après cela, la température s'est rapidement réchauffée. Cela a dû être une matinée rare, mais j'avais dépassé l'appréciation. Avant que la bruyère ne soit presque sèche, je me laissai tomber en une belle touffe élastique sur laquelle ma faible vision se réjouissait depuis un certain temps. Je crois que je dormais avant d'atteindre le sol.

Mon sommeil était si profond que je n'avais aucune idée du temps écoulé à mon réveil. En ce qui concerne la température, cela aurait pu être un jour de la fin du mois de mai, au lieu du 5 avril. Vu l'altitude du soleil, il semblait être entre dix et onze heures. Enfants et poules poursuivaient leur concert habituel non loin de là. Le bruit des haches venait de la clairière voisine. Je me sentais assez chaud et confortable, surtout après avoir enlevé mes bottes et les avoir mises ainsi que mes chaussettes au soleil pour les faire sécher. Ni la faim ni la soif ne m'assaillirent pendant la journée, même si le café de l'après-midi, le pain et le beurre de la veille avaient été les derniers aliments à passer sous mes lèvres. Le sommeil m'envahissait doucement de temps en temps, si doucement, en effet, que l'éveil se fondait dans le sommeil et le sommeil dans l'éveil sans sensation. Réveillé, j'étais toujours aussi alerte; endormi, complètement inconscient. Je suis tout à fait incapable de dire quand et à quelle fréquence cela s'est produit, tant l'un s'est rapidement transformé en l'autre.

Néanmoins, la journée paraissait intolérablement longue. Lorsque le soleil était encore à une certaine distance au-dessus de l'horizon, je devenais si agité que je devais me déplacer dans l'espace confiné que je m'autorisais. Le cassage et la taille, avec les doigts, les ongles et les dents, d'un gros jeune arbre pour en faire un lourd bâton, une perche de saut et, peut-être, une arme, occupaient une partie du temps. Puis l'agitation a recommencé. J'avais hâte de faire quelque chose. La décision était si proche. Cela devait arriver ce soir-là. Le temps, encore beau, se gâtait. Je l'ai senti dans mes os. Sans les étoiles, rien ne pourrait être fait ; sans nourriture, et surtout sans eau, et avec seulement les vêtements que je porte debout, je ne supporterais pas une période de temps pluvieux.

Je n'ai pas ressenti d'appréhension. Au contraire, j'avais la grande confiance que tout irait bien. La frontière néerlandaise ne pouvait pas se trouver à plus de cinq kilomètres. Bien entendu, je devais traverser le pays, loin des routes, et certainement jamais sur celles-ci, pour réussir à dépasser les sentinelles et les patrouilles, qui très probablement concentreraient sur elles la plus grande partie de leur attention. Cependant, il ne faudrait pas dépendre de la sécurité quelque part. Comme il faudrait consacrer une grande partie de mon temps à les éviter, il me serait peut-être difficile de maintenir un cap précis, même si d'autres circonstances ne m'obligeaient pas à le modifier considérablement. Il fallait réfléchir à tout cela et prévoir certaines garanties. Pour ceux de mes lecteurs qui s'intéressent à la technique de mes efforts, j'ajouterais que je m'attendais à trouver sur ma gauche une voie ferrée parallèle au parcours proposé, probablement à un mile ou deux, et une route entrant en Hollande à environ trois kilomètres. des kilomètres au nord de moi, ce qui, dans un cas extrême, m'empêcherait de m'égarer désespérément.

Le soleil toucha enfin la ligne du ciel. Avant, il faisait complètement noir, mais après que les voix des enfants et des oiseaux et les bruits du travail dans les bois eurent cessé, mon agitation m'obligea à faire quelque chose. Je me faufilai le long des sentiers et dans le bosquet de jeunes arbres que j'avais découvert le matin, pour m'installer là près de la route. Un jour, une jeune fille et un soldat en conversation animée m'ont dépassé, tandis que le crépuscule s'approfondissait progressivement en obscurité.

Quand la nuit était aussi noire qu'on pouvait l'espérer, j'ai marché une centaine de mètres le long de la route, courbé en deux et tous mes sens en alerte. Puis un chemin sur ma droite m'a conduit à travers de grands bois. En arrivant à découvert, je corrigeai ma route et, peu de temps après, je fus arrêté par un fossé profond, presque un canal. Ses rives étaient blanches et sablonneuses à la lumière des étoiles ; du côté le plus proche de moi se trouvait une ligne de rails étroits. Certains camions basculants étaient debout dessus, et quelques-uns gisaient renversés sur le sol. Je me souviens m'être penché pour sentir si les rails étaient lisses sur le dessus, signe d'une utilisation récente, mais immédiatement redressés. Puisque je serais soit en Hollande, soit prisonnier, soit mort avant le matin, ces précautions me paraissaient superflues.

Le fossé m'a fait dévier de ma route. En le longeant, j'ai remarqué un éclat de lumière triangulaire dans le ciel, orienté vers le nord-ouest. Cela semblait être le reflet d'un endroit bien éclairé à des kilomètres de là. Je pensais que c'était la première gare en Hollande sur le chemin de fer venant de Bocholt. Plus tard, j'ai pu le vérifier.

Arrivé au bout du fossé, je traversai le plat pays en direction de la lumière. Il m'a fallu du temps pour m'extirper d'un marécage. En essayant de le contourner, avec l'idée de me diriger vers une voie ferrée dont je savais qu'elle entrait en Hollande quelque part sur ma gauche, je suis soudainement tombé sur une route allant vers le nord-ouest. Je l'ai quitté plus vite que je n'y étais monté, marchant parallèlement à lui sur un terrain labouré et le gardant en vue. Peu après, je passai entre deux maisons et vis devant moi une autre route qui courait perpendiculairement à la première.

Je m'accroupis dans l'angle entre les deux routes, tâchant de pénétrer dans l'obscurité et écoutant de toutes mes forces. Je ne voyais aucun être vivant et tout était silencieux. Juste en face de moi, une structure dont je ne parvenais pas à distinguer la nature retenait mon regard. J'ai attendu, puis j'ai traversé la route dans son ombre. Il se réduisit maintenant à un hangar ouvert, avec un chariot en dessous. De nouveau, j'écoutai et regardai, tournant le dos à la Hollande, observant les deux maisons devant lesquelles j'étais passée et scrutant nerveusement la route.

Au loin, un petit chien se mit à aboyer. N'y prêtant pas d'abord attention, j'étais en train de traverser un champ couvert jusqu'aux genoux d'une végétation raide, lorsqu'il me vint à l'esprit que les aboiements sonnaient comme une alarme dont je ne pouvais pas être la cause.

Revenant à l'abri du hangar et tendant l'oreille, j'entendis des pas lointains et approchants, réguliers et menaçants. Je me suis enfoncé dans le fossé, rampant à moitié sous le sol du hangar, et j'ai attendu. Alors que le son n'était qu'à environ un mètre de moi, le casque, la tête, le canon du fusil incliné vers le haut et les épaules d'une patrouille se dessinèrent sur le ciel. Il continua son chemin et fut englouti par les ténèbres. Ses pas s'affaiblissaient, s'éteignaient.

"Splendide!" Je pensais. « Cette route doit être proche de la frontière. Il y est parallèle. Peut-être que je suis à travers les lignes de sentinelle. J'ai continué, très excité, mais en allant aussi prudemment que possible. Un fil de fer barbelé et un fossé ont été négociés. Une parcelle de forêt m'a englouti. La marche était mauvaise à cause des trous dans le sol ; mon instinct était de me précipiter et c'était difficile à freiner.

Trois fossés peu profonds côte à côte ! Je les tâtais avec ma main pour m'assurer qu'il ne s'agissait pas simplement de sentiers profondément battus. « Ce doit être la frontière ! »

Je tremblais d'excitation et d'exultation lorsque j'ai recommencé à avancer. Ma jambe est entrée dans un trou et je suis tombé en avant sur un morceau de bois sec, qui a explosé sous moi avec un bruit semblable à celui d'un coup de pistolet. Je me suis levé, j'ai écouté et j'ai continué.

CHAPITRE X
ATTAQUÉ À NOUVEAU !

"Arrêt!" L'ordre tomba comme un coup de tonnerre et me secoua de la tête aux pieds. Pourtant, je ne croyais pas que cela puisse signifier autre chose qu'une sentinelle hollandaise. Je me suis arrêté et j'ai essayé de localiser l'homme qui, d'après le son de sa voix, devait être très proche. Je ne pouvais pas le voir.

« Viens ici et lève la main ! »

Je l'ai fait et je me suis avancé.

"Ici ici!" La voix était presque à mon coude. Puis j'ai vu la tache blanche d'un visage au-dessus d'un buisson. Il s'est approché de moi en me mettant le canon de son pistolet dans le ventre.

"Qui es-tu?"

J'étais un peu étourdi et secoué, mais je n'avais pas encore tout à fait fini.

"Qui es- *tu* ?" J'ai demandé.

"Je suis garde-frontière."

« Néerlandais ou allemand ? » Je ne pouvais pas voir son uniforme.

"Allemand!"

J'ai gémi à haute voix; puis : « Pourquoi... m'arrêtez-vous ? Qu'est-ce que tu fais ici, d'ailleurs ? Laisse-moi tranquille; Je suis sur le sol néerlandais.

Pour répondre, il recula, vit le gourdin dans ma main levée et dit sèchement : « Lâchez ce bâton. J'ai obéi. Il siffla et reçut une réponse à proximité, suivie par des bruits de branches et de pas tandis que quelqu'un d'autre se dirigeait vers nous. Mon ravisseur a mis son automatique dans sa poche, gardant la main dessus.

"Qui es-tu?" » demanda-t-il à nouveau.

« Cela n'a rien à voir avec vous. J'ai traversé la frontière à une cinquantaine de mètres là-bas. Bonne nuit!"

"Arrêt! Vous êtes encore à plus d'une heure de la frontière.

Pendant un instant, je me suis demandé si je pouvais mettre tout mon poids sur sa mâchoire et faire une pause ; mais, tandis que je me balançais légèrement en avant, abaissant en même temps un peu ma gauche, je réfléchis que je ne pouvais pas dire s'il était à ma portée ; il faisait trop sombre.

Maintenant, je me croyais encore loin de la frontière. Même si je parvenais à l'abattre, il y avait le deuxième homme à proximité. Et si une balle ne m'abattait pas, ils pourraient facilement me rattraper dans une course, connaissant le pays comme je ne le connaissais pas, ou attirer n'importe quel nombre de soldats autour de mes oreilles. Si j'étais rattrapé après l'avoir frappé, cela signifierait simplement un mur blanc et une fusillade. Pas assez bon!

Tout cela me traversa rapidement l'esprit, les idées n'étant qu'à moitié formées. Durant les longues journées d'isolement cellulaire, par lesquelles j'expiéssais mon offense, je me jugeais encore et encore, me condamnant chaque fois pour un fainéant. Mais j'en savais beaucoup plus sur la situation réelle plus tard qu'au moment de la capture, et quand on rumine dans des cellules, prêt à troquer la moitié de sa vie restante contre un aperçu de l'espace libre, il est difficile de parvenir à un jugement juste. Aujourd'hui, je ne vois pas que j'aurais pu faire autre chose que céder. Si j'avais eu de l'argent sur moi, j'aurais essayé de proposer un pot-de-vin, mais je n'avais même pas un sou en poche. Les « non » l'avaient.

Mes deux ravisseurs me prirent entre eux et me promenèrent quelque temps le long des sentiers forestiers. La réaction s'était installée maintenant et mes sens étaient émoussés. J'ai continué à trébucher et à tomber jusqu'à ce qu'ils me prennent les bras, alors nous avons mieux progressé.

"Est-ce que je suis venu directement vers toi ou quoi?" Ai-je demandé d'un ton sourd, après un moment.

"Non. Nous étions proches de l'endroit où nous vous avons amené. J'ai entendu quelque chose et je me suis dirigé vers le son. Puis je t'ai vu », fut la réponse du premier homme.

Après un temps indéterminé, nous avons heurté la voie ferrée et l'avons emprunté vers l'Allemagne. Nous avons marché et marché. Je commençais à rassembler mes pensées, et avec elles mes soupçons d'acte criminel revenaient, lorsque nous fûmes interpellés.

Une sentinelle a braqué sa torche sur nous. Dans cette perspective, j'ai perçu pour la première fois que mes ravisseurs étaient en civil, sans insigne ni aucun signe officiel. Ceci, et le fait que nous n'avions récupéré la sentinelle qu'après avoir marché quelque temps en direction de l'Allemagne, augmentèrent ma perplexité.

J'avais été vaguement conscient d'une forte lumière devant nous. C'était les phares d'un train stationnant dans une petite gare. Devant, nous passons un passage à niveau et approchons d'une auberge en face.

Ils m'ont emmené dans un bar. À une table d'un côté du bar étaient assis un soldat portant l'uniforme de ce que les Allemands appellent « un sergent-major-lieutenant », un prêtre catholique et un civil, qui s'est avéré être mon hôte. La sentinelle rendit compte au soldat tandis que le vieux curé me faisait asseoir à leur table. Au début, l'officier ne parut pas apprécier cet arrangement, mais le padre ne lui prêta aucune attention. Il m'a demandé en anglais si j'avais faim et soif. J'ai plaidé coupable des deux chefs d'accusation et le gentil vieil homme m'a immédiatement commandé de la bière et des sandwichs, tout en me racontant dans un mauvais anglais qu'il avait été au Collège des Jésuites de Rome, où il avait acquis sa connaissance de la langue auprès d'Irlandais. .

Pendant ce temps, mes ravisseurs se régalaient au bar. Se tournant vers eux, le père demanda soudain : « Où l'avez-vous trouvé ? « Près de… », fut la réponse du premier homme. — Mais… mais… mais c'est *tout* près de la frontière, balbutia le curé avec un air étonné. « Non, non », répétait en chœur la compagnie rassemblée, comme si elle agissait sur instructions, « c'est encore à une heure de la frontière », en utilisant exactement les mots que mes ravisseurs avaient utilisés dans les bois. J'ai arrêté de manger pendant un moment. Je me sentais physiquement malade. Seulement pour imaginer que j'avais vaincu, franchi la frontière, comme je commençais à le croire fermement maintenant, pour être trompé !

La nourriture et la bière m'avaient redonné des forces. Quand on m'a dit qu'il était temps de partir, je me suis senti plus ou moins indifférent. Nous avons suivi une route, les deux civils devant, le soldat derrière, et moi au milieu, occupé de mes propres pensées et ne répondant qu'avec une gaieté sinistre aux questions qui m'étaient adressées.

Ici, j'ai commis ma deuxième grave erreur, en considérant la tentative de passage par Vehlen comme la première. Si j'avais été attentif à « quelque chose à venir », je n'aurais pas pu ne pas voir que nous marchions le long de la route que j'avais traversée quelque temps auparavant et que nous passions devant le même hangar. Si je l'avais remarqué à ce moment-là, au lieu du lendemain matin, j'aurais su où se trouvait le corps de garde où j'ai passé la nuit. Au lieu de cela, mais c'est anticiper les événements.

Bientôt nous arrivâmes au poste de garde, une ferme ordinaire dont le rez-de-chaussée avait été dégagé pour les plus sévères devoirs de la guerre.

Au-dessus de la table du sous-officier [1] en charge, une carte à grande échelle était accrochée au mur. Je n'avais pas le droit de m'en approcher, mais sa dimension, mesurant peut-être trois ou quatre pouces par mile, me permettait de voir à peu près tout ce qu'il y avait à voir de l'autre côté de la pièce, où je devais passer la nuit. sur une chaise. J'ai reconnu la route que j'avais traversée (le fossé y était marqué) ; et, là où auraient dû se trouver les trois fossés étroits, commençait l'espace vide avec le nom « Hollande » écrit dessus.

[1] Sous-officier : sous-officier.

Je ne pouvais pas voir le poste de garde marqué, probablement parce que je ne savais pas où le chercher. Par conséquent, je n'avais pas la moindre idée de ce qu'il fallait faire si je pouvais m'enfuir. Cette incertitude m'a fait rater une opportunité. Bien sûr, je n'étais jamais seul dans la pièce, mais une fois pendant la nuit, le sous-officier m'a fait sortir. Il n'avait pas de fusil avec lui ; je doute qu'il ait un pistolet. Naturellement, il restait près de moi ; pourtant, si j'avais su vers qui me tourner, une rupture aurait pu être possible, sans entraîner de risques déraisonnables.

Enfin le matin arriva, et avec lui l'agitation et l'agitation habituelles. Un des soldats m'a insulté de haut en bas pour un Anglais. J'en ai conclu qu'il n'était jamais allé au front. Nous, les prisonniers, avons vécu la même expérience encore et encore : les gens qui logeaient à la maison étaient des brutes et des tyrans. J'avais raison, car mon antagoniste fut stoppé net dans sa péroraison par un petit homme à la voix aiguë et aiguë, résultat d'une blessure au cerveau.

"Tais-toi! Tu me fatigues. Vous n'avez jamais vu l'ennemi. S'il faut maudire les Anglais, je le ferai. J'ai eu trois balles anglaises dans le corps. L'autre côté fait son devoir comme nous.

« Oui, dit un autre, j'ai combattu contre les Anglais. Tant que nous ne disons rien, taisez-vous. Je vous le dirai dès que votre avis sera demandé, monsieur au foyer.

Ces deux derniers partageaient leur petit-déjeuner avec moi, sinon je n'aurais rien eu. Le deuxième m'a emmené dehors : « Désolé, mon vieux, pas de chance ! Bien sûr, vous n'étiez pas en Hollande lorsque ces... [un vilain nom] vous sont tombés dessus ?

"Que veux-tu dire?" J'ai demandé.

« Seulement ça – strictement entre vous et moi et le montant de la porte, attention ! – mon ami et moi aurions aimé que vous rentriez à la maison. Nous pouvons imaginer ce que cela signifie : « prisonnier de guerre ». Ne vous y trompez pas, nous vous aurions arrêté si vous nous aviez croisé. Si seulement vous aviez été attrapé par des soldats au lieu de ces... agents ! Ne laissez personne l'entendre, mais d'après ce que j'ai entendu, vous étiez bien en Hollande.

Vers dix heures, je fus conduit à l'auberge pour être examiné par le « sergent-major-lieutenant ». En chemin, nous sommes passés devant, et j'ai reconnu, le hangar.

"Quelle est la distance d'ici à la frontière ?" J'ai demandé à mon escorte.

Il n'a pas répondu.

« Écoutez, je ne peux pas m'éloigner de vous, n'est-ce pas, sans aucune couverture à moins de deux cents mètres et vous en avez cinq dans le chargeur et une dans le canon ? Tu ne comprends pas que je veux savoir ?

Il m'a regardé d'un air dubitatif.

"Vous pouvez cracher de l'autre côté de la frontière à partir d'ici", répondit-il lentement.

Cela, je le savais, était métaphorique, mais cela me suffisait.

L'examen n'a pas apporté grand-chose. J'étais considéré avec de graves soupçons par le sergent-major, car à ce moment-là je ne pouvais pas lui dire le nom du village d'où je m'étais enfui. De plus, l'officier britannique hantait toujours leurs esprits. Si lui et moi n'étions pas identiques, j'aurais pu le rencontrer et l'aider, tel était leur argument magnifiquement logique. « Faites qu'il soit emmené à Bocholt dans le train de deux heures trente et remis à un homme du quartier général de la compagnie. Maintenant, ramène-le au poste de garde.

Quand nous sommes revenus là-bas, ils ont placé une sentinelle dans la cour, qui s'est assise sur une chaise avec un fusil sur les genoux et s'est endormie. Il devait s'agir d'une sentinelle strictement non officielle. Personne ne lui prêtait la moindre attention, et il était tout à fait superflu, car la plupart des soldats en repos étaient tout le temps dans la cour, profitant du chaud soleil. L'heure du dîner allait et venait. Bien sûr, je n'ai rien reçu officiellement, mais l'homme qui m'avait parlé le matin m'a donné plusieurs de ses sandwichs.

Après le dîner, j'étais seul dans la salle des gardes avec un nouveau sous-officier responsable, qui rédigeait quelques rapports. La fenêtre de la pièce voisine où les hommes dormaient la nuit, et qui était désormais déserte, n'était pas verrouillée. Je me demandais si je pouvais l'ouvrir et me précipiter dessus pour atteindre la couverture suivante. J'étais en train de m'agiter, et quand je me suis transformé en un vagabond régulier dans la cuisine, à travers la salle de garde, puis quelques marches dans le dortoir, cela n'a attiré aucune attention. Je doute que le sous-officier, concentré sur sa tâche, ait eu conscience de ma présence. La fenêtre était à charnières, comme toutes les fenêtres en Allemagne. Je l'ai visité deux fois et je l'ai entrouvert. La troisième fois, je l'ai ouvert et j'avais posé mes mains sur le rebord pour sortir, lorsqu'une patrouille est apparue. Il m'a vu en même temps. Le mouvement de son fusil ne pouvait être mal compris. J'ai fermé la fenêtre et j'ai reculé. La patrouille est entrée dans la pièce et m'a donné de bons conseils : « Ne sois pas idiot ! Nous vous en assurerons. Je ne peux pas me permettre de ne pas le faire. Que penses-tu qu'il nous arriverait si tu t'échappais ? Hier soir, un Français n'aurait pas résisté à un défi. Il est mort maintenant. C'est pendant la journée. Cependant, il ne m'a jamais dénoncé ; ou, s'il l'a fait, je n'en ai jamais entendu parler.

Je parlais avec les soldats de temps en temps. Il semblerait que les fugitifs soient arrêtés pratiquement chaque nuit. Ils n'admettraient pas que beaucoup s'en sont remis. Environ une personne sur dix a été tuée, disent-ils ; mais je pense que c'est exagéré.

Ils ont ri quand je leur ai parlé de la punition à laquelle je m'attendais. « Vous devez être puni, un civil ? C'est absurde ! Vous avez le droit d'essayer, si vous voulez prendre le risque. Eh bien, les prisonniers de guerre militaires ne bénéficient que d'une cellule de quinze jours dans le camp pour s'évader. Nous avons reçu un Français ici trois fois en huit semaines.

Deux soldats m'ont emmené au train et à Bocholt. Là, je fus confié à un autre sous-officier et, après un pénible voyage en tramway à vapeur, nous arrivâmes au quartier général de la compagnie à Vreden, où je fus de nouveau examiné, cette fois de manière très approfondie et très intelligente.

Ce soir-là, j'ai été incarcéré. De plus, le temps s'est cassé, et c'est au son des avant-toits dégoulinants et des gargouillis des becs que je me suis endormi.

CHAPITRE XI
SOUS ESCORTE

Le quatrième matin, alors qu'il me semblait que j'avais passé environ un an dans la prison de Vreden, le gardien m'a informé que mon escorte était arrivée. J'eus tout le temps de me remettre de l'excitation provoquée par cette nouvelle, car je ne fus appelé qu'à quatre heures, ce qui me fit manquer mon bol de Skilly du soir, une calamité terrible.

Le soldat attendait devant la porte. En descendant le passage vers lui, j'ai dû croiser un sous-officier costaud de l'armée allemande, auquel était attachée une énorme épée. J'ai senti que quelque chose allait se passer lorsque je l'ai approché. Alors que je me faufilais devant lui dans l'étroit couloir, il me tendit soudain une grande main avec laquelle il saisit la mienne, mou de surprise. En le secouant chaleureusement, il m'a souhaité un agréable *Auf Wiedersehen !* (Au revoir !) J'en avais presque fini de parler avec étonnement, et je ne pouvais que répéter ses paroles en balbutiant. "Pas sur ta vie, si je peux l'aider", murmurai-je alors que je me détournais et que je me remettais du choc. Pourtant, je suppose que c'était une intention aimable.

Mon escorte, un seul soldat, a accompli les formalités habituelles consistant à charger son fusil sous mes yeux et à me prévenir de bien me tenir. La corde destinée au tir spécial pendait à son épaule.

Il s'est d'abord montré strictement évasif, et m'a seulement assuré de nouveau, à propos de rien, pendant notre promenade jusqu'à la gare, qu'il n'avait pas l'intention de me laisser lui échapper. Par la suite, il se détendit considérablement, mais resta toujours sérieux et posé, parlant beaucoup de sa femme et de ses enfants, de la difficulté qu'ils avaient à vivre et du fait qu'il ne les avait pas vus depuis dix-huit mois.

La secousse préliminaire de la petite locomotive du train à voie étroite me donna la sensation de naufrage habituellement provoquée par le démarrage vers le bas d'un ascenseur rapide, et pendant un moment mon cœur sembla s'alourdir à chaque tour de roue, ce qui me fit sentir mal. une plus grande distance entre moi et la frontière. Avais-je malgré tout gardé des espoirs ? Je ne sais pas.

Avec plusieurs changements, le voyage vers Berlin a duré toute la nuit. J'avais très faim et le soldat a partagé avec moi le peu de nourriture qu'il avait. Deux incidents méritent d'être mentionnés.

Au moment de mon évasion, une tension politique entre la Hollande et l'Allemagne avait fait naître des rumeurs faisant état d'une menace de rupture entre les deux pays. Le militaire qui m'a arrêté à Vehlen y avait fait allusion. Mon escorte et moi étions seuls dans un compartiment de troisième classe de l'East-Express, vers minuit, lorsqu'un sous-officier très élégant est entré. Il comprit la situation d'un seul coup d'oeil.

« L'escorte du prisonnier ? »

"Oui."

"Qu'est-il?"

"Un Anglais."

« Vous essayez de vous échapper en Hollande ?

"Oui."

« Eh bien, j'espère seulement que les problèmes avec la Hollande atteindront leur paroxysme. Nous montrerons bientôt à ces maudits Néerlandais ce que signifie la discipline allemande. Nous balayerons le pays de bout en bout dans une semaine. Est-il allé loin ?

"Près de la frontière."

« Mais a-t-il réussi ça dans cette tenue ? et il renifla avec dégoût.

L'autre incident était intéressant en cas de tentatives futures d'évasion. Environ une heure avant l'entrée du train à Berlin, des détectives sont passés dans les couloirs pour demander des passeports. J'ai commencé à me demander comment j'avais réussi à arriver aussi loin.

Nous sommes arrivés à Berlin vers 9 HEURES DU MATIN. Avant de nous rendre à la prison, le soldat m'a offert avec compassion une tasse de café et un petit pain au buffet de la gare. Je n'avais rien mangé depuis 11h30 la VEILLE , à part un petit pain que le soldat m'avait donné vers minuit.

C'était à la gare Alexander Platz, au centre de Berlin. En sortant de la gare, l'Alexander Platz se trouvait devant nous avec la façade du Polizei Präsidium sur notre droite. En tournant dans cette direction, nous entrâmes dans une rue calme, le long du côté droit de laquelle les arches de la voie ferrée abritaient en dessous quelques petites boutiques et entrepôts. De l'autre côté, une aile du Polizei Präsidium continuait sur une centaine de mètres. Le bâtiment suivant était simple, d'aspect officiel, mais sans aspect très terrible, car les quatre rangées de grandes fenêtres au-dessus du rez-de-chaussée n'étaient pas grillagées du côté extérieur. En son centre, un grand portail était fermé par une lourde double porte en bois. « Nous y sommes », dit mon escorte en appuyant sur le bouton de la sonnette électrique.

La moitié de la porte a été ouverte par un sous-officier de l'armée. À l'intérieur du portail de gauche, un couloir longeait la façade du bâtiment et se terminait par une porte portant l'inscription « Bureau » sur un blason émaillé. Un mouvement de la main du sous-officier nous dirigea vers lui.

Nous sommes entrés. Un autre sous-officier était assis à une table et écrivait. Mon soldat a salué, a fait un rapport, puis m'a serré la main et est parti.

« Votre nom, date de naissance, lieu de naissance et nationalité ? » » dit le sous-officier à la table, sans méchanceté.

J'ai regardé le mobilier de bureau simple de la pièce irrégulière avant de répondre, me sentant très découragé. Après lui avoir donné les informations qu'il souhaitait, je lui ai demandé avec appréhension : « Qu'est-ce que tu vas faire de moi ?

"Nous allons vous mettre en cellule d'isolement."

"Pendant combien de temps?"

"Je ne pourrais pas vous le dire."

"Et quoi encore?"

"Tu vas rester avec nous si longtemps que tu n'as pas encore besoin de te soucier du 'et alors'."

"Mais ne vas-tu pas me renvoyer à Ruhleben quand j'en aurai fini avec ma punition pour m'être évadé ?"

«Je n'ai rien à voir avec ça et je ne sais pas. Mais je suis presque sûr que vous devrez rester ici jusqu'à la fin de la guerre.

"C'est une dure punition pour une tentative de rentrer à la maison !"

« Bénis mon âme, tu ne vas pas être enfermé tout le temps ! Il y a un certain nombre d'Anglais ici. La plupart d'entre eux montent et descendent ces escaliers toute la journée. Sur ce, il sortit et cria quelqu'un. Un autre sous-officier est apparu. « Emmenez cet homme au bloc vingt-trois et enfermez-le. Voici son bordereau. Le bordereau, que j'ai vu plus tard, était un morceau de papier indiquant mon nom et ma nationalité, et marqué d'une croix signifiant « isolement cellulaire ». Il devait être fixé à l'extérieur de la porte de ma cellule.

CHAPITRE XII
LE STADTVOGTEI ET LE « SOLITAIRE »

Dans son sens originel, *Stadtvogtei* désigne la résidence officielle du *Stadtvogt* . Il s'agissait d'un fonctionnaire nommé à l'époque féodale par le suzerain du territoire, comme gardien d'un de ses châteaux, autour duquel une ancienne colonie d'agriculteurs et de quelques artisans s'était développée en une ville médiévale ou *Stadt* .

Plus tard, successeur de l'ancien Stadtvogtei, une prison fut construite à sa place, qui fut modernisée de temps en temps, jusqu'à ce qu'en 1916 un nouveau bâtiment moderne soit érigé là où autrefois les victimes avaient disparu dans les cachots et, plus tard, les prisonniers politiques (parmi eux Bebel, en 1870) croupissaient dans des cellules sombres, moisies et insalubres.

Des briques, du fer, du béton et du verre avaient été utilisés dans la construction de ce bâtiment, les rares meubles et les portes des cellules étant le seul bois qu'on y trouvait.

Je n'ai jamais connu l'ensemble du Stadtvogtei, mais j'ai appris peu à peu qu'il comprenait un certain nombre de cours. Celles-ci étaient de forme triangulaire et mesuraient seulement soixante pas de circonférence. Autour d'eux, les murs s'élevaient sur cinq étages et en faisaient de profonds puits plutôt que des cours. Les fenêtres régulièrement espacées, gradin sur gradin, avec leurs barreaux de fer, ajoutaient à la morosité de leur aspect.

Ayant pour centre une cour, chaque partie de la prison qui l'entourait formait une entité structurelle, un « bloc », séparé de la suivante par un espace d'environ huit pieds de large, et s'étendant du rez-de-chaussée jusqu'à la verrière au-dessus. . L'agrégation de blocs était entourée par les parois extérieures comme les segments d'une orange sont entourés par la peau. Les fenêtres des cellules étant orientées vers les cours, les portes se trouvaient dans la circonférence des blocs. Devant eux, de frêles balcons, ou passerelles, s'étendant autour des blocs, tenaient lieu de couloirs et surplombaient de la moitié de sa largeur l'espace séparant les éléments constitutifs de la prison. Leurs planchers étaient constitués en grande partie d'épaisses plaques de verre, s'emboîtant dans les cornières des porte-à-faux. Des escaliers en fer et des ponts courts permettaient la communication entre les différents étages et blocs.

Imaginez-vous debout au bout de l'un de ces couloirs et regardant sa vue. Dans le mur le plus proche de vous, les quadrilatères en perspective décroissants de dix-huit portes régulièrement espacées, chacune avec sa lourde serrure, son verrou et un judas au centre, avec une rangée de trous d'aération au-dessus d'elles, et, sous les pieds et au-dessus, le verre. de deux étages de balcon. De l'autre côté, une balustrade en fer à hauteur d'homme, au-delà de quatre pieds de néant, puis l'étendue vierge d'un mur blanchi à la chaux, reflétant la lumière des lucarnes au sommet du bâtiment.

Essayez de vous considérer comme étant dans une situation telle que la possibilité de « profiter » de cette vue le matin et le soir, lorsque les portes des cellules sont déverrouillées pendant quelques minutes, est attendue avec impatience comme un changement par rapport à la monotonie de la cellule, et vous y parviendrez en un instant. le respect se rapproche des sensations d'un homme en cellule d'isolement.

Imaginez alors que la vue de cette même vue décharnée chaque jour vous provoque une sensation de nausée presque physique, que vous gardez dans votre cellule, ou dans celle de quelqu'un d'autre, autant que possible pour y échapper, et vous réaliserez peut-être qu'une fraction de la cercle des sensations désagréables d'un homme qui jouit de la « liberté de la prison » depuis, disons, six mois.

En règle générale, de telles émotions sont subconscientes, mais elles font surface lorsque vous êtes saisi par une crise périodique de mal de prison de l'âme, une affection mentale temporaire qui est très désagréable pour l'individu qui en souffre et peut avoir des conséquences. effets désagréables sur ses compagnons et amis. Nous avions l'habitude de cacher ces attaques aussi soigneusement que possible les uns aux autres.

À l'origine, la prison était utilisée pour les criminels condamnés à des peines légères de deux ou trois ans et moins, ainsi que pour les prévenus. Un bloc entier avait été utilisé pour ce dernier. Là, les cellules étaient supérieures à celles du reste du bâtiment, où il y avait des sols en pierre, de très petites fenêtres et pas de lumière artificielle, tandis que les lits étaient constitués de planches sur une structure en fer et d'une paillasse. Dans les cellules de détention provisoire, le sol était recouvert de linoléum rouge, et dans cette partie les paliers et les couloirs étaient recouverts du même matériau, il y avait des fenêtres plus grandes, des matelas à ressorts articulés au mur et – un luxe inimaginable pour un homme du camp de Ruhleben – lampes électriques.

Sauf lorsque des châtiments spéciaux étaient infligés, les prisonniers politiques, parmi lesquels je compte les prisonniers de guerre civils, habitaient cette meilleure partie de la prison, comprenant peut-être trois cents cellules autour d'une cour.

Plus d'un an avant mon arrivée, les autorités militaires allemandes avaient repris la plus grande partie du Stadtvogtei pour leurs propres prisonniers. Seule une petite partie était encore occupée par les autorités pénitentiaires civiles et leurs accusés. Un ou deux de ces derniers se présentaient occasionnellement dans notre aile, sous la direction d'un gardien civil, pour effectuer un petit travail. Ils étaient utilisés en permanence dans la cuisine, dans le bain et dans le lieu de désinfection, ainsi qu'avant le four.

Dans la partie militaire de la prison, des sous-officiers de l'armée faisaient office de gardiens pour les prisonniers militaires et politiques.

Parmi les premiers, il y en avait toujours un grand nombre. Ils étaient punis pour de légers manquements à la discipline ou y étaient détenus en attendant d'être jugés devant une cour martiale. Parfois, un certain nombre de soldats français, et de temps à autre un Tommy ou tar anglais, étaient incarcérés parmi eux. Lorsque cela s'est produit et que nous en avons entendu parler, nous avons essayé de les aider en leur fournissant de la nourriture, du tabac et des cigarettes. Nous avons rarement réussi, car nous n'avions pas le droit d'emprunter les couloirs dont les cellules étaient utilisées par les prisonniers militaires.

Cependant, comme le bloc de détention provisoire ne suffisait pas tout à fait pour les prisonniers de guerre politiques et civils, nous nous retrouvions parfois dans le bloc militaire, bien que répartis au-dessus des soldats dans des couloirs séparés. De cette façon, et lors de visites occasionnelles dans la prison pour voir le médecin ou chercher quelque chose à la cuisine, nous avons suffisamment vu et entendu le traitement infligé aux soldats allemands pour nous forger une opinion sur leurs souffrances.

En cela, les traditions les plus chères à l'armée allemande et aux sous-officiers allemands furent strictement respectées. Nous n'avons jamais entendu un des pauvres prisonniers se faire adresser la parole d'une voix ordinaire par ses geôliers. Ils ont été criés, raillés, maltraités, battus et intimidés de toutes les manières imaginables. Leur partie de la prison était dans un tumulte continu à cause des voix des sous-officiers, qui jouissaient visiblement du privilège de torturer en parfaite sécurité leurs semblables.

Au cours de l'année 1917, un sous-officier qui avait passé la majeure partie de sa vie en Angleterre arriva à la prison. Je l'ai entendu parler avec un de mes amis un soir. Quelques jours après, en me rendant à la cuisine, j'ai eu la désagréable expérience de le voir briser un de ses protégés. L'homme avait visiblement reçu une dose avant mon arrivée sur les lieux, car il sanglotait dans sa cellule plongée dans le noir absolu, tandis que le sous-officier lui parlait d'une manière qui me faisait bouillir le sang.

Quelques semaines avant que cela n'arrive, un de nos amis, un ancien membre de l'ASC, avait tiré dans la cellule où j'étais assis avec un copain. Il riait bizarrement, très excité et pâle.

"Regarde dans la cour, regarde dans la cour !" cria-t-il en sautant sur une table sous la fenêtre. Nous avons suivi aussi vite que possible, mais il était tout simplement trop tard. Voici ce qui s'était passé :

Une Black Maria avait été conduite dans la cour. Deux ou trois sous-officiers l'avaient encerclé et avaient ouvert la porte, et l'un d'eux était entré à l'intérieur. L'instant d'après, un cavalier allemand, les menottes aux poignets et aux chevilles, fut littéralement projeté tête baissée sur le trottoir de pierre de la cour, où il gisait, apparemment abasourdi. Deux des sous-officiers l'ont attrapé par le col et, donnant des coups de pied à la forme immobile, l'ont traîné à travers les portes qui se sont fermées après eux.

La plupart des prisonniers militaires étaient détenus dans des cellules sombres. Je ne sais pas pendant combien de temps ce genre de punition peut être infligée, mais je crois que six semaines est la durée maximale. Imaginez ce que cela signifie de passer seulement deux semaines dans une pièce parfaitement sombre et sans confort, avec du pain et de l'eau, dormant sur des planches nues, sans couvertures. Pourtant, il semblerait que ce soit une phrase très ordinaire.

Ce type de punition pouvait être infligé à toute personne directement soumise au droit militaire, comme nous, les prisonniers de guerre. Au cours de mes dix-sept mois de prison, il n'est arrivé qu'une seule fois qu'un Anglais, un ancien marin, en ait reçu une semaine. Mes amis particuliers et moi avons pu lui offrir un repas chaud et bien préparé la plupart du temps. Quand il est sorti, il a juré qu'il aurait pu tenir un mois, grâce à nos soins, mais son visage tiré semblait démentir ses paroles.

Tandis que les prisonniers militaires recevaient leur nourriture d'une caserne située à l'extérieur (à en juger par ce que nous en avons vu, elle était plutôt bonne), nous étions approvisionnés par la cuisine de la prison. La nourriture variait quelque peu en qualité et en quantité à différents moments. En 1914, puis l'année suivante, c'était nauséabond et si insuffisant qu'après quatre semaines de prison, les jeunes hommes se trouvèrent incapables de monter les quatre étages menant au couloir supérieur en moins d'une demi-heure. Quand je suis arrivé, les choses se sont relativement bien passées pendant quelques semaines. La somme obtenue aurait permis à un homme de rester en vie, bien que soumis à des tortures constantes de la faim, pendant peut-être six mois, s'il était en bonne condition physique au départ.

Le petit-déjeuner était à 7h30 et consistait en une pinte de liquide noir chaud, ressemblant de loin à un café très fin en goût, et un morceau de pain pesant huit onces, noir, mais bien meilleur que le pain auquel nous étions habitués au camp. Une pinte de soupe était servie pour le dîner, mais elle ne contenait jamais de viande. La rumeur disait que de la viande était parfois ajoutée mais disparaissait ensuite. Au début, la nourriture de base était la pomme de terre, suivie de mangel-wurzels l'hiver suivant. La meilleure soupe, qui a longtemps disparu de la carte, contenait beaucoup de haricots. Il était généralement distribué le samedi ou le dimanche et était plutôt bon. Un autre, supportable pour un homme affamé, consistait en une sorte de haricot noir, à coque dure mais à noyau farineux, et en pommes de terre. Une soupe de poisson figurait au menu trois fois par semaine ; heureusement, on pouvait le sentir dès que les gros seaux quittaient la cuisine, à l'autre bout du bâtiment. Cela donnait une chance d'accumuler le courage nécessaire pour y faire face dans son bol. C'était vraiment horrible au-delà des mots.

Vers cinq heures, une pinte d'eau chaude avec de l'orge était destinée à fournir le dernier repas de la journée. Souvent, il y avait moins d'une pinte de liquide et, le plus souvent, l'orge était totalement absente. Mais l'eau avait toujours une couleur bleu sale ; par conséquent, cela ne faisait même pas appel au sens esthétique. Le dimanche, ces rations étaient parfois complétées par un hareng mariné ou un petit morceau de saucisse. Je n'ai jamais pu me résoudre à les toucher.

Il aurait été presque impossible de subsister uniquement avec la nourriture de la prison. Je ne parle pas du point de vue de l'homme moyen, qui a eu l'abondance toute sa vie, mais en tant qu'ancien prisonnier de guerre en Allemagne, qui a vu ce qui est incroyablement petit pour entretenir la flamme de la vie, au moins faiblement.

Heureusement, presque tous les politiques ou prisonniers de guerre obtenaient des moyens de subsistance supplémentaires d'une manière ou d'une autre, même si la majorité des Polonais et des Russes ne le faisaient qu'occasionnellement et en petites quantités.

En ce qui concerne les Britanniques, nous avons reçu suffisamment de nourriture d'Angleterre dans nos colis pour nous passer complètement du régime carcéral. Ceux d'entre nous qui se sont retrouvés temporairement à court de nourriture ont simplement puisé chez d'autres qui étaient mieux approvisionnés.

J'avais eu un avant-goût de la prison à Cologne en novembre 1914, qui n'avait pas été encourageant. Par conséquent, j'ai ressenti assez d'appréhension en montant les escaliers derrière le sous-officier le matin de mon arrivée.

La prison étant très pleine, il ne me restait plus qu'une cellule de dix pieds de long sur cinq de large, dans laquelle je fus jeté sans cérémonie. Une petite fenêtre grillagée située en hauteur dans le mur étroit faisait face à la porte. Le lit de gauche était articulé sur la brique et replié à plat contre celle-ci. Un tabouret dans le coin près de la porte était équilibré de l'autre côté par les conduites d'eau chaude pour le chauffage. Plus loin, vers la fenêtre, une petite étagère double, avec trois patères en dessous, faisait office d'armoire, d'armoire et de bibliothèque. Il contenait un livre de prières, un Nouveau Testament, une assiette, un bol et une tasse en terre cuite, une salière en bois, un gobelet, ainsi qu'un couteau, une fourchette et une cuillère. Sur un côté étaient accrochés un petit volume imprimé du règlement de la prison et un morceau de carton montrant un dessin disséqué des étagères, avec le contenu dans l'ordre réglementaire et un inventaire en dessous. Au centre du mur, une petite table était articulée et fixée comme le lit. Un texte biblique au-dessus décorait la cellule.

Lorsqu'au cours de la matinée on me donna du linge de lit et une serviette, j'étais très content. Je ne m'attendais pas à un tel luxe. Le premier consistait en une grosse couverture grise, un énorme sac de la même étoffe, mais à carreaux bleus, et un autre petit du même genre. Le big bag devait servir de couverture aux deux couvertures, qui devaient être pliées à l'intérieur ; la petite était une taie d'oreiller.

Le dîner signifiait une autre interruption bienvenue dans la tâche difficile de s'installer et, comme c'était samedi, il se révéla être une soupe aux haricots. Même si la quantité était bien inférieure à ce dont j'avais besoin, surtout dans mon état de faim, elle semblait si savoureuse, si bien au-delà de tout ce à quoi j'avais été habitué au camp en ce qui concerne les rations allemandes, que je commençais à me croire en trèfle. .

Pourtant, j'étais en cellule d'isolement. Combien de temps devait durer cet état de choses ? J'avais demandé au responsable de la cantine, un prisonnier britannique qui m'avait rendu visite en sa qualité officielle. Il ne savait pas. Il lui restait quatre mois et demi après son évasion de l'été précédent. Les sous-officiers ont refusé de s'engager, s'ils répondaient à mes questions. J'ai donc essayé d'affronter la perspective d'être enfermé dans une petite cellule, sans autre compagnie que la mienne, pendant cinq mois. Sur cette base, j'ai fixé la date finale, j'ai établi un calendrier très approximatif, et ensuite à 11 HEURES DU MATIN , heure de mon arrivée au Stadtvogtei, j'ai marqué en grande pompe la fin de toutes les vingt-quatre heures en « solitaire ».

Je n'ai pas été examiné de nouveau, contrairement à mes attentes, et mes plans astucieux, élaborés dans la prison de Vreden, visant à « amener les Boche » à un état d'esprit indulgent, n'ont pas pu être testés. Mes espoirs d'avoir un aperçu du camp de Ruhleben et de mes amis ne se sont pas réalisés. La durée de mon isolement cellulaire était évidemment considérée comme un secret d'État, ne devant pas être communiqué même à la personne la plus concernée. C'était une politique toujours poursuivie par la *Kommandantur* à Berlin – que ce soit par pure méchanceté ou par indifférence cruelle, je ne sais pas. Puisque j'étais le premier évadé à être puni en vertu d'un nouveau règlement, il n'y avait aucun précédent sur lequel se forger une opinion ; mais je ne le savais pas, et par conséquent je m'attendais au même terme de « solitaire » que les autres hommes avant moi. Ceux qui m'ont suivi n'avaient pas le droit d'avoir beaucoup de doutes sur le sujet. Nous y avons veillé.

Le matin du deuxième jour, on m'a dit qu'en plus de l'isolement cellulaire, un régime disciplinaire avait été ordonné par les pouvoirs en place. Un jour sur trois (pendant quatre semaines), je devais recevoir uniquement du pain et de l'eau. Cela semblait désagréable. Le cantinier, qui venait me voir tous les jours pendant quelques minutes, m'assura que c'était quelque chose de nouveau, tout à fait extérieur à son expérience, et, pressé, me réconforta énormément en consentant à mon opinion exprimée selon laquelle cela pourrait peut-être indiquer un terme tout aussi court de « solitaire ».

Il s'est avéré que le régime punitif s'est avéré l'inverse de ce qu'il était censé être, une aggravation. En termes de pouvoir rassasiant, vingt-quatre onces de pain étaient de loin supérieures à la nourriture ordinaire de la prison et bien plus savoureuses que la soupe de poisson. Très vite, j'ai commencé à attendre avec impatience mes jours « difficiles ».

Le matin du troisième jour, un autre sous-officier s'est occupé de mon couloir et de moi-même. Je ne peux pas dire trop de bien de lui. Bon enfant et d'une gentillesse désintéressée, il a rendu mon sort aussi facile que possible. Connaissant désormais un peu la routine de la prison, je m'étais levé avant que le tintement de la cloche de la prison n'ait retenti, craignant d'être en retard. Ensuite, je me suis mis au travail pour nettoyer ma cellule, récurer le sol et épousseter les « meubles », et j'étais tout à fait prêt lorsque les portes ont été ouvertes pour nous permettre de vider les ustensiles de la cellule et d'aller chercher de l'eau fraîche. Ce fut bientôt accompli et je m'attardai dehors dans le couloir pour profiter de la « vue ». Non loin de moi, un prisonnier polonais nettoyait le sol du balcon et le sous-officier — appelons-le Kindman — s'efforçait de faire comprendre au Polonais que l'eau qu'il utilisait était trop sale pour cet usage. Le pauvre Polonais, ne comprenant pas un mot, travaillait avec acharnement, tandis que Kindman élevait peu à peu la voix jusqu'à un cri, s'efforçant de faire comprendre à son protégé, sans produire le moindre effet. Il n'était pas du tout méchant à ce sujet, comme on aurait pu s'y attendre de la part d'un sous-officier allemand ; il a simplement substitué l'effort vocal à son manque de connaissance du polonais.

"Je vous le dis, vous devez utiliser de l'eau propre, pas de l'eau sale, de l'eau propre, pas de l'eau sale, de l'eau sale, ce n'est pas bon, ce n'est pas bon", secouant la tête. Faites une pause, pour reprendre une haleine fraîche. Rugissant : « De l'eau propre, propre, propre, propre ! Désespéré, il jeta un coup d'œil dans ma direction. J'allai chercher mon propre seau, plein d'eau propre, le posai à côté de celui du Polonais et, le remuant avec ma main, hocha vigoureusement la tête. Puis, désignant le liquide épais dans l'autre seau, j'ai fait le signe de la négation. Le Polonais a compris.

« Vous avez nettoyé votre cellule avant l'heure d'ouverture ce matin ? » » demanda Kindman un peu plus tard. « Tu n'es pas obligé de faire ça. Je vais te trouver un *Kalfacter*, un homme qui fera le sale boulot à ta place. Vous êtes un prisonnier de guerre. Vous bénéficiez de ces privilèges. Il y a ici beaucoup de Polonais qui seraient ravis de le faire à raison d'une note par semaine.

Après quelques hésitations, j'ai accepté. Au camp, j'avais peut-être pris un orgueil insensé à tout faire moi-même, à l'exception de laver mes sous-vêtements. Maintenant, en prison, j'avais un Kalfacter pour récurer et nettoyer. Au lieu de cela, j'ai commencé à faire ma propre lessive, n'aimant pas la confier aux mains douteusement propres d'un Polonais.

«Je vais vous trouver une meilleure cellule», fut la prochaine annonce de Kindman. Quelques jours plus tard, j'ai emménagé dans l'une des cellules de détention provisoire avec son lit confortable, son joli sol en « lino » rouge et une lumière électrique vive allumée jusqu'à neuf heures, alors que jusqu'alors j'étais assis dans l'obscurité du soir.

Jusqu'ici, tout va bien. Il n'y avait pas de terribles difficultés physiques à endurer. C'était désagréable de ne pas avoir assez de nourriture. J'ai effectivement reçu de l'aide de mes compatriotes, mais les colis arrivaient à ce moment-là de manière irrégulière et ils ne pouvaient pas m'épargner peu. Le mien avait complètement cessé, et je n'avais que très peu d'argent pour acheter des choses, et j'en ai emprunté, et par conséquent j'ai dû le garder comme celui d'un avare jusqu'à ce que je puisse en obtenir un peu. J'avais toujours faim et je n'arrivais souvent pas à dormir à cause de douleurs tenaces, tandis que des photos des repas que j'avais mangés autrefois et des menus que je commanderais dès mon arrivée en Angleterre ne cessent d'apparaître devant moi.

C'était un jour marquant lorsque mon sac à main est arrivé du sanatorium. Outre les vêtements, il contenait plusieurs boîtes de conserve de nourriture, que je résolus de consommer le plus modérément possible. Cependant, cela était plus facile à planifier qu'à réaliser. Sachant que la nourriture était à portée de main, je ne pouvais tout simplement pas empêcher mes mains de s'en approcher. Tout s'est passé en deux jours. Je me souviens m'être levé au milieu de la nuit pour ouvrir une boîte contenant un pudding de Noël et l'avoir mangé froid jusqu'à la dernière miette. Merveilleux à raconter, je me suis endormi paisiblement après cela.

Le traitement en « solitaire » était bien meilleur que ce que j'avais espéré dans mes moments les plus optimistes. Mentalement cependant, j'ai souffert un peu pendant les quinze ou trois premières semaines. J'ai dû lutter contre la pire crise de mélancolie que j'aie jamais connue. Je n'ai jamais complètement perdu le contrôle de moi-même, mais j'ai failli succomber au désespoir absolu. L'incertitude quant à la durée de ma punition, la cessation de toutes les lettres et de tous les colis de Blighty au moment où j'en avais le plus besoin, la crainte que ma correspondance ne finisse dans la corbeille à papier d'un censeur allemand, et pour durer, mais et surtout, le manque de réponse de mes amis du camp à mes cartes postales – tout cela s'est combiné pour me déprimer horriblement.

Je commençai à souhaiter de tout mon cœur avoir fait une tentative de jour depuis le poste de garde, ce qui aurait certainement mis fin à mes ennuis d'une manière ou d'une autre. La chute du balcon sur les dalles de pierre en contrebas exerçait une fascination contre nature. Pendant plusieurs jours, j'ai contemplé chaque instant des quelques minutes qui m'étaient accordées hors de ma cellule.

Au début de la guerre, j'avais entendu parler de la tentative d'évasion d'un officier britannique d'une forteresse de Silésie. Lorsqu'il fut appréhendé quelque part en Saxe, il se suicida avec son rasoir. "Quel fou!" j'avais fait part de mon commentaire antipathique à mes amis ; "Pourquoi voulait-il faire ça?" Maintenant, je ne pouvais pas oublier sa fin tragique, et non seulement je comprenais son action, mais je l'admirais presque pour cela.

Chaque après-midi, les autres hommes en cellule d'isolement et moi passions une heure, de trois à quatre heures, à marcher en file indienne dans la cour. Un sous-officier, un gros fusil attaché à la taille, nous surveillait et avait reçu l'ordre de veiller à ce que nous ne parlions pas ensemble. Avec un homme de garde indulgent, il était parfois possible de prononcer un mot ou deux, voire même de poursuivre une conversation pendant une dizaine de minutes. Je fis ainsi la connaissance de tous les autres Anglais qui se trouvaient dans la même situation que moi.

À mesure que je devenais plus gai, je commençai à savourer les livres qui m'étaient envoyés par les autres prisonniers anglais et à chercher autour de moi les moyens d'acquérir le plus de plaisir possible dans ces circonstances. Deux visites chez le médecin de la prison pour le traitement de « l'insomnie » m'ont donné l'occasion de discuter pendant une demi-heure avec mon ami Ellison, qui a simulé une plainte les mêmes jours.

Mon régime de punition devait prendre fin le 8 mai. Cela fait, je m'attendais à encore quatre mois sous clé, jusqu'au 10 septembre.

Le 7 mai, tandis que je parcourais la cour, le sergent-major, commandant en second, entra et me fit signe de venir chez lui.

"Vous avez terminé votre 'solitaire'!" il a dit.

"Voulez-vous dire aujourd'hui?" J'ai demandé. « Dois-je laisser la porte de ma cellule ouverte et puis-je voir les autres hommes ? »

Une fois l'heure d'exercice terminée, je montai les escaliers à toute vitesse, faisant quatre pas à la fois, et cherchai Kindman.

«Je ne suis plus en isolement», ai-je braillé. "Je vais voir les autres gars!"

"Hé, attends un instant," cria-t-il. "Je dois d'abord verrouiller la porte de votre cellule."

"Mais je vous dis que je ne suis plus en 'solitaire'!"

« Je te crois, même si je ne le sais pas officiellement. Je ne vais pas vous enfermer, mais je fermerai la porte, je le ferai. Si nous le laissons ouvert, vous retrouverez toutes vos affaires disparues à votre retour. Ces Polonais prendraient tout ce qui leur tombait sous la main, et ils ne leur en feraient que peu de reproches. La plupart d'entre eux n'ont pas de chemise sur le dos.

Je ne suis retourné dans ma cellule qu'à l'heure du confinement, me sentant confortablement rassasié par les différents thés que j'avais bu et la gorge irritée par les conversations incessantes.

La partie de notre bloc réservée aux hommes en cellule d'isolement, un côté du triangle, était séparée du reste par des grilles en fer à chaque palier. Ces portes interdisaient également l'accès à la partie militaire. Ils étaient toujours fermés à clé. Il était assez facile de les franchir ; être vu en train de faire cela équivalait à des cellules de sept jours. Mon premier soin fut donc de disposer une cellule « devant la porte ». Ce terme était chez nous équivalent à l'isolement ordinaire, par opposition à l'isolement, car, dans des circonstances ordinaires, personne ne resterait volontairement dans une cellule « derrière la porte » s'il n'était pas « à l'isolement », et n'était, en fait, pas censé le faire. .

Un phénomène physique inattendu, que j'ai ensuite observé chez d'autres, s'est fait sentir désagréablement dans mon cas. Les premiers jours qui ont suivi ma sortie de « derrière la porte », j'étais extrêmement nerveux et agité ; parfois, j'avais envie d'être de retour en « isolement » avec la porte de la cellule bien verrouillée sur moi.

CHAPITRE XIII
COURS ET MESSES AU STADTVOGTEI

Les prisonniers internés au Stadtvogtei étaient divisés en deux classes, les aristocrates, ou plutôt les ploutocrates, et le reste, répétant ainsi fidèlement la situation du monde extérieur.

Aux premiers appartenaient tous les Britanniques sans exception, quelques Français et Belges occasionnels, un certain nombre de Russes instruits et aisés, temporairement quelques socialistes allemands - ils seraient dégoûtés s'ils lisaient ceci - et un ou deux indésirables allemands, aventuriers et haut placés. des pickpockets de première classe, sortis de prison récemment, mais qui n'étaient probablement pas considérés comme suffisamment en sécurité pour être en liberté.

Le « reste » était composé d'une masse toujours changeante d'ouvriers russes et polonais, au nombre jamais inférieur à deux cent cinquante.

Richesse admise à la classe supérieure. La possibilité de se procurer de la nourriture était une richesse. Cela explique pourquoi tous les Britanniques étaient des ploutocrates, car ils recevaient des colis de chez eux et avaient généralement plus de nourriture que quiconque. Les Français et les Belges, au contraire, occupent une position précaire en marge de la société. N'ayant pas d'amis en Allemagne capables de leur fournir de la nourriture, comme c'était le cas des ploutocrates russes et allemands, et leurs colis en provenance de France et de Belgique étant extrêmement peu nombreux, ils se trouvaient fréquemment dans des situations difficiles. Mais ensuite, bien sûr, ils furent « repris » par certains Anglais « ploutocratiques », qui choisissaient leurs associés selon d'autres critères que ceux des possessions digestibles.

En ce qui concerne la malveillance préméditée, les Anglais ont été et sont les plus mal traités de tous les prisonniers de guerre en Allemagne. Je crois que les Russes ont eu plus de mal à cause de la pure négligence des autorités supérieures, étant livrés à la tendre merci du sous-officier et du simple soldat allemand, revêtus d'une autorité un peu brève. Cette classe d'êtres humains a toujours été réticente à s'attaquer aux Anglais, seuls ou en petits groupes.

Au Stadtvogtei, l'ordre habituel a été inversé. Là, nous étions les coqs de la promenade parmi les prisonniers et, avec le temps, des privilèges totalement officieux se sont développés nous appartenant en tant qu'Anglais. Ils étaient assez discrets en eux-mêmes. Un incident servira d'illustration. Sa signification était d'autant plus surprenante que je n'avais aucune idée que le privilège en question existait jusqu'à ce qu'il se produise.

C'était pendant l'été 1917. Les prisonniers en détention ordinaire étaient autorisés à se trouver dans la cour à certaines heures de la journée, mais n'étaient censés y entrer et en sortir qu'aux heures pleines et demie. J'avais observé cette règle jusqu'à présent, sauf en de très rares occasions, où j'avais demandé au portier de me laisser entrer et sortir à des heures indues. J'effectuais certains travaux pour la colonie britannique, qui m'appelait de temps en temps pour affaires.

Un matin, je me promenais par hasard avec le capitaine T., alors récemment sorti de l'isolement pour une tentative d'évasion. Nous attendions que la porte soit déverrouillée pour sortir de la cour, et quand le portier l'ouvrait entre temps, moi, suivi du capitaine, je passais en faisant signe de la tête au sous-officier. En apercevant mon compagnon, il s'avança vers lui d'un air menaçant. et j'ai crié : « Qu'est-ce que tu veux dire par sortir, toi… » Je n'avais pas compris la situation, mais j'ai sauté instinctivement entre eux et j'ai dit : « Attends. C'est un Anglais !

«Je vous demande pardon, je ne savais pas. Je pensais que c'était un Polonais. Je ne l'ai jamais vu auparavant.

Le capitaine T. n'avait pas compris le sens de l'affaire et il fallait que je lui explique. J'ai monté les escaliers jusqu'à notre cellule, me sentant très mal à l'aise.

Jusqu'au début de juin 1916, les Britanniques étaient moins d'une vingtaine. Au cours de l'été et de l'automne, notre colonie s'est agrandie jusqu'à atteindre l'effectif d'environ trente-quatre personnes. Plus de la moitié des nouveaux arrivants étaient des évadés. Nous avions nos expériences en commun, et un sentiment de classe, voire certaines caractéristiques de classe. Nous nous sentions certainement tous également hostiles à cette section particulière du camp de Ruhleben dont l'attitude à notre égard se résumait en ces mots : « N'avez-vous pas honte de vous-mêmes ? Tu ne peux pas rester et prendre ta bouillie ? En fait, on nous a posé ces questions.

K. était le doyen de notre groupe. Il était plus âgé que les autres. Sa tentative, avec un compagnon, en avril 1915, à laquelle j'ai fait référence dans un chapitre précédent, était la première faite depuis Ruhleben, et il était en liberté plus longtemps que quiconque, plus de trois semaines. C'était l'un des hommes les plus charmants qu'on puisse souhaiter rencontrer, même si, comme il était Écossais, il lui fallut un peu de temps pour briser sa réserve. Originaires de la même partie du royaume, il y avait W. et M. qui étaient en prison depuis juin 1915, suivis peu après par Wallace Ellison, mon ami et futur camarade, et un autre homme, tous deux d'excellents camarades. Wallace était mon voisin de droite, comme K. était à gauche, lorsque j'avais réussi à obtenir une cellule au dernier étage, convoitée en raison de la lumière, de l'air et de la plus grande étendue de ciel visible depuis la fenêtre. De certains des hommes qui sont venus après moi, je parlerai plus tard.

Un de mes compagnons, qui n'était pas un évadé, était le Dr Béland, un Canadien bien connu. Il résidait en Belgique lorsque la guerre éclata et, bien que médecin, il avait été arrêté à l'été 1915 et envoyé en prison à Berlin. Les Allemands le considéraient comme un membre d'un gouvernement ennemi et justifiaient leur action à leur manière en affirmant que cela éliminait son statut de membre de la profession médicale. En fait, le Dr Béland n'était pas membre du Cabinet au Canada, et ce, depuis un certain temps. Il appartenait cependant à la Chambre des communes.

Le Dr Béland était un homme doté d'un grand charme personnel. Sa vaste expérience, sa grande bonne humeur, qui ne faisait jamais défaut dans les conditions ordinaires et éprouvantes de la vie en prison, sa volonté d'aider tous ceux qui sont en détresse et ses brillants talents de causeur, ont fait de sa rencontre un plaisir. Au fil du temps, nous nous connaissions bien et, en janvier 1917, il nous rendit, à nous et à moi-même, un grand service en traitant délicatement une affaire qui faillit nous faire envoyer au bagne.

Les autorités allemandes lui témoignaient habituellement peu de considération. Lorsqu'ils en avaient l'occasion, comme cela arrivait autrefois, ils le traitaient avec une cruauté raffinée qui provoqua l'indignation universelle parmi ses compagnons.

Outre les Britanniques pensionnaires permanents de notre établissement, d'occasionnels oiseaux de passage en route vers le camp de Ruhleben s'y posaient pour une nuit ou deux. La plupart d'entre eux étaient des garçons résidant en Belgique. Incapables de s'enfuir lorsque l'invasion a submergé ce malheureux pays, et n'ayant pas atteint l'âge « interne » de dix-sept ans, ils ont été contraints de rester jusqu'à ce que le jour de leur dix-septième anniversaire amène leur arrestation et leur internement ultérieur comme un cadeau grec de la part des Grecs. les conquérants.

Parmi les autres ploutocrates, quelle que soit leur nationalité, nous avons trouvé des compagnons joyeux et intéressants. Plusieurs socialistes étaient des hommes dotés de hautes connaissances intellectuelles et de manières charmantes. Nous étions dans les meilleurs termes avec eux, ce qui, je crois, a suscité un certain malaise chez le directeur de la prison. Il avait certainement toujours quelque chose de méchant à dire à leur sujet, méprisant du haut de sa semi-éducation des hommes qui savaient de quoi ils parlaient, qui connaissaient – pas mieux – les classes dirigeantes allemandes et qui étaient parfaitement francs à leur sujet. Nous les invitions souvent à prendre le thé dans notre cellule. Ils nous ont donné suffisamment d'informations sur les intrigues d'avant-guerre qui ont conduit à la catastrophe, ainsi que sur les mensonges et les falsifications du gouvernement allemand, pour nous faire reprendre notre souffle.

Les éléments constitutifs du « reste », les ouvriers polonais et russes, allaient et venaient. Nous n'avons pas eu de véritable contact avec eux. Les difficultés linguistiques faisaient obstacle, entre autres. Pauvres et ignorants, pour la plupart analphabètes, ils étaient extrêmement à plaindre. Avec très peu de nourriture en dehors de la nourriture de la prison pour vivre et constamment maltraités par les sous-officiers, je suis quand même quelque peu étonné qu'ils n'aient pas succombé. Leur pouvoir de résistance passive, leur capacité dans de telles circonstances à continuer à vivre, et même à conserver une certaine gaieté, ne peuvent s'expliquer que par leur faible niveau intellectuel et émotionnel et par les siècles d'esclavage ou de semi-esclavage que leurs ancêtres ont endurés. .

Les objets les plus pitoyables étaient des garçons, presque des enfants, qui apparaissaient parfois parmi eux. Ils étaient de minuscules acariens de taille, avec des visages de vieillards sur des corps d'enfants de huit ou neuf ans. Eux aussi avaient été recrutés par des agents allemands. La plupart d'entre eux semblaient avoir été envoyés dans les mines de charbon, où le travail acharné et le manque de nourriture les avaient complètement brisés. Leurs années réelles se situaient généralement entre treize et seize ans.

Leurs pouvoirs mentaux étant presque détruits et presque trop faibles pour marcher, ils restaient assis dans leurs cellules ou se tenaient apathiquement dans les couloirs, les yeux ternes et vides.

Chaque fois que l'un d'entre eux était là, certains d'entre nous les engageaient comme retraités. Mais même un repas copieux qui leur était proposé ne leur faisait pas sourire ni briller dans les yeux. Comme des images taillées, ils l'engloutissaient, essayaient de baiser votre main ou le bas de votre manteau, et allaient s'asseoir ou se lever comme auparavant.

CHAPITRE XIV
VIE PRISONNIÈRE ET FONCTIONNAIRES

Peu de temps avant mon arrivée en prison, un changement s'était produit au sein du personnel officiel. Auparavant, les camps d'internement et les militaires étaient placés sous des commandements différents.

Ce que j'ai entendu de mes amis sur le caractère du responsable des internés, avant mon arrivée, m'a fait me féliciter de la chance que j'avais de ne pas avoir à le rencontrer. Il avait été un véritable tyran. Il a ensuite été transféré au camp de Ruhleben, où il s'est fait appeler « Stadtvogtei Billy ».

Après le départ du « Stadtvogtei Billy », l'officier qui commandait la prison était responsable des internés et des prisonniers militaires. Cet *Oberleutnant* , pour lui donner son titre allemand, était maître d'école de la vie civile. En tant que tel, il était un fonctionnaire du gouvernement et était dûment imprégné de l'attitude d'esprit prescrite.

Officiellement, nous n'avions pas grand-chose à voir avec lui. De temps en temps, nous devions l'approcher pour une petite demande ou autre, et nous le trouvions alors assez courtois. Lorsqu'il prenait l'initiative, quelque chose de désagréable se produisait généralement, ou allait se produire.

Souvent, il faisait appel à certains d'entre nous pour discuter. C'était toujours une sorte d'épreuve. Il n'a jamais pu se débarrasser de ses manières *ex cathedra* ; il ne connaissait que la version officielle approuvée de ce dont il parlait et choisissait pour la plupart des thèmes plutôt malheureux pour ses discours. « La supériorité prussienne en tout, mais particulièrement en guerre », « les qualités éminentes des dirigeants prussiens », « la stratégie de guerre prussienne favorablement comparée à celle des autres nations, en particulier les Britanniques », « la trahison et la méchanceté des Juifs » : telles étaient ses sujets favoris. Franchement, il a passé en revue tout ce qui était britannique et américain. Les États-Unis en particulier soupiraient sous le règne absolu de deux autocrates méchants, l'un appelé le « président », l'autre le « dollar tout-puissant ». Ils étaient habités en partie par des Allemands et en partie par une masse d'imbéciles et de lâches ignorants et ininstruits, qui, incapables de comprendre la droiture intellectuelle et morale de la nation allemande, jaillissaient contre eux, mais avaient peur d'agir. Il nous ennuyait jusqu'aux larmes, et son départ était toujours suivi de soupirs de soulagement.

De taille moyenne, il était bien bâti et se maintenait en parfaite forme. Il connaissait un peu la boxe et commandait souvent à l'un des Anglais de lui servir de partenaire d'entraînement dans l'une des grandes cellules vides de l'armée. Sa tactique consistait à frapper aussi fort qu'il le pouvait. Une ou deux fois, cela fut découragé par son adversaire.

Le sergent-major entra officiellement en contact avec nous chaque jour lors de ses tournées. C'était un beau garçon, gros, aux cheveux presque blancs et au teint frais, beaucoup plus jeune qu'il n'en paraissait, et un vieux militaire. Avec les manières d'un sous-officier allemand, c'était un homme gentil dans l'âme et facile à vivre. Bien que sa voix puisse être entendue tonner quelque part dans la prison à toute heure de la journée, son aboiement était bien pire que sa morsure.

Les sous-officiers agissant comme gardiens dans notre section ont toujours été prévenants envers nous et les autres ploutocrates, bien qu'à des degrés différents et pour des raisons différentes. Un ou deux nous traitèrent décemment, tout à fait spontanément et strictement dans les limites de leur devoir. Pour le reste, la *contrepartie* , plus ou moins ouvertement avouée, de leur comportement à notre égard.

La rareté de la nourriture en Allemagne rendait facile et peu coûteuse l'huile de nos rouages. Une boîte de hareng ou de jus de viande, ou quelques biscuits, faisaient très long chemin. Je pense que nous avions tout à fait raison de faire ces petits dons.

Le médecin ne visitait la prison qu'une heure ou deux chaque matin, sauf le dimanche. Quiconque était assez stupide pour tomber soudainement et gravement malade après son départ devait attendre le lendemain, et s'il poussait sa stupidité jusqu'à le faire un samedi, il ne pouvait espérer de soins médicaux. jusqu'à lundi matin.

Le Dr Béland a toujours aidé autant qu'il le pouvait dans de tels cas. Plusieurs nuits, on le faisait sortir du lit pour lui prodiguer les premiers soins. Il était handicapé dans cette œuvre caritative par son manque de drogues et de stimulants.

Il y avait une chapelle dans la prison, dont le curé était censé veiller à notre bien-être spirituel. Personnellement, je ne lui ai jamais parlé et je ne me suis jamais approché de sa boutique. L'expression convient, comme je vais essayer de le démontrer.

Nous avions parmi nous un ingénieur, M., qui jugeait nécessaire d'observer ses devoirs religieux et désirait participer aux offices célébrés dans la chapelle. Il se rendit chez le curé pour présenter sa demande.

«Le Seigneur Dieu n'est pas pour les Anglais», furent les mots dans lesquels il le refusa.

La routine immuable de notre journée de prison était la suivante : les portes des cellules, verrouillées pendant la nuit, étaient rouvertes à sept heures et demie du matin. Pendant que les Kalfacters nettoyaient les cellules, nous préparions le petit-déjeuner dans la cuisine. Le repas terminé, les uns allèrent se promener dans la cour, tandis que les autres s'occupèrent de la manière qui leur plaisait le plus. La cantine était ouverte de dix heures à dix heures et demie. A onze heures, la soupe de midi était distribuée. Cela ne nous concernait pas, nous autres Anglais, car nous n'avions jamais pris notre part. La cuisine était à nouveau ouverte pour la préparation du repas de midi, et on se précipitait généralement pour sécuriser un ou plusieurs réchauds à gaz. Le nettoyage des légumes, l'épluchage des pommes de terre et d'autres préparations étaient auparavant entrepris dans les cellules par toutes les personnes. La cuisine elle-même était assurée par le cuisinier du mess et du jour. Peu après onze heures, on devait s'attendre à la distribution de colis en provenance d'Angleterre. A leur arrivée, un sous-officier entra dans la cour et cria les noms des chanceux, en les prononçant généralement mal. Laissant tout se débrouiller seuls, leurs propriétaires se sont précipités au bureau pour prendre possession de leurs colis. De trois heures et demie à cinq heures, il était de nouveau possible de préparer du thé et de cuisiner, et de quatre à six heures, d'être dans la cour. A sept heures, nous étions enfermés pour la nuit. En été, la lumière artificielle n'était pas autorisée dans les cellules ; en hiver, le courant était coupé à neuf heures.

La question la plus importante pour nous était celle du ravitaillement. Si, par accident, une semaine ou deux restait sans colis, l'homme qui les manquait risquait de devenir une nuisance pour ses compagnons par ses expressions constantes d'étonnement attristé face à cet « arrêt absolument inexplicable ». C'était le cas, qu'il ait ou non un mois de provisions en main.

Cela ne voulait pas dire que nous étions des gloutons. Outre la nécessité absolue de recevoir une quantité suffisante de nourriture anglaise, les colis et les lettres constituaient les liens qui nous reliaient au Vieux Pays. Lorsqu'un lien était rompu, nous nous sentions perdus et abandonnés. Une cessation des lettres a eu un effet similaire. Notre correspondance se limitait à quatre cartes postales et deux lettres par mois. La communication entre prisonniers de guerre dans différents lieux d'internement était interdite. Mais nous n'en avons été informés qu'à l'été 1917. Une grande lumière m'est alors apparue, car je pouvais enfin comprendre pourquoi mes amis du camp ne m'avaient pas écrit.

Pendant que j'étais en « isolement » et pendant les deux mois qui ont suivi, j'ai eu du mal à joindre les deux bouts en ce qui concerne la nourriture. Seul un minimum de mes lettres et colis venant d'Angleterre est arrivé. J'ignorais absolument que des amis m'aidaient avec une générosité dont je ne pourrai jamais être assez reconnaissant. N'ayant aucun parent capable de m'envoyer de la nourriture, je me suis finalement adressé à l'une des organisations envoyant des colis aux prisonniers de guerre et j'ai été adopté par une dame généreuse de Southampton.

À peu près à cette époque, j'ai rejoint un groupe de quatre personnes. La mise en commun de nos ressources les a rendues bien plus que suffisantes pour nous. J'ai débattu pour savoir si je devais arrêter ces derniers colis. Mais il y avait toujours tellement de possibilités d'aider les autres, et il y avait tellement de doutes quant à la continuité de nos colis, que je n'ai rien dit.

Au sein d'une partie de la communauté britannique, il a toujours été considéré comme un devoir évident d'aider leurs compatriotes les moins fortunés en leur fournissant de la nourriture, lorsqu'ils en avaient les moyens et que ces derniers en avaient besoin. Tous les nouveaux arrivants avaient besoin d'aide jusqu'à ce que leurs colis commencent à arriver. Ceux qui étaient placés au secret devaient être soignés pendant la durée de leur peine, car ils n'étaient pas autorisés à récupérer leurs colis.

Au début, tout cela s'est fait sans méthode et cela a entraîné des difficultés pour les individus. Lorsque la coopération entre le plus grand nombre de prisonniers britanniques fut finalement instaurée, chaque homme « derrière la porte » reçut du thé pour le petit-déjeuner, un dîner chaud composé de viande et de légumes en conserve et un dîner copieux à cinq heures.

De temps en temps, nous recevions des caisses de nourriture du Comité de secours en nature de Ruhleben pour être distribuées aux Britanniques. Là encore, peu de méthode a été observée au début. Mais au fil du temps, l'organisation s'est perfectionnée.

Jusqu'au début du mois de mai 1916, les prisonniers devaient réchauffer du mieux qu'ils pouvaient leur nourriture sur des réchauds à alcool. Puis le combustible pour ces poêles est devenu introuvable et les autorités pénitentiaires ont transformé l'une des grandes cellules du dernier étage en cuisine, installant un certain nombre de réchauds à gaz aux frais privés de la colonie britannique. Pour une somme équivalente à un centime, on pouvait se procurer une pinte d'eau bouillante ou utiliser l'un des anneaux pendant une demi-heure.

Tant qu'il y avait des légumes, nous nous en sortions très bien. Après que nous avons déclaré que nous ne pouvions pas emporter la nourriture de la prison, les autorités nous ont distribué des pommes de terre en guise de compensation. Au cours de l'hiver 1916-17, la rareté de ce légume devint si grande dans la « Patrie » qu'on utilisait généralement à sa place des mangel-wurzels, dont nous ne recevions que notre maigre part. C'était une lourde taxe sur nos compétences culinaires que de les déguiser suffisamment pour les rendre mangeables. Ils n'ont pas pu être rendus savoureux. J'étais cuisinier à l'époque pour un petit gâchis et les sauces que je préparais à l'aide de poudre de curry, de poivre, de sel, de vinaigre et de moutarde hanteraient un cuisinier professionnel jusqu'à la fin de ses jours.

Je crains d'avoir insisté longtemps sur cette question de nourriture. Mais c'était le plus important pour nous. Nous n'avons jamais pu y échapper. Trois fois par jour au moins, la nécessité de préparer un repas nous le rappelait. Notre attitude envers la nourriture et l'alimentation était largement influencée par un sentiment d'insécurité. « Combien de temps faudra-t-il avant que nos colis ne cessent d'arriver ? était une question toujours présente dans nos esprits.

Il faut admettre que nous perdions rarement l'appétit, même si nous ne pouvions faire que peu d'exercice. Officiellement, le seul endroit où on pouvait l'obtenir était le chantier. Pavé de blocs de granit, il n'offrait pas des installations tout à fait idéales. Le soleil n'atteignait le fond de ce puits que dans un coin pendant les trois meilleurs mois de l'année. Par beau temps et doux, il y avait toujours tellement d'humanité — et ce n'était pas des plus purs — que l'air était pire que dans les cellules. Sauf par temps pluvieux ou froid, elle stagnait et engendrait une sensation de lassitude qui était souvent annonciatrice d'un mal de tête.

D'une manière générale, la prison était mal ventilée, même si des dispositions apparemment suffisantes avaient été prises pour changer l'air dans le bâtiment. A certaines heures de la journée, des odeurs des plus horribles envahissaient les couloirs. Dans la lumière brisée du soir, le voile d'air fétide et maléfique entourant tout l'endroit devenait visible à quiconque regardait depuis une fenêtre supérieure de l'autre côté de la cour vers le ciel éclatant de l'ouest. Malgré tout, les exercices suédois de nuit, les ébats violents occasionnels avec nos amis ou quelques tours avec des gants dans un espace qui ne permettait qu'un entraînement debout, nous maintenaient dans une santé assez bonne.

Nous avions la chance de posséder un nombre considérable de livres privés. En plus de cela, la bibliothèque du camp de Ruhleben nous a envoyé des envois que nous avons renvoyés pour d'autres. Depuis les livres sérieux et instructifs jusqu'à la littérature la plus légère, nous étions abondamment approvisionnés en lectures.

Parfois, nous parvenions à mettre la main sur un journal anglais. Ils étaient en vente à Berlin mais strictement interdits à nous, prisonniers. La raison de cette interdiction a toujours été pour moi l'un des caprices inexplicables de l'esprit allemand. Le «Daily Telegraph» et le «Daily Mail» ont été lus en cachette, la plupart du temps après le huis clos, l'un après l'autre, jusqu'à ce qu'ils tombent en morceaux.

Le jeu d'échecs royal était une grande consolation. Il a été joué à outrance, ce qui a souvent abouti à un manque de cohérence.

Les deux premiers évadés à arriver après moi furent C. et L., une heureuse combinaison d'Écosse et d'Ulster. Ils s'étaient échappés du camp de façon très aventureuse, pour être rattrapés trois jours plus tard par une malheureuse combinaison d'amour et de fleurs.

A l'aube, un matin, ils avaient trouvé un excellent abri dans un bouquet de buissons de lilas poussant à proximité d'une route peu fréquentée. Dans la matinée, un soldat allemand, tout armé, passait devant leur cachette, lorsqu'il aperçut des lilas en fleurs. Il devait penser à une jeune fille aux cheveux blonds, car il commença à en rassembler un tas. Seules les plus belles fleurs feraient l'affaire, bien sûr, mais elles se trouvaient à l'intérieur du bosquet, à l'abri des passants fortuits. Les yeux levés à la recherche des fleurs, le soldat n'aperçut les deux fuyards que lorsqu'il les piétina. Avant qu'ils n'aient eu le temps de faire quoi que ce soit, il les fit couvrir avec son fusil.

Lorsque C. et L. sont sortis de « l'isolement », eux, Wallace et moi sommes rapidement devenus de bons amis. Naturellement, nous avons discuté des chances d'une nouvelle tentative d' évasion de prison. Si possible, nous ferions cette tentative ensemble. A cet effet, il serait souhaitable d'être dans une seule cellule.

Il y avait quatre grandes cellules sur chaque palier aux trois coins de la cour. Ils étaient de loin les plus désirables, en bonne compagnie pour les partager avec vous. Elles disposaient d'un robinet d'eau et de toilettes privées, et leur capacité cubique par personne était considérablement supérieure à celle des cellules individuelles. Lorsque l'un d'entre eux, au quatrième étage, s'est temporairement vidé début juillet, nous avons demandé et obtenu tous les quatre l'autorisation de l'occuper.

Au début, nous étions tous un peu dubitatifs quant à l'expérience, mais elle s'est magnifiquement déroulée ; et à tous égards, nous formions une combinaison très solide.

Pour moi, le moment le plus heureux de mes trois années de prisonnier de guerre s'est déroulé dans cette cellule. J'ai de nouveau bien dormi et j'ai perdu le sentiment d'agitation qui m'avait obsédé lorsque j'étais seul dans ma cellule, car j'avais traversé une période de grande solitude spirituelle avant l'arrivée de C. et L.. Maintenant, je me suis simplement reposé et élargi dans ce cercle de camaraderie agréable. Je prenais rarement la peine de quitter la cellule et je cessais presque de rendre visite à mes autres amis dans la leur.

D'une manière générale, l'internement au Stadtvogtei n'était pas pire que celui au camp de Ruhleben. Ce dernier était en meilleure santé et il y avait de plus en plus de distractions, avec des possibilités de sport et de travail sérieux. Le camp pouvait être presque agréable en été, mais il était terrible par temps humide ou froid. La prison était toujours la même, ni chaude ni froide. Les conditions climatiques, les changements de saisons, ne nous ont pas du tout affectés. Ruhleben était l'un des endroits les plus sales du monde ; Stadtvogtei était toujours propre et sec.

Nous avons néanmoins travaillé dur pour parvenir à notre retour à Ruhleben. Que l'un d'entre nous préfère la vie dans un camp ou celle en prison, nous étions tous d'accord sur un point : il était beaucoup plus facile de s'évader du camp.

Nous envoyions donc périodiquement des pétitions à la Kommandantur de Berlin pour être transférés à Ruhleben, et dans les rares occasions où un représentant de l'ambassade américaine ou, plus tard, de la légation néerlandaise, nous rendait une visite inattendue, nous ne manquions pas de nous plaindre amèrement du problème. l'injustice d'être maintenu en prison. Mais ces plaintes n'ont servi à rien. C'est probablement à cause du charme relatif de la vie dans une grande cellule que nous n'avons fait aucune véritable tentative entre juin et octobre 1916. Les discussions sur les voies et moyens étaient bien sûr fréquentes lors de réunions secrètes dans toute la maison. Pendant longtemps, les projets envisagés prévoyaient toujours la destruction des barreaux de fer devant nos fenêtres et l'érection d'un échafaudage léger constitué de planches et de pieds de table. Cet échafaudage devait nous aider à gagner le toit, et de manière moins périlleuse que la méthode privilégiée par notre ami Wallace. Mais Wallace était un grimpeur dans la vie civile. Nous avons parfaitement compris que son passe-temps avait affecté son cerveau et ne lui permettrait pas de grimper jusqu'à un point culminant à moins qu'il ne puisse, par furtivité ou par ruse, le faire de la manière la plus dangereuse. Sous la pression, cependant, il était encore assez sain d'esprit pour abandonner son idée – pour cette fois. Nous avons mis la pression. Une fois sur le toit plat de notre partie de la prison, nous devions le parcourir sur une certaine distance, puis descendre le long d'un mur blanc, haut de soixante pieds, au moyen d'une corde que nous avions tressée avec des ficelles récupérées de nos colis. Je doute que la corde soit assez longue.

Nous avons finalement trouvé un autre plan. Ses attraits étaient très tentants en comparaison du premier, et nous avons essayé de le mettre à exécution.

Si nous pouvions sortir de notre cellule la nuit et ouvrir une fenêtre au premier étage, nous pourrions facilement nous retrouver dans la rue. Comme je l'ai mentionné dans un chapitre précédent, les fenêtres de la prison donnant sur la rue n'étaient pas grillagées à l'extérieur sauf au rez-de-chaussée. Celles-ci étaient rendues impraticables par des grilles de fer à l'intérieur qui s'ouvraient comme une porte et étaient déverrouillées par la même clé qui équipait les serrures de nos portes de cellules. Les fenêtres elles-mêmes étaient ouvertes par une clé carrée creuse. Une paire de petites pinces solides ferait aussi l'affaire.

Les couloirs étaient patrouillés presque sans cesse la nuit. La nécessité d'essayer d'esquiver la patrouille serait non seulement inquiétante mais quelque peu difficile.

A côté des escaliers, sur chaque palier, se trouvait une pièce utilisée à des fins diverses. Ces pièces n'étaient pas patrouillées. Celui du premier étage qui nous paraissait naturellement le plus attrayant était intitulé « CLERK ». Celle-ci aussi avait la même serrure que les portes des cellules. Là-bas, nous devrions être tranquilles tout en nous occupant strictement de notre devoir.

Nous avons fabriqué une clé avec un morceau de fil épais et le couvercle en étain d'un verre à bière inestimable. Le couvercle était magnifiquement et convenablement gravé. Le verre aussi, qui avait une valeur sentimentale considérable. Wallace, le propriétaire légitime, a sacrifié le couvercle sur l'autel du bien commun. Avec le fil comme noyau, nous avons coulé la clé dans un moule en plâtre de Paris et l'avons limée pour l'adapter. C. l'a déposé. Il ne laisserait personne d'autre y toucher. Il le considère désormais comme son souvenir le plus précieux de la guerre.

Il n'était pas du tout difficile d'obtenir le plâtre de Paris pour le moule. La fabrication de la clé a été une affaire extrêmement simple, même si cela semble extrêmement romantique.

L'ouverture de la porte de la cellule était une tâche extérieure, car la serrure était tout à fait inaccessible de l'intérieur avec aucun des instruments que nous possédions. L'un de nous a dû se faire enfermer par erreur, se cacher quelque part dans la prison et libérer les autres au moment opportun. Wallace s'est porté volontaire pour le faire. Il a obtenu le poste.

Au dernier étage du bâtiment, dans une sorte de coin aveugle, se trouvait la bibliothèque de la prison. Il était séparé du reste du couloir par une cloison en bois et verre. Au-dessus de sa porte se trouvait une ouverture suffisamment grande pour offrir un passage facile à la silhouette petite mais athlétique de Wallace. Comme la bibliothèque ne serait pratiquement pas utilisée après le confinement, Wallace y serait plus que raisonnablement en sécurité pendant sa veillée.

Nous avions l'intention de marcher de Berlin jusqu'à la mer Baltique et de faire le passage vers l'île danoise la plus proche à bord de n'importe quel type d'embarcation que nous pourrions trouver malhonnêtement.

"Tous là?" » demanda le sous-officier responsable de notre couloir à sept heures du soir fixées pour la nouvelle aventure.

C. et moi étions assis l'un en face de l'autre aux échecs. L. se penchait, les sourcils froncés, sur un autre échiquier. Le tabouret en face de lui était vide.

«Oui», répondis-je distraitement, sans lever les yeux du tableau.

"Où est Ellison?" en utilisant le nom de famille de Wallace.

J'ai levé les yeux et j'ai fait un mouvement vers les toilettes dont se vantait notre cellule.

"D'accord. *Bonne nuit.* »

« Bonne nuit, Herr Unterofficier ! »

La porte se referma et le pêne s'enfonça. L. continuait à jouer aux échecs avec lui-même, toujours avec son regard concentré. C. a été assez méchant pour profiter injustement de mon inattention et a déclaré « compagnon » après dix ou douze coups supplémentaires.

Ensuite, nous avons parlé de manière décousue, avec de longues pauses après chaque remarque. "Wace a dû bien s'en sortir." "Semble si." "Il est trop tôt pour faire quoi que ce soit." « Ah, je ne sais pas. S'ils reviennent ici ce soir, le jeu sera de toute façon terminé. "Pas nécessairement; nous pourrions avoir de la chance. « Nous en aurons certainement besoin pour les dix prochains jours. » "Oh," avec un long bâillement de nervosité, "mangons." "Très bien, mangeons." Nous avons mangé. Puis nous avons commencé à nous habiller. Doubles ensembles de sous-vêtements dans mon cas, ainsi qu'un col et une cravate. J'avais presque fini, même si mes deux amis avaient toujours l'air comme d'habitude, lorsque nous entendîmes des pas s'approcher de notre porte et le cliquetis de la clé dans la serrure. Avec un col blanc et raide autour du cou, bien que sans manteau ni gilet, j'ai fait un bond vers la porte et dans une position telle que toute ma personne, à l'exception de mon visage, serait cachée par l'une de nos structures de lit à deux étages. C'est notre sous-officier qui est apparu par la porte qui s'ouvrait. Sans faire plus d'un demi-pas dans la cellule, il me tendit, à moi qui était le plus proche de lui, un paquet de lettres de « Blighty » et disparut de nouveau.

Nous avons terminé nos préparatifs puis nous sommes allongés sur nos couchettes afin de dormir le plus possible tant que nous en avions l'occasion. Nous n'avons pas obtenu grand-chose au cours des cinq heures suivantes. Nous étions soumis au stress nerveux de devoir attendre que quelqu'un d'autre agisse. Les heures semblaient être de taille jupitérienne. Parfois, l'un de nous se retournait et marmonnait quelque chose, commentant principalement la situation dans laquelle nous nous trouvions, exprimant son point de vue brièvement et avec force. De temps en temps, je perdais connaissance au cours de brèves périodes de sommeil. Je pense que nos émotions n'étaient pas très différentes de celles vécues par les hommes qui attendent l'heure zéro pour franchir le sommet. Comme ma brève expérience du combat s'est déroulée dans l'artillerie, je ne peux pas parler avec autorité.

À deux heures, avec un bruit énorme et sans avertissement, une clé tourna dans la serrure et Wallace entra dans la chambre en chaussettes, fermant soigneusement la porte de l'intérieur par un petit loquet en bois. Le loquet était un accessoire strictement officieux de notre propre fabrication.

Nous étions debout et autour de lui avant qu'il n'ait fini avec la porte. "Pas d'Utilisation. Nous y sommes confrontés », murmura-t-il.

Nous n'étions pas absolument au dépourvu. Nous avions été alarmés par quelque chose dans l'après-midi de cette journée. J'oublie maintenant précisément ce que c'était. C'était quelque peu intangible. Pourtant, cela nous avait beaucoup intrigués. Comme Wallace avait eu besoin d'aide pour entrer dans la bibliothèque, nous avions été obligés d'emmener un ou deux de nos camarades dans le secret. Bien sûr, nous étions aussi sûrs de leur fiabilité que de la nôtre, mais il est toujours possible de se tromper.

« Je suis certain qu'ils soupçonnent que quelque chose se passe », a expliqué Wallace, « et ils se contentent de faire profil bas pour nous prendre en flagrant délit. Ils ne savent peut-être pas de qui il s'agit. En sortant de la bibliothèque, je suis passé devant la cellule de X. La porte était ouverte au quart. Il y avait de la lumière à l'intérieur et ils parlaient. Ce cochon Doran [un des sous-officiers] était là-dedans. Je me suis ensuite faufilé jusqu'au bureau du greffier pour ouvrir la porte. Je ne pouvais pas. Aucun d'entre vous n'a-t-il remarqué qu'il y a une vis à tête fraisée à travers le boulon ? L'un d'entre vous a-t-il déjà vu cette porte utilisée ? Maintenant, que devons-nous faire ?

Nous avons décidé de ne pas y aller ce soir-là. Nous étions unanimes. En bref, Wallace nous a raconté la suite de ses aventures pendant que nous nous glissions entre nos couvertures. Personnellement, je me suis senti tout d'un coup très, très fatigué. Mais avant de m'endormir, j'ai pensé avec des sentiments mitigés que nous aurions pu pousser la tentative un peu plus loin.

Nous nous sommes levés à une heure inhabituellement matinale afin d'effacer toute trace de notre mauvaise intention. Nous avons déballé les deux petites poignées que nous voulions emporter avec nous et rangé nos vêtements supplémentaires. La cellule, pour paraître comme d'habitude, nécessitait un rangement général.

Hoch, notre sous-officier, nous a fait un visage surpris lorsqu'il est venu ouvrir la porte à sept heures. Comme d'habitude, L., enveloppé dans des couvertures jusqu'au menton et jusqu'aux oreilles, soufflait placidement des nuages de fumée vers le plafond. Comme d'habitude, C. et moi faisions nos ablutions matinales devant le lavabo. Comme d'habitude, Wallace nous regardait endormi depuis sa couchette surélevée près de la porte, attendant son tour et espérant que cela pourrait tarder à venir.

Hoch, après son premier examen rapide alors qu'il était encore dans le couloir, s'était rapidement avancé vers le centre de la pièce et avait semblé immensément soulagé lorsqu'il avait compté ses poules.

"Eh bien, ta porte était déverrouillée!" il s'est excalmé. Wallace hocha la tête d'un air endormi.

"Oui, un de vos camarades est entré et nous a dérangés à six heures."

"Qui était-ce?"

«Je ne sais pas. Nous dormions et il nous a réveillés. Très impoli de sa part. Il a juste regardé à l'intérieur et s'est éloigné, et a oublié de verrouiller la porte.

Hoch rit longuement et haut, comme un homme qui a eu une mauvaise secousse et se retrouve indemne. Il était alsacien et, à ce titre, était toujours plus ou moins soupçonné de déloyauté. Afin de le protéger le plus possible, nous avions choisi une nuit où il ne serait pas de service, mais malgré cela, il se serait trouvé en difficulté si nous nous étions enfuis.

Mais l'ami Hoch était un homme intelligent. On n'a rien dit de plus sur la porte ouverte, mais il ne nous a pas cru ; de cela, j'en suis certain. Rien ne s'était produit, alors il laissa les chiens endormis mentir, mais il décida que rien ne devait arriver. Il était désormais inconfortablement vigilant. Après cela, il n'a plus jamais enfermé jusqu'à ce qu'il s'assure que nous étions tous dans notre cellule.

DEUXIEME PARTIE

CHAPITRE XV
UNE NOUVELLE TENTATIVE

L'échec de notre tentative a eu sur nous un effet stimulant. Wallace, toujours prêt à tout, à tout moment et en toutes circonstances, le plus romantique et aventureux sera le mieux, fouinant à son propre compte. C. et L. parlaient peu, mais n'auraient eu besoin d'aucune persuasion pour faire des choses qu'une personne comme moi aurait qualifiée d'imprudente. Moi-même, j'étais trop conscient des nombreux défauts de notre plan précédent pour prendre à cœur son échec. Le plus gros de ces défauts était la procédure que nous avions prévue après avoir brisé la prison. A défaut d'une bonne ouverture, j'ai surtout réfléchi à la meilleure manière d'agir, une fois le départ derrière nous. Je vais donner ici quelques-unes de mes réflexions, car elles éclairent nos travaux ultérieurs.

Pour s'évader de la prison, une petite aide extérieure était plus que souhaitable. S'évader n'était pas impossible ; Pour ce faire, transporter la nourriture et l'équipement nécessaires signifiait minimiser considérablement nos chances, et elles étaient en effet minces, pour le mieux. Une fois dehors, que devions-nous faire ? Était-il possible de se promener la nuit dans les rues de Berlin avec des paquets et des sacs à main ? Il ne faut pas oublier qu'en Allemagne la criminalité était monnaie courante et que la police était curieuse comme des singes. Pourrait-on aller dans un hôtel et y attendre un train matinal pour s'enfuir ? Sortir de la capitale semblait impossible, car nous avions entendu dire qu'un nombre considérable de policiers militaires, ayant le pouvoir d'arrêter qui que ce soit, étaient toujours là, à la recherche des déserteurs et surveillant les routes menant au pays. Aucun de nous ne connaissait en Allemagne une âme amicale à qui demander aide, ni une connaissance de la capitale et de ses côtés sordides qui nous auraient permis de disparaître dans le monde souterrain des criminels et d'y acheter de l'aide.

En août, deux Anglais évadés de Ruhleben et ayant réussi à vivre plusieurs semaines dans différentes villes d'Allemagne s'étaient joints à notre bande de prisonniers. Ils possédaient de faux passeports, connaissaient parfaitement la langue allemande et n'avaient été arrêtés que par leur propre imprudence. Tous deux attendaient leur procès pour voyage avec de faux papiers et pour un autre chef d'accusation. G., un homme grand et distingué, à la voix traînante et aux manières majestueuses, n'avait rien à perdre et tout à gagner à une nouvelle tentative. C. approchait de son quarante-cinquième anniversaire et espérait un échange.

En septembre, S., un autre homme de Ruhleben, était arrivé. Il a dit qu'il était un évadé, mais j'avais des doutes. Je ne pense pas qu'il était britannique, même techniquement parlant, même si les Allemands le considéraient comme tel. Il était cependant audacieux et intelligent, avait des amis à Berlin et sa sincérité ne faisait aucun doute lorsqu'il jurait qu'il ne resterait pas au Stadtvogtei au gré des Allemands, même si une tentative de fuite lui coûtait la vie.

G. et S. se sont sympathisés. Un Allemand au nom anglais, d'vocation civile douteuse mais au physique puissant, les rejoignit. Vers la fin du mois d'octobre, Wallace comprit définitivement que quelque chose se préparait, S. étant l'esprit dirigeant.

Sans vanité, je crois pouvoir dire que mes amis et moi étions considérés par tous ceux qui nous connaissaient comme « parfaitement en sécurité ». Rien sur terre, si ce n'est l'infidélité de ceux en qui nous avions confiance, ou devions faire confiance, ne nous aurait fait hurler. Nous devions naturellement paraître une proie facile à tout homme sans scrupules, puisqu'il n'aurait rien à craindre. Une vengeance privée nous aurait coûté bien trop cher.

Cela étant, les questions de Wallace reçurent des réponses toutes faites. S. était sur le point d'obtenir la clé de l'entrée principale de la prison. À ce moment-là, un de ses amis remplissait un formulaire à l'extérieur, à peu près, selon un dessin approximatif qu'il (S.) avait fait après une inspection fortuite de la clé entre les mains du portier. Lorsque la clé brute serait livrée, il devrait la limer pour qu'elle soit en état de marche. Cela fait, lui et son groupe attendraient un moment opportun lors d'une soirée sombre et sortiraient de la prison par la porte d'entrée.

Le projet était excellent, en ce qui le concerne, et S. n'avait aucune objection à ce que nous rejoignions son parti. Au contraire, il me semblait beaucoup trop content. Pourquoi nous recevrait-il à bras ouverts, alors qu'il était évident que le danger d'être découvert augmentait avec le nombre ? Sans promettre définitivement de nous joindre à son groupe, nous avons accepté de l'aider à mettre sa clé et à s'enfuir. Près de trois semaines se sont écoulées avant que tout soit prêt, ce qui nous a amené à la mi-novembre.

C'était un autre inconvénient sérieux. Pour une longue marche, le temps était décidément trop froid. Nous ne pouvions pas espérer pouvoir emporter même un matériel insuffisant. Dans ces circonstances, les difficultés seraient telles qu'il serait impossible de dormir à l'air libre pendant une semaine ou une quinzaine. L'utilisation du chemin de fer serait impérative, ce qui allait à l'encontre des chances de C. et L.. Ni l'un ni l'autre ne parlaient un mot d'allemand, et tous deux avaient une apparence si frappante que leur arrestation était presque gagnée d'avance. C. mesurait environ six pieds, était large hors de proportion et donnait l'image d'une santé bien nourrie ; tandis que L., avec des cheveux noirs, des sourcils noirs broussailleux sur des crêtes osseuses saillantes, une moustache comme on n'en avait jamais vue en

Allemagne et un rouleau typique de marin, aurait pu passer aussi bien pour un Chinois pur sang que pour un fils de la « Patrie ». Un mot de Wallace ou de moi les ferait se retirer, mais ce mot, nous ne pouvions pas facilement nous résoudre à le prononcer.

Wallace, en revanche, a fait tout son possible pour me convaincre que nous ne devions pas laisser passer cette opportunité. Les autres conspirateurs partiraient certainement, et leur fuite fermerait à jamais cette seule voie.

"Si tu restes, j'irai avec les autres." Un autre dilemme. Il ne s'en sortirait pas, j'en étais sûr, car il proposait de s'unir à S., comptant sur lui pour obtenir de l'aide, qu'il n'obtiendrait que tant que cela conviendrait à S. et pas plus. Comme nous n'avions pas de cartes et que Wallace, lors de sa première évasion, n'avait parcouru que quelques kilomètres, et que ceux qui étaient accompagnés d'un guide, notre seule chance résidait de suivre mon ancien itinéraire. Lors de ce deuxième voyage, nous pourrions parcourir la distance en deux nuits, ce qui signifiait ne passer qu'une journée cachée. Ma connaissance de la disposition des sentinelles le long de cette partie de la frontière pourrait peut-être nous permettre de passer, même dans des circonstances défavorables.

Je ne m'étais jamais senti aussi mal à l'aise que lorsque je devais expliquer à C. et L. qu'il paraissait impossible de les emmener avec nous, et mon sentiment de honte totale n'était qu'intensifié par leur réaction immédiate et positive. retrait humoristique.

Il n'était pas envisageable d'emporter avec nous quoi que ce soit au-delà de ce que nous pouvions mettre dans nos poches. Pouvons-nous envoyer un ou deux colis et les faire déposer au vestiaire de la gare ? Ni Wallace ni moi ne le pouvions. Nous n'avions jamais envoyé de colis depuis la prison. S.? Oui. Il les renvoyait éternellement. Il offrit ses services qui furent acceptés. Un colis lui fut remis pour être déposé dans une certaine gare, le ticket de vestiaire pour nous être remis. Lorsque le billet est arrivé — il n'y en avait qu'un —, il me l'a montré, mais m'a expliqué qu'il ne pouvait pas le rendre, car certains de ses propres bagages y étaient réservés. Il nous accompagnait chercher notre colis, ou nous le récupérait d'une autre manière. Nous devions de toute façon le rencontrer à Berlin, car nous avions accepté son offre de nous procurer un logement où nous pourrions rester un jour ou deux en sécurité. Son aide supplémentaire, qui devait faire de notre « réussite » une certitude morale, j'avais refusé à la fois pour Wallace et pour moi-même.

Le matin du 16 novembre, j'ai dit que je n'irais pas. À quatre heures, j'ai dit que je le ferais et je le pensais sincèrement. Entre cinq et six heures, nous y sommes allés.

Il faisait déjà nuit à cette heure. Au rez-de-chaussée et à côté des escaliers se trouvait le bureau de la prison. De sa porte, on avait une vue dégagée sur toute la longueur du couloir et sur la partie du portail reliant la rue à la cour, la plus proche du portail d'entrée. Heureusement, la porte était toujours fermée à cette époque de l'année à cause du froid.

Le gardien avait son bureau dans l'une des cellules à l'écart du couloir. Il ne pouvait pas voir le portail sans quitter la cellule. Le portail était perpendiculaire au couloir et peu éclairé. Deux marches descendaient à son niveau. En passant du couloir à la cour, la porte d'entrée se trouvait immédiatement à droite des marches.

A cette époque de notre détention, les prisonniers avaient accès à la cour à tout moment pendant la récréation. La journée fut levée à six heures et demie. Wallace et moi y sommes allés à l'heure convenue – cinq heures – portant nos pardessus, comme d'habitude, mais nos plus beaux vêtements en dessous. Les autres étaient déjà là.

Un sixième homme avait été admis à la fête, un agent de change allemand. Cela bouleversa tellement Wallace que la moindre tentative de persuasion de ma part l'aurait fait abandonner complètement l'entreprise. Mais maintenant que j'avais pris ma décision, je l'ai plutôt poussé à continuer.

Ce matin-là, un sous-officier de service était venu à la porte, qui, quelques mois auparavant, avait insisté pour être armé pendant son service et qui avait déclaré son intention d'empêcher quiconque de sortir vivant du bâtiment, si une tentative était faite. Comme il devait découvrir presque immédiatement la porte ouverte, nous risquions de nous blesser, ce qui perturbait beaucoup G.

Enfin le moment de l'action arriva. S., suivi du reste des conspirateurs, fit mine de regagner sa cellule. Une fois à l'intérieur, il se dirigea directement vers le portail d'entrée, tandis que le puissant Allemand s'appuyait dos au portail que nous venions de franchir, pour empêcher quiconque de nous suivre. Wallace et moi avons monté les marches du couloir et sommes restés là, à discuter, pour filtrer S. pendant qu'il déverrouillait la porte. Il a échoué dès sa première tentative. La deuxième fois, il a réussi.

Nous avons franchi la porte et nous sommes retrouvés dans la rue déserte devant la prison. Les autres, contrairement à l'accord, se sont mis à courir et ont disparu au détour d'un virage à gauche. Wallace et moi avons marché tranquillement jusqu'à ce que nous tournions sous un pont ferroviaire sur la droite.

Nous nous sommes sentis quelque peu soulagés lorsque nous avons tourné le coin. Pendant notre promenade dans la rue, nous nous attendions à chaque instant à entendre le crépitement des automatismes derrière nous. C'est une chose d'affronter une arme à feu ; c'en est une autre de s'attendre à recevoir une balle dans le dos.

Nous devions rencontrer S. et G. dans un certain café proche de la gare où notre colis avait été déposé, mais nous avons mis beaucoup de temps à y arriver, car nous ne connaissions pas Berlin et ne pouvions pas y arriver. louer un taxi ou un droshky. Ils avaient presque perdu espoir à notre arrivée.

Nous nous assîmes à leur table dans une grande salle bien éclairée. Tout le monde semblait à l'aise sauf moi. Je me sentais nerveux, mais j'essayais de le cacher. Au cours de la demi-heure suivante, S. nous quitta plusieurs fois pour téléphoner, comme il le dit, à la maison où Wallace et moi devions loger. À chaque fois, il revenait en disant qu'il n'arrivait pas à obtenir la connexion.

« Allons chercher nos bagages, alors », suggérai-je.

"N'as-tu pas dit que tu voulais acheter des choses?" » demanda S..

"Oui; nous voulons voir si nous pouvons nous procurer quelques soies cirées, deux outres d'eau, un porte-manteau et, si possible, quelques sacs de couchage.

« Tu ferais mieux de te dépêcher, alors. Les magasins ne seront ouverts que pendant encore une heure. Nous vous retrouverons au Café ——— à dix heures. En attendant, je m'occuperai de votre logement.

J'en doutais, mais nous lui avions fait confiance jusqu'à présent ; il semblait insensé et impolitique de montrer des soupçons maintenant. De plus, devoir transporter le colis serait une nuisance, voire un danger. Nous avons donc accepté et les avons laissés.

Dans un grand magasin, nous avons acheté les articles mentionnés. Les sacs de couchage étaient fins, nullement étanches et presque inutiles, mais mieux que rien. Habillés comme nous l'étions, avec des vêtements de ville ordinaires uniquement, j'étais très soucieux d'obtenir la protection supplémentaire possible contre le froid.

Pendant que je finalisais cet achat, un commerçant s'est adressé à moi et a suivi ses remarques introductives par une référence au dernier raid aérien sur Londres et un vœu pieux quant au sort des maudits Anglais. J'ai chaleureusement approuvé ses sentiments, tandis que Wallace, avec des yeux dansants, me souriait facétieusement. Juste à l'heure de fermeture, nous quittions le magasin et apportâmes le sac à main au vestiaire de la gare.

En parcourant les rues pour passer le temps jusqu'à dix heures, nous rencontrâmes S. et G. portant leurs bagages. « Bonjour, qu'est-ce que ——— ! Tout va bien, les garçons ; soyez sur place à dix heures.

Nous y étions à neuf heures et demie. Nous étions encore là à onze heures. Personne n'est venu. J'ai fait plusieurs fois le tour du café, même si nous étions assis près de la seule entrée et que nous ne pouvions pas les manquer s'ils venaient. A onze heures et demie nous sommes partis, mais nous sommes revenus au bout de vingt minutes. Ensuite, nous avons perdu espoir.

CHAPITRE XVI
DE BERLIN À HALTERN

La nuit était glaciale. Le temps extraordinairement doux des dernières semaines s'est modifié au moment le plus inopportun. Quelques flocons de neige durs étaient de temps en temps projetés sur nos visages par un vent chercheur. Nous étions sans abri, sans nourriture pour la partie marche de notre entreprise, sans vêtements adéquats. Dans le cas de Wallace, un an et demi, dans le mien sept mois, de prison n'avaient pas amélioré notre état de santé. Nous étions décidément trop mous pour supporter plusieurs jours de froid sans au moins un peu de nourriture grasse.

Je nous imaginais dormir dans des vêtements d'hiver citadins ordinaires par une journée glaciale, peut-être avec de la neige au sol, dans de minces sacs de couchage constitués d'une couverture extérieure en toile et d'une légère doublure en mauvaise qualité. Nous devrions être complètement mouillés dans une demi-heure. L'humidité gèlerait sur nos vêtements à mesure que la génération de chaleur corporelle, déjà faible faute de nourriture, diminuait. Ensuite, nous allions dormir.

Je nous imaginais essayant de nous faufiler entre deux sentinelles distantes de cinq cents mètres, avec des patrouilles entre elles, et au-dessus de champs nus, tandis que la lumière de la neige donnait une vision supportable jusqu'à un mile.

J'étais tellement découragé que j'ai proposé que nous marchions jusqu'à la prison et nous rendions. Nous pourrions prétendre que nous étions partis pour nous amuser. Notre punition serait presque certainement légère. Il y a eu des précédents qui justifiaient ce point de vue. Il n'était pas impossible que les autorités allemandes arrivent à la conclusion qu'une seule évasion nous suffisait. De cette façon, nous pourrions avoir une autre chance dans des circonstances plus favorables. Si nous persistions maintenant, nous n'en aurions pas un sur dix mille, et nous croyions fermement qu'après notre capture, nous devrions être envoyés dans une prison pénitentiaire et gardés sans espoir d'une nouvelle tentative.

Avec un courage et une détermination splendides, Wallace m'a parlé. Non, il n'allait rien faire de tel. Qu'ils l'attrapent, s'ils le peuvent, mais pas de capitulation volontaire pour lui. Je pourrais faire ce que je voulais, mais nous trouverions peut-être cela plus facile que nous le pensions.

"D'accord! Allons dans un hôtel !

« Ce n'est pas sûr. Nous devons essayer d'aller ailleurs.

J'avais l'intention de faire ce que je voulais maintenant. "Sans peur! D'après ce que nous a dit S., c'est assez sûr. Nous parlons tous les deux assez bien allemand. Si nous quittons les lieux avant huit heures, tout ira bien. Regardez C. et G. ! Ils n'ont jamais eu à montrer leur passeport dans les hôtels. Par ici direction la gare pour nos bagages ! Dites, connaissez-vous un petit hôtel par ici ?

« Oui, il y a le ——. Je m'y suis arrêté une fois. Mais c'est bien loin d'ici.

"Essayons quand même."

J'avais empoché le ticket de bagage. A la gare, je ne l'ai pas trouvé. Une recherche agitée dans mes poches n'a pas permis de révéler le papier fin et carré. Nous étions devant le vestiaire et je fouillais encore dans mes poches lorsqu'un homme s'est approché de nous.

Je l'avais aperçu du coin de l'œil alors qu'il était encore à quelques mètres. S'il y avait jamais eu un détective en civil, c'était bien lui. Délibérément, je lui tournai à moitié le dos. Il s'est approché de mon épaule et a regardé par-dessus, écoutant ce que nous disions. Je n'osais pas y prêter attention. Les yeux de Wallace, plongés un instant dans les miens alors qu'il se prélassait contre un comptoir, sont toujours clairs devant moi.

Quelques mois plus tôt, j'avais reçu une réponse à une de nos pétitions, dans une belle enveloppe officielle avec un énorme sceau bleu au dos. Avec l'idée indéfinie que le sceau pourrait être utilisé comme un camouflage efficace, j'avais gardé l'enveloppe près de moi. J'ai sorti mon portefeuille et, tout en le fouillant, j'ai tenu le dos de l'enveloppe commodément exposé aux yeux du détective.

«J'ai dû le laisser à l'hôtel. Allons-y et envoyons chercher les bagages », dis-je à voix haute en allemand. Le détective s'est détourné. Nous aussi.

Un seul taxi se tenait devant la gare. Je me suis tourné vers le bureau de police du commissariat pour récupérer le disque de cuivre, mais j'ai été rencontré à mi-chemin par le policier qui nous surveillait. Il me l'a tendu sans un mot.

L'hôtel dans lequel nous souhaitions séjourner était complet. Après quelques palabres, un chauffeur de taxi nous a emmenés dans un taxi voisin, où nous avons pris une chambre. C'était un très petit endroit. Le veilleur de nuit semblait être le seul domestique de service. Il semblait quelque peu méfiant, mais n'en dit rien.

La chambre double dans laquelle on nous a montré avait l'air très jolie. Nous avons trouvé cela ridiculement luxueux, mais Wallace s'est immédiatement couché. Il était environ une heure. En me déshabillant, je trouvai le ticket de bagage dans une poche intérieure de mon gilet.

J'avais encore environ deux heures de travail devant moi, car je devais tracer l'itinéraire du lendemain. J'étais convaincu qu'il faisait trop chaud à Berlin pour nous. Nous n'avions pas encore discuté de nos projets ultérieurs, mais avions acheté un horaire à la gare.

Finalement, après avoir envisagé un certain nombre d'itinéraires alternatifs, j'ai choisi un train lent, qui devait quitter la gare du jardin zoologique, où se trouvaient nos bagages, à 10h24 POUR Hanovre, et qui devait arriver quelque temps après 18 HEURES . dormir, mort de fatigue, vers 14h45.

Nous avons reçu notre coup et notre eau chaude à 18h30, comme commandé. Après nous être habillés, nous passâmes dans la salle du petit-déjeuner. Un corps agréable et d'apparence confortable y présidait ; Je crois qu'elle était la propriétaire. Nous avions prévu la formalité du livre d'or et avons fait patauger nos noms et adresses. La logeuse les regarda, puis nous regarda. J'ai dû négocier avec elle pour notre petit-déjeuner, car nous n'avions pas de carte de pain et voulions manger quelque chose.

« Vous êtes des étrangers, n'est-ce pas ? elle a demandé.

« Bon Dieu, non ! Pourquoi penses-tu ça?"

"Je le pensais à cause de ton accent."

"Nous ne sommes pas originaires de cette partie de l'Allemagne, comme le montre le livre d'or." J'allais ajouter que nous avions vécu longtemps à l'étranger, etc., mais, si je me souviens bien, je ne l'ai pas fait. Je ne crois pas qu'il soit prudent de divulguer volontairement des informations, à moins de dire la vérité.

« Ce n'est pas grave, alors. Nous devons faire très attention aux étrangers ! Signez simplement ces bons d'urgence pour vos cartes de pain. Merci Monsieur."

Au cours d'un petit-déjeuner très sommaire composé de café, de petits pains et de beurre, un jeune lieutenant traversa la pièce et nous salua poliment avec un sourire éclatant. Wallace et moi nous sommes regardés en souriant secrètement. Quelle alouette ! S'il savait !

A huit heures moins le quart, nous quittions l'hôtel et nous dirigeâmes lentement vers la gare. Ayant largement le temps, nous sommes entrés dans un café pour discuter et prendre un autre petit-déjeuner, encore plus sommaire que le premier. Nous étions les seuls invités sur place et avons dû attendre le lait. Ici, j'ai décrit mes projets pour la journée. Wallace finit par acquiescer.

"Viens alors," dis-je en me levant. « Voyons ce que nous pouvons acheter comme nourriture. Le chocolat d'abord.

Dans une pâtisserie haut de gamme, on nous disait que le chocolat était hors de question, mais que nous pouvions avoir *des chocolats* .

"Quel prix?"

« Neuf marks [1,75 $] la livre ! »

Nous ne pouvions pas nous permettre plus de deux livres, car les choses que nous avions achetées la veille avaient fait un gros trou dans notre capital commun de 125 dollars – en monnaie allemande, bien sûr. Nous avons ensuite obtenu deux petites boîtes de sardines à 1,10 $ pièce. Nos efforts pour acheter quelque chose sous forme de viande ou de graisse n'ont pas été couronnés de succès.

A la gare, cependant, tout s'est bien passé, malgré mon extrême agitation lors de l'achat des billets.

Dans la première demi-heure, nous passâmes devant le camp de Ruhleben et avions un aperçu des grandes tribunes, de la caserne et de l'enceinte, que nous connaissions si intimement de l'intérieur.

Vers 12h30, le train s'est arrêté pendant plus d'une heure à Stendal. Le restaurant de la gare nous a fourni un repas de poisson assez copieux, de la bière et du café. Un autre long arrêt s'est produit plus tard.

Durant le voyage, nous avons croisé un nombre considérable de camps de prisonniers. Ils semblaient en général situés à proximité d'une voie ferrée, à proximité d'une petite gare. L'aspect des baraquements serrés, les grillages qui les entouraient avec des tours de guet aux coins et les sentinelles qui montaient la garde, étaient indescriptiblement tristes. A une gare où nous avons arrêté un convoi de prisonniers russes entraînés sous la garde d'anciens territoriaux.

Wallace était tout le temps de bonne humeur. J'étais au contraire maussade, irritable et inquiet. Mes sensations étaient en parfait accord avec la météo.

Une couche de nuages gris et descendant était déchirée et poussée par un vent sifflant au-dessus des champs nus et des bosquets. Parfois, on entendait des averses de flocons de neige durs claquer sur les vitres des vitres des voitures. Notre compartiment était surchauffé, comme c'est toujours le cas dans les trains en Allemagne. Pourtant, je frissonnais de temps en temps, alors que je regardais par la fenêtre, tout en essayant de construire un petit radeau optimiste auquel m'accrocher dans une mer de découragement. J'ai fait un mauvais compagnon pendant ce voyage.

Hanovre a été atteint à temps et les bagages ont été provisoirement déposés au vestiaire. La ville nous a accueillis avec une tempête de neige brève mais épaisse – la pire chose qui puisse nous arriver sans une arrestation. Face à cela, mon moral s'est amélioré.

« Neige ou pas, nous ferons de notre mieux pour franchir la frontière », murmurai-je.

"Juste ce que je pense", acquiesça chaleureusement Wallace.

Ses bottes ne lui allaient pas bien et je l'ai exhorté à en acheter de plus grandes. Une paire convenable, qui nous a été présentée dans un magasin, coûtait 15,00 $, soit trop pour notre bourse en déclin. Lorsque Wallace me regarda de sa chaise en secouant la tête en silence, je ne pus insister sur la dépense.

Après cela, nous avons parcouru les rues à la recherche d'un hôtel probable. Nous avons opté pour un hôtel sale de cinquième ordre, dans lequel nous avons décidé de revenir plus tard, puis nous sommes retournés dans la partie la plus lumineuse et à la mode de la ville. Nous avons dîné dans un grand restaurant. La chaleur, les lumières, le spectacle de gaieté autour de nous et un repas copieux mais sans viande accompagné d'un verre ou deux de bonne bière blonde m'ont rendu modérément optimiste. Wallace sautait presque hors de sa peau de *joie de vivre* .

A dix heures nous sommes allés à notre hôtel. C'était inutilement bas de gamme. Nous ne semblions pas entrer dans le schéma des choses là-bas et, par conséquent, nous étions considérés avec une suspicion à moitié dissimulée. Néanmoins, aucune question n'a été posée. Notre chambre était triste et froide. Nous avons attendu que nos bagages soient apportés ; puis Wallace se glissa dans son lit, tandis que j'étais assis dans mon pardessus près de la bougie allumée dans les gouttières, regardant les trains.

J'avais l'intention d'arriver à Haltern le lendemain soir. Les principales lignes ferroviaires traversaient notre itinéraire et plusieurs changements ont été nécessaires, car il n'y avait pas de trains directs sur les lignes secondaires que nous devions utiliser. Ma tâche s'est avérée difficile. À cette époque, peu de trains circulaient en Allemagne. Il fallait éviter soigneusement les corridors rapides, que nous aurions pu emprunter sur des tronçons relativement petits, car nous savions maintenant qu'ils étaient soumis à des contrôles de passeports. Les trains lents ne faisaient généralement pas de correspondance. Après de nombreuses comparaisons, tests et retests, j'ai finalement été assez satisfait.

J'avais résolu de ne pas quitter Hanovre depuis la gare principale. Les détectives pourraient nous surveiller là-bas. En utilisant des tramways électriques, nous pourrions nous rendre à Hainholz, un village près de Hanovre, et y prendre notre train. Vers 12h30, nous devrions être à Minden.

Une attente de deux heures sur place et un trajet d'une heure et demie environ nous amèneraient à Osnabruck vers 17 HEURES. Quarante minutes plus tard, un express sans couloir nous conduirait à Haltern, où nous devions arriver à 7h30.

J'étais presque battu lorsque je tombai dans mon lit à deux heures, enviant Wallace, dont la respiration régulière remplissait la pièce depuis des heures.

Boum, boum, boum ! boum, boum, boum !

« Tous ri… » commençai-je.

« *Danke schön, danke !* [Merci] », a crié Wallace pour noyer ma voix.

J'ai bêtement ouvert les yeux sur une pièce sombre. Une allumette a craché, la mèche s'est accrochée et les yeux de Wallace ont brillé d'un air de reproche dans les miens derrière ses lunettes. "Je dis, tu sais ce que tu as dit?" Ceci en allemand.

"Eh bien, je—"

« Chut, espèce d'idiot, *Deutsch !* »

"Nous aimerions le petit-déjeuner, s'il vous plaît!" Ceci à un jeune dans le bar.

"Avez-vous vos cartes de pain?"

"Non. Nous sommes des voyageurs ; nous signerons les bordereaux de voyage.

« Rien à faire. Vous pouvez prendre une tasse de café.

« Écoutez, nous avons eu du pain au restaurant hier soir sans eux. Pourquoi ne peux-tu pas nous en donner ?

À cette suggestion, le jeune incivique s'est complètement mis en colère et nous avons dû nous contenter d'une tasse de substitut de café allemand.

Avant huit heures, nous étions partis. Nos bagages étaient à nouveau au vestiaire de la gare principale. Une longue marche nous a fait perdre la plupart du temps devant nous. À dix heures, nous avons essayé d'acheter des noix. L'huile qu'ils contenaient alimenterait notre corps en carburant ; mais il n'y en avait pas.

Après avoir récupéré nos bagages, nous avons pris le tram jusqu'à Hainholz, où nous sommes arrivés beaucoup trop tôt. Le vestiaire et la billetterie de la petite gare étaient fermés. Quelques minutes après onze heures, le train partit.

C'était un changement agréable de monter dans la voiture chaude après la station froide.

A 12h30 nous sommes arrivés à Minden. L'immense salle d'attente sombre semblait pleine de menaces intangibles. Nous y avons passé un moment extrêmement inconfortable, mais avons été récompensés par un excellent repas. Un morceau de veau considérable, avec beaucoup de légumes, émoussa nos craintes et apaisa notre faim vorace.

À la gare où nous devions ensuite changer, nous avons trouvé notre train qui attendait sur une voie d'évitement et à 19h30 NOUS sommes arrivés à Haltern.

Le temps avait été à peu près le même que la veille, un peu plus froid, un peu plus de neige. Avec la perspective de me rendre à quelques pas de la Hollande, mon moral n'était pas si déprimé. C'est une sensation si agréable de se relever « de ses propres ailes », au lieu de devoir attendre dans un wagon ou une gare, en s'attendant à sentir une main sur son épaule et à entendre une voix vous demandant vos papiers !

CHAPITRE XVII
VERS L'OUEST HO !

Jusqu'à ce que nous soyons sortis en rase campagne, je devais marcher devant, portant le portemanteau, qui était un fardeau un peu trop volumineux pour un homme de plus petite taille que le mien. Wallace devait suivre vingt ou trente pas en arrière, mais sans me perdre de vue.

L'entrée dans la ville et sur la place du marché s'est déroulée sans problème. Sans regarder le panneau « To Wesel », dont j'avais oublié l'existence, je me suis engagé dans la voie de droite, le reconnaissant sous son aspect général. Néanmoins, l'obscurité rendait différent le terrain que j'avais parcouru en plein jour.

Au carrefour, un long cortège de lampadaires disparut dans la rue qui aurait dû être la bonne. Lors de ma première évasion, je n'avais pas remarqué ces normes sur ce qui ressemblait alors à une route de campagne. Ils ne sont pas très visibles à la lumière du jour. J'avais les yeux fixés sur le paysage en général, plutôt que sur des détails proches de moi, qui n'avaient alors aucune signification pour moi. D'ailleurs, j'avais très vite pris un chemin à gauche.

Pour le moment, j'étais confus et, incapable de me repérer dans le noir, j'ai marché devant moi, dans une ruelle, réfléchissant à la situation. Ici, il n'y avait pas de lumière, ce qui était invitant. Une femme m'a dépassé et, un instant après, Wallace s'est rapproché rapidement.

"Avez-vous vu cette femme?" Il a demandé. « Elle s'est retournée et s'est occupée de toi. Elle informera la police. Nous devons quitter la route !

"D'accord! Il fait assez sombre pour n'importe quoi. Il n'y a aucun danger. Quittons la route et voyons si quelque chose se passe.

Nous avons attendu un certain temps, mais rien ne s'est produit. En fait, rien ne pouvait l'être, car nous n'avons pas attendu assez longtemps.

«Je n'arrive pas à reconnaître cette route», me suis-je plaint. « L'obscurité rend tout différent. Nous sommes trop à l'est. Après tout, cette route bordée de lampadaires est la bonne.

« Vous avez absolument tort », s'est opposée de manière tout à fait inattendue Wallace. "Nous sommes trop à l'ouest."

Je n'avais fait que monologuer à haute voix pour donner à Wallace une chance de comprendre chaque pas que nous faisions.

"Comment pouvez-vous le savoir?"

« J'ai vu un panneau, plus loin, « À Wesel ». Cela signifie que nous sommes trop à l'ouest.

"Etes-vous sûr d'avoir vu le panneau et avons-nous suivi la route dans sa direction ?"

"Absolument certain!"

«Je ne comprends pas du tout. Nous ne pouvons tout simplement pas être trop à l'ouest ! » Wallace avait vu l'enseigne sur la place du marché. Ceci étant le point de départ, sa conclusion n'était pas justifiée. Mais il ne pouvait pas le savoir. En revanche, j'avais suffisamment de doutes à cause des lampadaires, et l'opposition de Wallace a fait pencher la balance.

« Très bien », concédai-je sans grâce, car je suis plutôt susceptible au sujet de mon travail du bois, « si vous en êtes si sûr, nous marcherons tout droit vers le nord. De cette façon, nous trouverons la route que nous cherchons, si vous avez raison. Sinon, nous pouvons faire demi-tour. Maintenant, nous allons trouver un endroit pour emballer nos sacs à dos et nous débarrasser de ce sac bestial.

Nous quittons définitivement la route, près d'une église qui se dresse sombre et isolée au milieu des champs. Nous étions encore près de Haltern, mais la nuit augmentait les distances.

Une goutte de pluie m'a frappé le visage. Ravi, je me tournai vers Wallace, qui était derrière moi : « Je dis, je crois qu'il va pleuvoir. Ce serait bien si le temps redevenait doux !

Derrière un mur qui entourait un cimetière, nous nous arrêtâmes pour préparer la route. Nous avons emballé nos sacs du mieux que nous pouvions dans l'obscurité totale, car notre seule lampe flash refusait d'agir. Pendant que nous le faisions, il commença vraiment à pleuvoir et nous enfilâmes nos cirés. Puis nous avons commencé à parcourir le pays, plein nord, en marchant à la boussole.

Les choses ont été terribles. Le sol était fortement gelé et la pluie, au contact de celui-ci, se figeait en glace, ce qui nous faisait glisser et trébucher sur les crêtes inflexibles entre les sillons, et de temps à autre tomber durement. L'effort nous a gardé au chaud. Lorsque j'ôtai un instant mon chapeau pour m'essuyer le front, je trouvai le bord plein de glace solide.

Nous avons continué pendant environ une demi-heure, toujours en montée. Puis la lisière d'un bois nous arrêta. Cela m'a décidé : je savais maintenant que nous suivions la mauvaise voie.

« Écoute, Wace, il n'y a aucun doute dans mon esprit que nous sommes trop à l'est. Haltern se dirige vers le sud. Si nous étions à proximité de la bonne route, elle devrait être orientée vers le sud-est. Si nous avions été trop à l'ouest, nous aurions dû arriver dans les bois beaucoup plus tôt. Nous pouvons faire un test très décisif. Nous irons vers l'est, jusqu'à ce que l'extrémité est de Haltern se dirige vers le sud. Alors nous saurons que nous sommes trop loin à l'est !

Nous avons modifié notre cap en conséquence et avons continué dans cette nouvelle direction. Soudain, le sol disparut sous mes pieds et je tombai tête baissée sur les berges d'un chemin profond et creux. Wallace a été sauvé en étant le dernier. De l'autre côté et à travers d'autres champs, nous sommes arrivés à une autre route. Ici, nous avons failli tomber sur un homme que notre apparition soudaine a effrayé jusqu'à la folie, à en juger par la façon dont il s'est précipité vers la ville.

« Maintenant, Haltern se dirige presque vers le sud-ouest. De retour, nous rejoignons le carrefour. Le sud-est nous y amènera en ligne droite. Venez.

Sur le chemin du retour, je remarquai pour la première fois un changement chez mon compagnon. Ses pas, tout à coup, semblaient avoir perdu leur élasticité, tandis que je devenais plus fort et plus content à chaque minute.

"Quel est ton problème?" J'ai demandé.

"Rien."

« Bien sûr que oui. Je le sais à la façon dont tu marches !

«Je ne me sens pas très bien. Quelque chose ne va pas avec mon estomac. Cela passera bientôt, j'imagine.

C'était une mauvaise nouvelle. Nous sommes arrivés à une cabane en bois solitaire, semblable à une toute petite grange. J'ai arrêté. « Dis-moi franchement si tu penses que tu ne peux pas continuer. Dans ce cas, nous entrerons par effraction ici. Nous aurons un certain abri à l'intérieur. Il n'y a aucun danger. Demain, ce sera dimanche et personne ne s'approchera de nous. Il est préférable de s'arrêter à temps, avant d'avoir trop puisé dans ses réserves. La situation n'est pas assez précaire pour cela. Vous le voudrez plus tard.

« Non », a-t-il insisté ; "Je peux aller sur."

Finalement, nous avons pris la route que nous recherchions. La pluie s'était transformée en grésil. La route était glissante à cause du verglas. Les progrès auraient été lents en toutes circonstances, mais ils furent plus lents en raison de la force défaillante de Wallace. Mais il a eu du courage et il a continué.

La soif habituelle commença à nous troubler. Heureusement, nous avions rempli nos bouteilles d'eau à l'hôtel de Hanovre. Pour ménager nos provisions au nom de Wallace, je me suis contenté de sucer la glace que j'avais décollée en morceaux du bord de mon chapeau.

En temps voulu, nous arrivâmes à la première clairière. Les contours d'une grange à droite et d'une maison à gauche semblaient familiers. « Reposons-nous un peu », ai-je proposé à Wallace, car il semblait presque avoir fini. Il s'est appuyé en position assise contre le mur de la grange pendant que je regardais autour de moi.

Il y avait une cour de ferme derrière la structure. La grange elle-même consistait en un grenier élevé sur de solides montants. Seule la moitié de l'espace en dessous était entourée de planches et remplie de paille compressée. L'autre moitié était ouverte et contenait un gros chariot de ferme. Entre les roues et la paille, plusieurs échelles maladroites étaient étroitement coincées. Dans le pignon du grenier, une porte ouverte montrait un intérieur noir.

«Il y aura de la paille là-haut», dis-je à Wallace. « Le bétail a probablement reçu un nouveau lit aujourd'hui. Personne ne voudra aller chercher de la paille un dimanche. Nous serons en sécurité. Et j'ai vécu le même argument que précédemment.

Wallace était indécis pendant un moment, je crois. Mais, à vrai dire, je lui avais parlé un peu trop brusquement un peu plus tôt. Ma seule excuse est que j'étais extrêmement inquiet. Aussi pourri qu'il se sentait, il allait forcément être vexé. « Non », dit-il ; "Je continuerai."

Il était évident qu'il souffrait d'une crise semblable à une indigestion. Cependant, je n'étais pas en mesure de comprendre son attaque. Lorsque je lui ai demandé des renseignements, il m'a dit qu'il avait avalé du savon à barbe, le prenant dans le noir pour du chocolat. Il n'avait pratiquement aucune douleur, mais notre allure diminua progressivement jusqu'à ramper à mesure que nous approchions de la crête de l'éperon des collines, où bifurquait le sentier que j'avais emprunté lors de ma première évasion. N'ayant pas de torche, je la ratai, mais découvris mon erreur environ deux cents mètres plus loin. Nous étions sortis de la forêt. Les champs labourés à notre droite m'avaient donné le premier indice de mon erreur.

« Nous devrons faire demi-tour. J'ai raté le chemin », ai-je informé mon ami.

« Je ne peux pas aller plus loin. Je dois m'allonger », répondit indistinctement Wallace en se balançant sur ses pieds.

Trop misérable pour dire quoi que ce soit, je l'ai ramené, et quelque part dans la forêt, j'ai sorti son fragile sac de couchage et je l'ai mis à l'intérieur. Puis j'ai senti son pouls. Cela roulait au rythme d'environ cent trente par minute.

"Comment vous sentez-vous?" J'ai demandé.

« C'est fini, vieil homme. Mais ne vous inquiétez pas. Tu continues. Inutile de gâcher votre chance. Tu me laisses ici. Tout ira bien.

« Je ne vais pas te quitter, sauf quelques minutes. Je veux trouver ce chemin. Je reviens dans un quart d'heure. Tout ira bien pendant tout ce temps, n'est-ce pas ?

J'espérais toujours une guérison miraculeuse, même si le pouls rapide de Wallace m'avait profondément bouleversé. Mon esprit s'accrochait avec ténacité à l'idée de « continuer » et je souhaitais savoir comment mettre mon compagnon sur la bonne voie sans gaspiller ses précieuses forces.

Il m'a fallu moins de dix minutes pour trouver le chemin. Ces tâtonnements dans l'obscurité du bois m'avaient détourné du véritable problème. Maintenant, sur le chemin du retour, j'ai dû faire face à la situation horrible dans laquelle nous nous trouvions.

Je n'avais pas assez de connaissances médicales pour mesurer l'insignifiance de l'action cardiaque accélérée, et je craignais donc presque le pire. Si seulement il pouvait être malade ! Peut-être qu'il allait mourir entre mes mains ! S'il survivait la nuit, pouvais-je espérer que ses forces lui reviendraient le lendemain et nous permettraient d'avancer ?

Une chose était hors de question : je ne pouvais pas le laisser seul, même s'il était hors de danger et à l'abri, car nous étions tous deux bien persuadés qu'en cas de capture, nous serions envoyés dans une prison pénale. Mais que fallait-il faire ? Wallace ne pouvait pas rester allongé dans le froid le reste de la nuit et toute la journée suivante. Le seul abri raisonnablement proche était la grange devant laquelle nous étions passés quelque temps auparavant. Il faudrait qu'on y revienne. Il fallait l'atteindre, même si je devais le porter.

La neige, qui était revenue, murmurait dans les arbres lorsque j'entrai parmi eux, tâtonnant dans l'obscurité épaisse à la recherche de son gisant. Il s'enfonçait dans l'air immobile, tandis que le vent hurlait et rugissait au-dessus de nous. Il a appelé faiblement lorsque je me suis approché de lui dans ma recherche aveugle.

"Eh bien, comment ça va?" » demandai-je avec une apparente gaieté.

"Je pense que je vais mieux." Ceci en claquant des dents. "Mais j'ai terriblement froid."

"Se lever. Je vais vous aider."

"Je ne veux pas."

« Mais tu ne peux pas rester ici », protestai-je. « Vous seriez gelé avant le matin. Nous devons retourner à la grange devant laquelle nous sommes passés.

« Aa-tu ne vas pas t'allonger aussi ? Nous pourrions nous garder au chaud.

«Non, je ne le suis pas», avec beaucoup d'insistance. "Lève-toi, tu entends, lève-toi!"

C'est en partie par la force que je l'ai retiré de ce que nous avions acheté comme sac de couchage. Déjà l'humidité avait pénétré par endroits. Pendant que Wallace se tenait appuyé contre un arbre, je cherchais nos sacs à dos.

Portant le double fardeau, ce privilège qui m'a coûté une autre lutte avec Wallace, je suis revenu sur le chemin que nous avions parcouru en montant, mon ami titubant ivre à mes côtés. Puis il tomba et resta évanoui, mais se rétablit rapidement. Après l'avoir remis sur pied, j'ai gardé son bras, le soutenant autant que je pouvais. Tous les quelques centaines de pas environ, il s'effondrait à moitié, ses genoux repliant sous lui. Lorsque cela s'est produit, je l'ai laissé glisser au sol, afin de se reposer.

Je ne sais pas combien de fois cela s'est produit lorsque j'ai remarqué quelque chose d'anormal sur la route. La clairière à gauche, avec ses souches noires sur des plaques de neige blanche, je n'aurais sûrement pas pu manquer deux fois de la remarquer ! Le sol aussi tomba assez brusquement. «En route vers la route de Wesel!» Je pensais. "Je ne me souviens d'aucun village là-bas, si je me souviens de la carte."

Wallace était resté assis par terre pendant tout ce temps. Je l'ai aidé à se relever et je l'ai encouragé : « Il faut qu'on voyage ! Montez la colline maintenant ! Je suis vraiment désolé, mon vieux, mais j'ai raté la route.

Trois repos, et l'ancienne piste était sous nos pieds. Encore trois, et nous approchions du petit village.

« Cela ne sera pas très long maintenant, vieil homme ; remonter le moral!" Dis-je d'un ton encourageant.

« Il faut se mettre au chaud. Frappez à la première maison qui arrive. Je n'y arrive pas, » marmonna Wallace en réponse.

« Essayez de faire cette grange, n'est-ce pas ? C'est à proximité.

Nous arrivâmes devant une maison avec une lumière dans le passage, qui apparaissait faiblement à travers quelques carreaux de verre au-dessus de la porte d'entrée. Il devait être environ 2h30 DU MATIN

Wallace s'arrêta et l'examina. "Est-ce une maison?"

"Oui."

"Frappe!" et avec un soupir de contentement, il glissa à terre.

Je n'étais pas prêt à abandonner si tôt. C'est ce que signifiait son commandement, à ce qu'il me semblait. Mon copain a bougé et a eu du mal à se mettre en position assise.

"Frappe!" Il a répété.

J'ai frappé. Pas de réponse. J'ai encore frappé, mais avec moins de détermination. Le même résultat. La troisième fois, mes jointures touchèrent le bois avec un regard aimable pour les dormeurs à l'intérieur. Je n'avais pas l'intention qu'ils m'entendent ; ce n'est que pour la satisfaction de Wallace que j'ai assisté à cette représentation.

« Ils n'entendent pas », annonçai-je en retournant vers mon compagnon. « Allez, fais un autre effort. Allons à la grange. Il ne reste plus que quelques étapes », insistai-je.

"Avez-vous frappé?" » demanda-t-il avec méfiance.

"Oui, trois fois!" J'ai répondu, avec des détails véridiques quoique quelque peu trompeurs, et je l'ai traîné de haut en bas.

Enfin nous y parvînmes. Wallace se reposa bientôt au même endroit que quelques heures auparavant, pendant que j'allais chercher une échelle. Trois d'entre eux étaient coincés d'un côté entre une roue du chariot et un support de la grange, et par la paille comprimée de l'autre. J'ai déchiré, poussé et lutté avec une rage folle jusqu'à ce que j'en sorte un, la sueur coulant sous le bord de mon chapeau. C'était une affaire extrêmement maladroite, et en essayant de l'élever contre la grange et dans la porte donnant sur le grenier, j'échouais encore et encore d'un pouce ou deux. Après un bref repos, je m'y suis remis. Le dernier centimètre semblait inaccessible. Encore un effort ! Soudain, il bondit et se mit en position. Me retournant de surprise, j'ai vu mon ami debout derrière moi. Son peu de force s'était ajoutée à la mienne juste au bon moment.

"Je vais d'abord monter et voir !" Je lui ai dit. L'arrière du grenier était recouvert de quatre pieds de paille qui sentait bon. Merci mon Dieu pour ça ! Il faudrait qu'on soit au chaud !

« Lève-toi ! » J'étais de nouveau au sol pour aider Wallace à gravir les échelons. Il réussit à le gravir, puis s'élança en avant. Je l'ai laissé mentir et j'ai récupéré nos sacs à dos. L'échelle que j'ai laissée en place pour le moment. Si quelques heures de repos pouvaient améliorer mon ami au point qu'il devenait possible de « continuer » la nuit suivante, j'avais l'intention de le traîner après nous et de le cacher au fond de la grange, où je proposais de le traîner après nous. pour nous cacher. On ne le manquerait pas un dimanche.

Un violent soulèvement et une bousculade envoyèrent Wallace s'étaler sur la paille. Bientôt, je lui fis creuser un creux dans lequel il se glissa, et je le couvris du mieux que je pouvais. Puis je me jetai à ses côtés, trop épuisé pour prendre soin d'un pardessus ou d'une couverture.

Luttant contre la somnolence qui m'envahit immédiatement, j'ai dû m'endormir pendant un court instant, car j'ai eu soudain très froid. Trop fatigué pour bouger immédiatement, je restais allongé, frissonnant, écoutant le vent mourant et le léger battement de la neige contre les murs minces et le toit de notre abri. Quand le froid devenait intolérable, je rampais, les articulations raides, dans le coin où j'avais jeté nos sacs, j'avais sorti mon pardessus et je l'avais enfilé. L'exercice a libéré mon cerveau engourdi et j'ai compris que je ferais mieux de m'occuper de Wallace. Ses dents claquaient quand je me penchais sur lui. Du mieux que j'ai pu, je l'ai réchauffé après un certain temps. Je restais maintenant bien éveillé, essayant de reconstituer ce qui restait de nos espoirs.

Je ne m'attendais pas à entendre quelqu'un bouger dans les quelques maisons environnantes jusqu'à la fin du jour, et je m'étonnais sourdement du son des voix qui pénétraient jusqu'à notre cachette, des heures avant que certaines fissures du toit ne deviennent légèrement grises. Nous ne pouvions pas voir la porte d'où nous nous reposions.

Avec un effort, je me tournai vers Wallace. "Es-tu réveillé?"

"Oui."

« Est-ce que vous sentez que vous devez vous réchauffer ? »

"Oui."

« Cela signifie aller dans une ferme et rencontrer des gens ! »

"Oui."

Pauvre Wallace ! Sa voix était si plate et fatiguée ! Je me suis souvent demandé depuis si je n'aurais pas dû faire un nouvel effort pour le retenir là où il était et continuer avec lui la nuit suivante. Il aurait pu le supporter. Je ne pense pas qu'il ait vraiment réalisé ce que signifiait se mettre à l'abri. Je pensais à l'époque que c'était le cas. Cependant, j'ai agi selon mes lumières, sans autre mot.

Glissant de la paille, je m'approchai de la porte, pour m'arrêter un instant avec émerveillement avant de descendre l'échelle. De longs glaçons s'étaient développés depuis le bord supérieur de l'ouverture presque jusqu'au sol du grenier au cours des quelques heures où nous étions à l'intérieur, et entre eux la lumière froide d'un matin d'hiver, fortement réfléchie par une surface blanche et ininterrompue, rencontrait mes yeux. . Il était huit heures à ma montre. Les glaçons se brisèrent avec un bruit vitreux et tombèrent sans bruit dehors lorsque je brisai leur rideau.

Au-delà, le monde était blanc, le sol, aussi loin que je pouvais le voir ; l'air, épais de flocons dansants ; et le ciel. Qu'importait désormais que nous restions dans le grenier ou cherchions l'abri d'une ferme ?

CHAPITRE XVIII
LE JEU EST FINI

La porte de la ferme fut ouverte par une jeune fille d'environ seize ans, qui retourna dans la cuisine pour appeler sa mère, une femme que le labeur incessant semblait avoir vieilli au-delà de son âge.

"Puis-je parler à votre mari?" Ai-je demandé poliment.

"Il n'est pas à la maison."

« L'attendez-vous bientôt ?

"Non; il est absent, hésitant, à Haltern.

«Eh bien, c'est par ici. Je suis avec un ami. Nous sommes venus de Brême hier et nous partons en vacances à Cologne. Nous avons des parents qui vivent à Klein Recken et avons pensé passer quelques jours avec eux. Nous avons essayé d'y aller à pied hier soir depuis Haltern, mais à cause du temps horrible, nous avons perdu la route. Mon ami est également tombé malade. Heureusement, nous avons trouvé votre grange et avons dormi dans la paille. Bien entendu, nous paierons pour les dégâts que nous avons causés. Mais la question est la suivante : pouvez-vous nous héberger un jour ou deux, jusqu'à ce que mon ami aille vraiment mieux ? Nous vous paierons bien, si vous le souhaitez.

« Vous ne pouvez pas rester ici aussi longtemps, mais vous pouvez venir dans la cuisine et vous réchauffer. Vous pouvez rester jusqu'à midi.

J'ai réfléchi. Quelques heures de grâce ! Nous ferions mieux de le prendre et de voir comment les choses se sont déroulées.

"Très bien," dis-je. "Je vais chercher mon ami et nos sacs à dos."

Avec l'aide du fils de la maison, un garçon robuste d'une quinzaine d'années, j'ai fait entrer Wallace dans la cuisine. On nous a donné des places devant le cuisinier rugissant. Mon ami semblait beaucoup mieux.

Notre arrivée était évidemment un événement extraordinaire, comme cela pourrait l'être ; mais si les gens conjecturaient, ils ne le montraient que par une sorte d'excitation réprimée. Il n'y avait aucune atmosphère de suspicion et les quelques questions curieuses que la femme nous posait furent facilement parées.

Il y avait trois filles et un garçon dans la famille, tous approchant de la maturité. Pendant que la femme s'affairait à nous préparer un petit-déjeuner, deux des filles et le garçon se préparaient à sortir. Cela ne me plaisait pas et j'ai essayé de savoir où ils allaient.

"Tu vas à l'église, je suppose?" Ceci à la fille aînée.

"Oui", timidement.

« En avez-vous un à proximité ? »

"Non. Nous allons à Haltern à l'église. Ma sœur sera bientôt de retour du premier service. Il y avait donc une quatrième fille !

« Est-elle aussi allée à Haltern ?

"Oui."

"Cela semble un long chemin à parcourir un jour comme celui-ci."

Silence.

« Vous vous levez tôt, même le dimanche, n'est-ce pas ? Je pensais avoir entendu parler de vous très tôt, ce matin.

« Nous nous levons à cinq heures », interrompit la vieille femme.

« Vous ne le dites pas. J'ai toujours pensé qu'il y avait peu de travaux agricoles à faire en hiver. Vous ne semblez pas profiter de votre temps libre.

"Il y a beaucoup à faire." Et elle a parcouru une liste de tâches.

« Ressentez-vous la guerre autant que nous en ville ? Comment vas-tu manger ?

"Nous nous en sortons bien."

« Eh bien, nous ne le faisons pas. Nous sommes chimistes dans une usine de munitions, nous travaillons à mort et nous n'avons pas grand-chose à manger. Il n'y a rien qu'on puisse acheter. Nous avons demandé des vacances, fatigués des heures interminables, et nous avons obtenu trois semaines. Un peu trop tard pour Muller, ici. Il n'aurait pas dû venir, vu ce qu'il ressent.

Le café était préparé et du pain, du beurre et une assiette de saucisses coupées étaient sur la table. Nous y sommes allés tous les deux joyeusement. Au milieu du repas, la quatrième fille, l'aînée, entra et le garçon et ses deux sœurs s'en allèrent. Il était environ neuf heures et demie.

Quand j'en ai eu l'occasion, j'ai murmuré à Wallace : « Nous devons partir d'ici peu après onze heures. Exagérer." Puis je lui ai dit à voix haute : « Que pensez-vous que nous ferions mieux de faire ?

« Je sais à peine. Je me sens encore assez pourri.

Me tournant vers la femme, je demandai : « Il reste environ deux heures et demie jusqu'à Klein Recken, n'est-ce pas ?

"À propos de ça."

"Penses-tu pouvoir y arriver, Muller ?" J'ai regardé sérieusement Wallace, qui a compris et répondu, tout aussi sérieux :

"Non; J'ai peur que ce soit trop pour moi.

« Eh bien, nous ferions mieux de retourner à Haltern et de là à Cologne. Laissez-moi voir quel train nous pouvons prendre. Heureusement, nous avions respecté notre horaire. C'était utile maintenant.

« Il y a un train à onze heures cinquante-quatre pour Cologne. Nous pourrions l'attraper, tu ne penses pas ?

"Tout ce que tu veux, Erhardt."

"Bien-o." À la femme : « Combien de temps comptez-vous jusqu'à la gare de Haltern à partir d'ici ? »

"Vous pouvez le faire en un peu plus de trois quarts d'heure."

«C'est ce que je fais. Nous partirons d'ici à onze heures.

Un dollar et quart semblait satisfaire la vieille femme. En effet, elle n'en attendait visiblement pas tant, mais elle a rapidement caché l'argent dans son sac à main. Puis nous avons pris congé.

Le temps s'était quelque peu amélioré. Il faisait un peu froid. Les nuages s'éclaircissaient ici et là et un rayon de soleil parcourait le paysage. C'était une photo de Noël ordinaire. Deux ou trois pouces de neige recouvraient le sol, réfléchissant fortement la lumière dispersée du ciel. Noirs et nettement définis, les bois se détachaient sur lui ou sur le blanc immaculé des champs, là où ils s'étendaient sur les flancs des collines derrière eux. Chaque branche avait une crête de neige sur sa face supérieure et semblait avoir été dessinée à l'encre de Chine et avec un stylo pointu sur du papier glacé. Les branches des pins vert foncé ployaient sous des masses de duvet blanc dont des morceaux glissaient jusqu'au sol à notre passage. Puis les branches, soulagées d'une partie de leur charge, se balancèrent vers le haut.

"Vous voyez pourquoi je voulais partir", ai-je expliqué à Wallace dès que nous étions hors de portée de voix, heureux de retomber en anglais, puisque personne n'était là. « Notre apparition inattendue à la ferme était suffisamment extraordinaire pour que les filles le servent chaud et fort à leurs amis de Haltern. Cela circulera dans la ville comme un discours de bazar, et la police serait venue nous chercher en quelques secondes. Mais et maintenant ?

Nous en avons parlé. Une fois de plus, Wallace m'a demandé de le quitter, mais ma réponse sévère a fait taire ses arguments. Encore une fois, c'est lui qui a insisté pour « continuer », même s'il a admis qu'il était hors de question pour lui de marcher une quelconque distance. Il a présenté un plan qui ne m'a pas semblé particulièrement prometteur, mais c'était le mieux que nous puissions faire dans les circonstances.

Nous devions retourner dans une certaine ville d'Allemagne, y chercher de l'aide et nous reposer en sécurité jusqu'à ce que l'état de Wallace et le temps se soient suffisamment améliorés pour permettre une nouvelle tentative.

Notre Trésor était au plus bas et j'avais des doutes quant à notre capacité à atteindre la ville. Mais nous pourrions essayer.

Divers groupes de personnes arrivaient de Haltern ; certains d'entre eux nous dévisagèrent assez intensément. Wallace s'améliorait et appréciait la marche, mais il semblait très faible et ses pieds lui faisaient tellement mal qu'il boitait douloureusement.

Le temps s'est encore dégradé et, à mesure que nous approchions de la gare, il a commencé à neiger. J'ai pris des billets pour un carrefour non loin de là. Pendant les vingt minutes jusqu'à l'arrivée du train, nous avions l'intention d'attendre sur le quai.

« Pourquoi n'attends-tu pas dans la salle d'attente ? C'est bestial sur le quai», dit le contrôleur.

"C'est aussi bien", dis-je avec indifférence avant de me retourner.

Nous avons pris nos places et commandé du café. Au comptoir en face de nous se tenait un jeune lieutenant vêtu de la longue redingote verte de la paix des carabiniers. Nous vîmes le contrôleur entrer et s'adresser à lui, après quoi le lieutenant s'avança droit vers nous.

"D'où viens-tu?"

«Nous sommes arrivés de Klein Recken ce matin», répondis-je.

"Montre-moi tes papiers!"

J'ai souri et me suis adressé à Wallace en anglais : « Le jeu est terminé, vieil homme ! » Il hocha la tête d'un air maussade. Le lieutenant le regarda. Puis j'ai expliqué.

L'officier ne parut pas très surpris, et la manière miraculeuse avec laquelle un soldat armé apparut à ses côtés montra qu'il s'attendait à un dénouement.

« Je vais devoir vous envoyer au poste de garde à l'heure actuelle », dit-il. « N'essayez aucun truc. Mes hommes sont incroyablement vifs. J'ai réfléchi un instant. La fuite était hors de question pour le moment. L'état de Wallace, les traces que nous devrions laisser dans la neige, etc., rendraient une tentative absurde.

« Je ne sais pas si vous accepterez notre parole selon laquelle nous ne nous enfuirons pas tant que nous serons sous votre responsabilité. Nous vous le donnerons, si vous le souhaitez. C'est vrai, Wace, n'est-ce pas ? Je me suis tourné vers mon ami avec les derniers mots. Wallace hocha la tête.

Le lieutenant était sur le point de se détourner, mais il fit brusquement volte-face lorsque j'eus parlé. En nous regardant attentivement, il dit : « Bien, je le ferai. Avez-vous faim?"

"Nous pourrions avoir besoin de quelque chose à manger", a déclaré Wallace pour la première fois. L'officier se tourna vers son soldat :

« Vous conduirez ces hommes au corps de garde. Laissez votre fusil ici. Ils doivent avoir des rations doubles de tout ce que vous recevez.

« Meilleur Dank, Herr Leutnant ! nous avons reconnu.

Avec un salut, nous nous sommes retournés et avons suivi le soldat à travers les voies ferrées jusqu'à la salle de garde. C'était dans une cabane en bois, semblable à tous les autres corps de garde. Nous nous sommes lavés et nous sommes rendus aussi présentables que possible. Wallace s'est rasé. Je portais toujours une barbe.

Vers cinq heures, le lieutenant est venu nous fouiller. Nous avertissant de renoncer à tout ce qui était important, il nous demanda simplement de lui remettre ce que nous avions dans nos poches et fouilla nos sacs.

A six heures, nous avons été conduits à son bureau dans le bâtiment de la gare, escortés par deux soldats armés.

"Vous m'avez donné votre parole que vous n'allez pas faire une autre tentative !" nous a rappelé le lieutenant.

"Oui, monsieur, tant que nous sommes sous votre responsabilité ou sous celle de vos hommes."

"Bien. Je vais devoir vous envoyer en prison maintenant. Je ne peux pas vous garder dans la salle des gardes. Ne laissez pas le gardien vous fouiller. Je l'ai fait. Vous êtes des prisonniers militaires et non sous l'autorité civile. Si vous préférez, essayez de lui faire donner une cellule où vous pourrez être ensemble. Dis-lui que j'ai dit que tu devais en avoir un. Vous resterez ici quelques jours avant qu'une escorte puisse vous être proposée. Au revoir.

Il a appelé notre escorte alors que nous étions dehors, personne, apparemment, ne nous écoutait le moins du monde. Quand il en eut fini avec les deux soldats, nous partîmes. C'étaient des types particulièrement sympathiques du Rhin, pas de vrais Prussiens, et largement influencés par les idées socialistes. Ils nous ont tweeté avec bonne humeur qu'ils avaient été arrêtés. En riant et en plaisantant, nous sommes arrivés à destination.

L'ancien bâtiment de la prison, situé dans une rue étroite près de la place du marché, semblait particulièrement peu attrayant. Après avoir longuement sonné la cloche et, enfin, après avoir frappé avec la crosse d'un fusil, la porte s'est ouverte et nous avons été confrontés à un grand homme flasque en uniforme, au visage placide et sans rides d'une personne dont la vie avait coulé devant lui comme un ruisseau agréable et tranquille. Il semblait être quelque chose entre un policier et un gardien. En ce moment, il fumait une longue pipe avec un fourneau en porcelaine.

Notre arrivée l'agita autant que le permettaient son flegme naturel et sa formation militaire. Pendant un moment, il parut indécis quant à ce qu'il devait faire et répéta sans cesse chacune de ses phrases. C'était une de ses astuces, qui nous amusait beaucoup pendant les jours où nous étions sous sa garde, mais qui rendait la conversation lente et inutile. Au fur et à mesure qu'il rassemblait ses esprits, il devint plus officiel.

« Alors, deux Anglais, n'est-ce pas ? Ce sont deux Anglais, ils le sont. Vous avez amené deux Anglais. Bien bien bien! Où sont leurs papiers ? As-tu leurs papiers ? Vous devez me donner leurs papiers. Ils ne sont pas tout à fait en ordre ; non non; ils ne sont pas en règle ; non, ils ne sont pas en règle.

Les soldats expliquèrent patiemment que oui.

"Bien bien bien! Parlent-ils allemand ? Ils parlent allemand, j'espère. À nous : « Parlez-vous allemand ?

« Eh bien, eh bien, je dois vous fouiller, mes hommes. Je dois vous fouiller, je le dois ; Je dois vous fouiller.

« Attendez », dit un de nos accompagnateurs, « le lieutenant dit qu'il ne faut pas les fouiller. Le lieutenant y veilla. Et vous devez faire de votre mieux pour eux, et vous devez les mettre ensemble dans une cellule. Ordres du lieutenant !

"Eh bien, je dois les fouiller", répéta le gardien, impuissant. « Il faut que je les fouille, vous savez ; les règles de la prison, vous savez. Je dois les fouiller à la recherche d'armes cachées ! »

"Rien de la sorte. Ils ont été fouillés et nous avons reçu l'ordre de veiller à ce que vous ne les dérangeiez plus.

"Avez-vous des couteaux, des pistolets, des revolvers ou d'autres armes sur vous ?" Le gardien s'était obstinément tourné vers nous. L'habitude des années ne se perd pas si facilement.

"Oh, donnons-lui nos canifs, Wace, et finissons-en", dis-je, à moitié riant, à moitié agacé.

« Entrez dans cette pièce ; viens ici; entre dans cette pièce. Je vais maintenant entrer les articles de ce livre ; oui, je les inscrirai dans ce livre. Il commença à écrire en prononçant ces mots à haute voix : « Non. 000000, un canif à manche en ivoire. N° 000001, un canif à manche en corne…. Maintenant, je te les rendrai quand tu partiras, tu vois ; Je te les rendrai à ton départ ; oui, je vous les rendrai.

"Oui, mais nous voulons rentrer nous-mêmes", a déclaré l'un des soldats. « Dépêchez-vous et montrez-nous leur portable. Nous devons y jeter un œil, dit le lieutenant.

« Très bien, très bien, très bien ! J'ai une seule cellule qui fera l'affaire pour eux deux ; une seule cellule pour les deux ; oui, pour les deux.

Nous arrivâmes enfin dans la cellule, qui était naturellement aussi sombre que les régions inférieures, après avoir fait nos adieux tout à fait affectueux à notre escorte.

PARTIE III

CHAPITRE XIX
PAYER LA FACTURE

Le lieutenant du poste, par ses ordres envers nous et les soldats, nous avait donné des indications sur notre comportement. Évidemment, nous devons essayer d'impressionner le gardien avec notre statut de « prisonniers militaires », afin d'être aussi à l'aise que les circonstances le permettent.

Nous avons procédé à cela avec une grande naïveté. De longs débats et contre-arguments nous assurèrent l'usage d'une lampe à huile jusqu'à huit heures du soir. Nous sommes allés en force chercher une deuxième couverture, le gardien menant le cortège.

Notre cellule était très petite et très sale. Le peu d'espace qui aurait dû rester était occupé par des piles de vieux pneus de bicyclettes, confisqués six mois auparavant par le gouvernement pour soulager la famine de caoutchouc dans l'armée.

Pendant les trois jours que nous avons passés à la prison de Haltern, nous n'avons fait aucun exercice. Lorsque le temps changea le deuxième jour et redevint doux, à peu près au moment où nous aurions dû être près de la frontière si tout s'était bien passé, nous boudâmes le sort plus que jamais.

L'arrivée annoncée de notre escorte le soir du troisième jour a tellement excité le gardien qu'il a voulu que nous nous levions à cinq heures et demie le lendemain matin pour prendre un train vers huit heures. Bien entendu, nous avons hésité et avons obtenu gain de cause, comme d'habitude. Depuis notre arrestation, nous avions consacré beaucoup de temps à évaluer la probabilité d'être envoyé dans une certaine prison pénale de Berlin.

"Où vas-tu nous emmener?" Wallace et moi avons laissé échapper simultanément deux soldats dans l'ombre dans le passage sombre de la prison le lendemain matin.

"D'où vous venez, le Stadtvogtei à Berlin", a répondu l'un d'eux. Dire que nous nous sommes sentis soulagés, c'est un euphémisme.

« Mais nous ferions mieux de ne pas tenir pour acquis que nous allons rester là-bas ! Dis-je alors que nous traversions la neige fondante jusqu'à la gare.

Plusieurs heures plus tard, après un changement de train, Wallace et moi avions été temporairement placés dans un compartiment avec d'autres voyageurs, jusqu'à ce qu'il puisse être libéré pour notre usage exclusif et celui de notre escorte. En nous glissant dans les deux seuls sièges vides, nous avons constaté que l'intérêt brûlant de nos compagnons de voyage était centré sur un homme en uniforme naval du service Zeppelin, qui racontait ses aventures au-dessus de l'Angleterre. Avec une franchise extraordinaire, il racontait les noms d'un certain nombre de stations d'aéronefs et le nombre de Zeppelins habituellement désignés pour chacune d'entre elles pour les attaques contre la Grande-Bretagne, et prédisait un autre raid sept jours plus tard.

"Vous leur donnez du h—— à chaque fois que vous survolez, n'est-ce pas ?" » demanda un civil en se penchant en avant sur son siège.

"Je ne peux pas dire qu'il y ait de quoi se vanter ces derniers temps", fut la réponse inattendue. « Ils ont beaucoup d'armes et peuvent tirer aussi bien que nous. Il n'y aura pas beaucoup d'autres raids après celui de la semaine prochaine.

Comme nous l'avons vu dans les journaux allemands huit jours plus tard, le raid s'est déroulé comme prévu et ce fut le dernier raid aérien depuis très longtemps.

Être en compagnie d'un ami et avoir un peu d'argent en poche faisait toute la différence entre cela et mon premier retour des environs de la frontière hollandaise, huit mois auparavant. Nous nous sommes plutôt bien comportés pendant le voyage, essayant ainsi d'éviter le châtiment qui nous attendait.

Ce soir-là, à dix heures du soir, nous fûmes accueillis au Stadtvogtei par plusieurs de nos anciens sous-officiers avec des éclats de rire et conduits dans deux cellules criminelles voisines du « Bloc 14 », loin de nos amis.

Avant que mes yeux ne fussent habitués à l'obscurité, la porte de ma cellule s'ouvrit à nouveau et notre sergent-major me fit signe de le suivre.

« Prenez vos affaires avec vous ! » » dit-il, et il me conduisit vers une autre cellule, plus loin dans le couloir, pour me séparer de Wallace.

«Viens ici! Je veux te parler!" » ordonna-t-il, alors que j'avais déposé mes bagages. « Qui avait la clé ? » il m'a tiré dessus alors que je me trouvais en face de lui dans le couloir.

Nous nous y attendions et, avant notre fuite, nous avions répété nos réponses à ces questions au cas où l'un ou plusieurs d'entre nous seraient attrapés.

"Clé? Quelle clé ? J'ai demandé.

"La clé de la porte d'entrée, bien sûr!"

"Je ne connais rien aux clés."

« Alors, comment es-tu sorti ? Comment as-tu ouvert la porte ?

« Nous n'avons pas ouvert la porte. Nous l'avons trouvé ouvert. Cela semblait être une trop belle opportunité, alors nous nous sommes échappés comme nous l'étions. Nous n'étions pas préparés du tout ! Mais vous devriez savoir tout cela aussi bien que moi. N'avez-vous pas encore reçu votre rapport de Haltern ?

Son comportement a changé. Il est devenu tout à fait paternel. Ce n'était pas un mauvais type. Quoi qu'il en soit, il savait qu'il ne pourrait rien nous foutre en devenant brutal. « Maintenant, viens ! N'essayez pas de me tromper. Nous savons bien que c'est S. qui avait la clé.

"Eh bien, si tu sais, pourquoi me demandes-tu?"

"Allez dis moi. Cela ne sera pas à votre désavantage ! bien au contraire. Dis simplement que c'était S. "

Mais bien entendu, je n'ai rien fait de tel et il a renoncé.

« Nous allons vous donner du fil à retordre, ce voyage », menaça-t-il d'un ton plutôt triste. « Rien que la nourriture de la prison pour toi, pas de soirée légère.

«Je pensais que tu avais rasé ta barbe», remarqua-t-il avant de se détourner. «J'ai prévenu la police en conséquence dans l'heure qui a suivi votre évasion. Nous avons fait surveiller toutes les stations. Mais avez-vous quitté Berlin ?

"Oh, plutôt avec désinvolture," souris-je. « Bonne nuit, major ! »

Je ne me sentais en aucun cas enjoué et indifférent à ce moment-là. Je n'aime pas l'isolement cellulaire. Le tronçon devant moi semblait juste dépasser en inconfort le premier que j'avais eu. Pourtant, nous avons eu la chance d'être dans le Stadtvogtei, près de nos amis, où, apparemment, nous allions loger. Sur cette réflexion consolatrice, je m'enroulai dans mes couvertures sans me déshabiller. Le lendemain, nous allions être épouillés.

S. a été arrêté à Berlin le matin suivant notre arrivée en prison et placé dans une cellule à côté de celle de Wallace avant que nous allions dans la cour pour notre exercice de l'après-midi. Si je ne me trompe, une conversation téléphonique, au cours de laquelle il avait pris rendez-vous avec un « ami », avait été écoutée. Au lieu d'un ami, un détective a rencontré S.

Il a reçu la même punition que nous. Au moment de son évasion, une action pénale était en cours contre lui. Un mois après la fin de notre isolement cellulaire, il a été conduit un matin au tribunal par un policier. Quelques heures plus tard, le policier est arrivé seul, considérablement ivre et versant des larmes amères. Son protégé avait décampé par la vitre arrière d'un café où il soignait son escorte. Nous ne l'avons jamais revu. Il était encore en liberté en juin 1917 et apparemment en Hollande.

G. n'a jamais été capturé. Depuis plusieurs mois, des rumeurs nous parvenaient selon lesquelles il aurait été aperçu ici ou là en Allemagne. Je n'ai pas entendu dire qu'il était arrivé en Angleterre.

L'Allemand au nom anglais est allé voir sa mère un jour, deux mois après sa disparition de prison. La police surveillait son appartement à Berlin, espérant justement cet événement. Leur proie a été condamnée à l'isolement dans notre prison, puis a été réintégrée dans l'armée.

Le sixième homme, l'agent de change allemand, suivit S. de quelques jours seulement. Il fut maintenu en prison pendant une semaine, puis définitivement remis en liberté.

Le soir de notre deuxième jour de cellule, on nous a prévenus de ne pas nous coucher, car notre examen devait avoir lieu à neuf heures. Un quart avant l'heure, S., Wallace et moi avons été emmenés au rez-de-chaussée et soigneusement enfermés dans une cellule, afin que nous puissions prendre les dernières dispositions pour un récit cohérent et non contradictoire. Nous le fîmes après une inspection minutieuse des lieux qui nous convainquit qu'aucun piège ne nous était tendu et que nous pouvions parler librement jusqu'à ce que nous entendions la clé dans la serrure.

Le lendemain matin, nous avons été informés du commentaire de M. Kriegsgerichtsrat Wolf de la Kommandantur, qui a dirigé l'examen, sur nos histoires respectives : « Ces Anglais m'ont raconté un tas de mensonges !

La menace du sergent-major n'était pas vaine. Il nous était interdit de manger quoi que ce soit en dehors des rations de la prison. Tous les trois jours, pendant quatre semaines, il ne s'agissait pour nous que de pain et d'eau. Les colis qui nous arrivaient entre-temps — ils étaient nombreux, car Noël approchait — furent confiés à nos amis pour qu'ils les gardent en lieu sûr. Nous n'avions pas le droit d'utiliser la lumière artificielle dans nos cellules. Comme c'était à un mois du jour le plus court de l'année, c'était plutôt « faux ». L'aube ne pointait pas par les petites fenêtres avant neuf heures, et lorsque nous revenions de la cour dans l'après-midi, il faisait encore une fois trop sombre pour lire. Je pense qu'il a fallu dix jours aux autorités pour céder sur la question de la lumière. Nous avons ensuite pu utiliser une lampe à huile jusqu'à huit heures du soir.

Je suis sûr que nous avons dû remercier le lieutenant pour la punition supplémentaire des cellules criminelles, de la nourriture en prison et de l'absence de lumière. Il a dû être très ébranlé par notre fuite, et ses supérieurs ont peut-être été durs avec lui lorsqu'il l'a signalé. Naturellement, il s'en est pris à nous, même s'il s'est montré plutôt poli à nos yeux.

La question de la nourriture a été résolue à notre entière satisfaction en trois jours. Nos amis savaient bien sûr que nous allions faire notre exercice tous les après-midi à trois heures. Dès le début, ils ont pu nous passer des sandwichs et des petites boîtes de conserve.

Non sans quelques difficultés, le sous-officier en charge de notre couloir avait été persuadé qu'« ils ont le droit d'avoir leurs journaux, bien sûr ». Il a été découragé de renvoyer la question à une autorité supérieure. Pourquoi embêter les hommes occupés avec des bagatelles ? Le journaliste était l'un des nôtres. Il apportait les journaux chaque matin, lorsque les portes des cellules étaient ouvertes pour le nettoyage, ainsi que chaque après-midi. Souvent, il n'échangeait pas un mot avec nous et se contentait de glisser les journaux dans les couvertures de nos lits. Après son départ, des sandwichs et une bouteille de bière pleine de thé chaud semblaient avoir miraculeusement éclos parmi nos draps.

La dernière et la plus grande réussite fut l'esquive du ventilateur. Le ventilateur était un trou carré dans le mur au-dessus de la porte, incliné vers la cellule. Juste après l'heure du dîner, alors que le sous-officier de service était probablement occupé à un autre emploi, des pas furtifs auraient pu être entendus passer rapidement le long du balcon. Très souvent, ils étaient inaudibles, même pour nos oreilles tendues. Le frottement de la tôle contre la pierre était pour nous le signal de nous précipiter vers la porte, pour attraper la boîte de sirop Lyle's, remplie de viande et de légumes chauds, ou de soupe, qui glissait à travers le ventilateur.

Aucun des sous-officiers n'était au courant. Ils étaient émerveillés par notre endurance physique, qui nous permettait de conserver une apparence épanouie face à la famine. Sagement, ils conseillaient de prendre des médicaments, ou du savon par exemple, pour nous faire paraître faibles et pâles juste avant la fin de notre « solitude ». "Il ne suffira jamais d'être vu avec des joues bombées et des coutures éclatées par quiconque commande."

La possibilité de revoir de vieux amis, ne serait-ce que quelques secondes chaque jour, le fait de savoir que je devrais retrouver leur compagnie dès que notre punition serait terminée, et le fait que j'étais dans un environnement familier, atténuaient l'effet déprimant de ma solitude. confinement cette deuxième fois. Wallace, lui aussi, restait de bonne humeur. Néanmoins, j'en suis arrivé à la conclusion que le jeu n'en valait pas la chandelle. J'ai informé Wallace de ma décision dès que possible. Quand nous étions de nouveau devant la porte, je l'ai nuancé : « Plus jamais ça, Wace, plus jamais, sauf pendant les saisons douces, et quand les chances sont aussi bonnes que je peux les faire. »

La veille de Noël, le trente-quatrième jour de notre punition, nous avons été libérés, mais nous avons ensuite dû dormir dans les cellules des criminels pendant un certain temps.

Cependant, avec le temps, Wallace a obtenu la cellule unique qu'il convoitait et, après trois semaines, j'ai de nouveau rejoint mes vieux amis dans la grande cellule. Pendant quinze jours, ce cher vieux K. fut le quatrième homme. Puis il fut envoyé à Ruhleben. Wallace était le cinquième membre du mess, une sorte de pensionnaire de jour.

Une semaine après le départ de K., la plupart des Anglais eurent des ennuis. À titre de mesure punitive, nous avons été expulsés des grandes cellules communes et C., L., Wallace et moi avons été logés aussi loin que possible les uns des autres. C. et moi avons été prévenus d'être prêts à aller au pénitencier. W. a reçu « solitaire » pour une durée indéterminée. Encore quinze jours, et tous nos amis intimes furent renvoyés à Ruhleben. Seuls les membres de la colonie anglaise qui préféraient la prison au camp et quatre évadés qui avaient fait deux tentatives restèrent au Stadtvogtei, dix en tout. Mais pour le Dr Béland et un autre prisonnier, Wallace et moi étions presque confinés l'un à l'autre.

Nous avons passé un moment assez misérable. La perte de la plupart de nos compagnons nous avait déstabilisés. Pour comble de malheur, nous avons été officiellement informés que nous ne pouvions espérer un jour être renvoyés dans un camp, ni même dans un camp, car nous étions considérés comme dangereux pour l'Empire allemand.

Cette annonce aurait dû nous rendre plutôt fiers. Comme nous savions que ce n'était qu'un de leurs arguments spécieux, il n'en fut rien. Très vite, je l'ai complètement exclu de mes calculs. Wallace ne l'a cependant pas fait, mais a continué à y attacher de l'importance. Je dois dire cela pour expliquer mon attitude ultérieure face à une autre tentative d'évasion de prison. Au fil des mois, je suis devenu de plus en plus convaincu que nous devrions un jour retourner au camp. Alors viendrait notre chance ! Je ne peux pas expliquer ma conviction. C'était une « intuition ».

Toutefois, notre conviction qu'il faudrait attendre n'a pas servi d'excuse à l'inaction. Wallace et moi avons poussé nos préparatifs pour la prochaine évasion aussi vite que possible, ce qui a été incroyablement lent.

Notre pilier était un sous-officier employé au bureau. C'était un individu étrange, du genre plausible. Son dicton favori le caractérisait suffisamment : « *Eine Hand waescht die andere* [une main doit laver l'autre] ». Sa grâce salvatrice était son attitude tout à fait franche quant à sa vision de la vie et de ses obligations – le manque d'obligations, dans son cas. Grâce à lui, nous avons pu faire un grand pas en avant : nous procurer des cartes. Dans la première partie de ce volume, j'ai mentionné qu'en Prusse la vente de cartes à des personnes sans autorisation de l'état-major était interdite. Selon la déclaration de notre ami, il nous a obtenu les cartes que nous voulions auprès d'un de ses « parents », qui se trouvait être libraire. "Il avait ces cartes en stock et avait oublié de les enregistrer." Un ou deux d'entre eux étaient en effet légèrement souillés par les magasins. C'étaient de bonnes cartes, couvrant une partie de l'Allemagne depuis Berlin et jusqu'à la frontière néerlandaise. Leur prix – eh bien, ça m'a fait pleurer. Mais ils en valaient la peine. Pour un prisonnier de guerre, la collection devait être unique. Nous avions chacun une boussole.

C'est principalement grâce à mon plaidoyer que nous avons reporté le départ encore et encore. Les chances de s'évader de prison étaient, à mon avis, infinitésimales. Début mai, une tentative d'un autre parti a été intelligemment étouffée dans l'œuf. Notre dernière tentative ne m'avait pas encouragé à me fier à la chance, mais je m'accrochais à ma croyance en un retour à Ruhleben, qui paraissait toujours aussi improbable à première vue. Une fois cependant, nous étions prêts à partir, mais presque au dernier moment, l'aide sur laquelle nous comptions n'est pas arrivée.

Parmi les hommes qui avaient tenté leur chance en mai 1917, il y en avait deux qui, très courageusement, avaient commencé à parcourir à pied toute la distance entre Ruhleben et la frontière néerlandaise. Des cartes inadaptées, en premier lieu, avaient été leur perte. Ils parlaient tous les deux allemand, l'un comme un natif, l'autre moins bien. Ils ne souhaitent pas être connus, c'est pourquoi, pour les besoins de ce récit, je les appellerai Kent et Tynsdale.

Tynsdale est un de mes amis. Son copain Kent et lui sont de bons hommes. Faites de votre mieux pour eux.-X.

Ceci, dessiné au crayon sur un bout de papier et adressé à Wallace et à moi, nous fut remis par Tynsdale peu après son arrivée. Cette brève phrase n'exagère pas leurs mérites.

Tynsdale était petit, nerveux et parfois très réticent ; Kent, grand, massif et… pas réticent. Au fil du temps, nous sommes venus vivre ensemble dans une grande cellule. Ils étaient aussi impatients que Wallace et moi de nous lancer dans une nouvelle aventure, mais ils étaient bien déterminés à ne pas s'évader de prison. Les informations qu'ils nous ont données sur Ruhleben du point de vue de l'évadé ont renforcé mes préjugés contre cette solution.

« Attendons encore un peu. Le temps sera favorable jusqu'en octobre. Si nos espoirs s'avèrent vains, nous pouvons toujours faire une sortie désespérée. Avant d'en arriver là, quelque chose peut arriver. C'est la conclusion finale à laquelle nous sommes arrivés.

Quelque chose s'est produit – plusieurs choses, en fait.

La première fut la visite inattendue d'un représentant de la légation néerlandaise à Berlin. Nous avons été bien préparés avec une protestation impressionnante contre le maintien en prison plus long. Le soir même, j'ai confirmé l'entretien dans deux lettres identiques et assez longues, auxquelles nous avons presque tous signé, y compris les cinq hommes alors en « isolement ».

Une de ces lettres fut remise en mains propres au ministre néerlandais vingt-quatre heures après avoir quitté le Stadtvogtei, dans la poche d'une personne totalement étrangère au service postal, militaire ou autre. Le censeur allemand n'avait donc aucune chance de le lire. L'autre est passé par les voies ordinaires jusqu'à être, vraisemblablement, décemment enterré dans la corbeille à papier de la censure.

Un peu plus tard, les journaux allemands rapportaient que des négociations avaient eu lieu à La Haye sur le traitement des prisonniers de guerre et qu'un accord avait été conclu, qui attendait maintenant la ratification des gouvernements de Grande-Bretagne et d'Allemagne.

Il se trouve qu'à cette époque nous disposions de facilités inhabituelles pour l'achat secret de journaux anglais. Dans un exemplaire du « Daily Telegraph », nous lisons que l'accord a été ratifié. Une autre semaine s'écoula et un exemplaire du même journal contenait des paragraphes concernant les prisonniers de guerre civils. Le compte rendu d'un discours prononcé à la Chambre des Lords par Lord Newton, je crois, soit dans le même journal, soit dans un autre acheté à la même époque, nous a aidé à interpréter ces paragraphes dans la mesure où ils semblaient se référer à des cas comme le nôtre. En tout cas, il nous a donné un argument en faveur d'une interprétation telle que nous aurions dû la souhaiter, et nous a annoncé en outre que l'accord était entré en vigueur en Angleterre le 1er août 1917, quelques jours déjà plus tard.

Un mémorial sous la forme de deux lettres adressées au ministre néerlandais à Berlin est le résultat immédiat de la lecture de ces articles. Les lettres allaient dans le même sens que les précédentes et m'attiraient beaucoup de plaisanteries de bonne humeur sur le « mal de l'écriture », le « secrétaire aux

Affaires étrangères » et les frais à imposer pour chaque signature que je venais recueillir. dans le futur.

Tynsdale et Kent n'avaient pas quitté le camp depuis plus de trois mois. Ils en connaissaient tous les tenants et les aboutissants, y compris de nombreuses informations qui ne sont généralement pas divulguées sur les toits des maisons. Wallace et moi, après une absence de trente et dix-sept mois respectivement, étions relativement étrangers à Ruhleben.

"Voulez-vous venir avec Wallace et moi?" J'ai demandé un jour à nos nouveaux amis. «J'aimerais avoir votre aide pour sortir du camp», expliquai-je. "Plus tard, je pourrai probablement vous être aussi utile." Et j'ai fait référence à mon dossier d'évadé, à mon équipement et à mes *cartes* . Ils ont acquiescé. Ils savaient, grâce à des discussions précédentes, que je n'étais pas entièrement d'accord avec le tracé proposé ; ou plutôt, je leur avais expliqué ce que je pensais être les avantages d'un itinéraire que j'avais en tête, et qui étaient confirmés par leurs propres informations.

Comme il paraissait souhaitable que chaque membre de l'expédition proposée soit entièrement équipé en ce qui concerne l'essentiel, nous nous sommes mis fébrilement au travail en traçant des parties de nos cartes. Nous avons dû terminer ce travail alors que nous étions encore en prison, car il ne serait pas possible d'assurer suffisamment d'intimité à Ruhleben pour ce genre de choses. Heureusement, j'avais prévu quelque chose comme cela des mois auparavant et je possédais des encres de couleur et des stylos à dessin. Papier calque que j'ai fabriqué à partir de papier blanc fin et résistant, que j'ai traité avec de l'huile d'olive et du benzène. Nous avons terminé trois exemplaires avant de quitter la prison, l'original étant le quatrième.

Le 23 août 1917, une forte garde de policiers escorta un groupe de prisonniers civils britanniques très exaltés à travers une partie de Berlin, puis par chemin de fer jusqu'à Spandau et de nouveau, *per pedes apostolorum* , jusqu'au camp de Ruhleben. Nous étions dix-neuf en tout.

Quatre Britanniques sont restés volontairement sur place ; cinq autres étaient en « isolement », après avoir récemment tenté de s'échapper sans succès. Parmi ces derniers se trouvait notre vieil ami L.

CHAPITRE XX
RUHLEBEN ENCORE

Nous sommes arrivés à Ruhleben peu avant midi et avons dû attendre longtemps devant les portes, pour le bien de notre âme. Mais ensuite, les outsiders attendent toujours quelque part pour le bien de leur âme. Donc tout allait bien.

Après que nos noms eurent été appelés à plusieurs reprises et que quelques remarques prétendument spirituelles eurent été faites par un sergent dont la réputation dans le camp n'était pas meilleure qu'elle aurait dû l'être, nous fûmes conduits à notre caserne (n° 14), un bâtiment en bois. un et le dernier vers l'extrémité est du camp, à côté de la « Maison de Thé ».

Une partie était séparée par une cloison solide et entourée d'un grillage séparé. C'était le lieu de punition du camp, appelé « la Cage aux Oiseaux ».

L'autre partie, plus grande, était vide ; nous avions en effet été autorisés ce matin-là à nous recevoir, au grand dégoût des anciens habitants, qui s'étaient trouvés très à l'aise dans leurs cabines et coins faits maison. À présent, l'endroit était absolument vide, à l'exception d'un tas d'étagères et de cloisons brisées au sol.

Nous y réfléchissions encore dubitatifs lorsque nous recevions nos commandes : « Les lits arriveront sous peu. Ils seront placés sur deux rangées au centre de la caserne. Rien ne doit être accroché aux murs, ni aux poutres et supports. Aucune cloison ou coin ne sera autorisé. La caserne doit rester nue, afin que les détenus puissent être vus à toute heure de la nuit. La lumière électrique doit rester allumée toute la nuit et ne doit en aucun cas être obscurcie. Ainsi en résultait l'essentiel.

Nous étions plutôt en colère. « Appelez cela un retour aux privilèges et libertés d'un prisonnier de guerre ordinaire ? a appelé notre plainte.

La nuit, notre indignation éclata de nouveau. Nous devions être couchés à 22 HEURES. A 22 h 45, une patrouille composée de trois soldats et d'un sous-officier est venue nous compter, marchant bruyamment en rond dans leurs bottes de munitions, sur le parquet nu. Pas grand chose à redire là-dedans. Mais ils l'ont répété six fois au cours de la nuit, et c'était clairement « off ». Pour beaucoup d'entre nous, le sommeil, même pendant les entractes, était difficile à cause de la luminosité éblouissante de la lumière électrique.

Notre capitaine de caserne protesta vivement contre le capitaine du camp. C'était également le cas de pratiquement tous les membres de la caserne en privé, et progressivement cette nuisance s'est atténuée. Les six fois où nous avons été dérangés se sont réduits à quatre, puis à trois ; et parfois nous n'étions inspectés que deux fois, alors que la patrouille restait dehors avec considération et nous comptait à travers les fenêtres.

Notre réception à Ruhleben fut plutôt flatteuse. Je ne sais combien de nouvelles connaissances j'ai faites pendant la première quinzaine ; plusieurs centaines, je pense. De temps en temps, inévitablement, j'ai rencontré un homme qui m'a immédiatement dit ce qu'il aurait fait « si j'avais été à ta place et si j'avais été aussi loin que toi. Ils ne *m'auraient jamais* ramené vivant ! »

Il me suffisait de regarder mes camarades de caserne pour constater que nous portions le cachet de la prison, et les remarques de mes amis ne me laissaient pas l'occasion d'oublier ma propre apparence. Comparés aux Ruhlebenites proprement dits, nous ressemblions plus à des cadavres animés qu'à des êtres vivants. Nos visages étaient gris cendré, même nos lèvres étaient pâles. La peau autour de nos yeux restait tirée et plissée, jusqu'à ce que nos yeux se soient à nouveau habitués à la forte lumière du ciel ouvert.

La vie carcérale avait mis à mal notre vitalité, particulièrement parmi les détenus de longue date. Pendant quelques heures, l'air frais agissait sur nous comme un vin enivrant, et les jours suivants, il sapait simplement nos forces.

Kent et Tynsdale étaient en relativement bon état. Wallace allait mal, mais avait de l'appétit et s'est rapidement rétabli. J'étais le pire des quatre. Ma condition physique ne faisait pas de moi un compagnon souhaitable pour une entreprise ardue, et comme il nous était impossible de « bouger » d'un coup, comme nous l'avions prévu, je me suis délibérément mis à réparer les dégâts le plus rapidement possible. Je me reposai beaucoup et, évitant tout exercice autre que le plus doux, je devins progressivement plus fort. Vers le milieu de la deuxième semaine, j'ai commencé un entraînement très léger.

Pourtant, je restais toujours nerveux et désemparé ; plus encore que mes compagnons, qui montraient les mêmes signes de troubles. Mais ce n'était que la nervosité de l'inaction, car j'avais hâte de commencer. Le camp n'était même pas aussi désirable que nous l'avions imaginé. La caserne n° 14 était bien moins confortable à tous égards que la caserne que nous appelions la nôtre avant notre première tentative. Tout était sale et nous manquions de notre intimité habituelle. Les deux appels quotidiens, qui avaient lieu sur le terrain de jeu à sept heures du matin et à nouveau douze heures plus tard, constituaient une véritable nuisance.

Quoi de plus tentant que de courtiser à nouveau Fortune ? Si elle se montrait inconstante, nous retournerions au Stadtvogtei. Selon le nouvel arrangement, la peine pour une « simple évasion » d'un prisonnier militaire était de quinze jours d'emprisonnement. Au début, nous avons interprété ce paragraphe comme s'appliquant également aux prisonniers civils. Maintenant, nous en doutions davantage. Nos amis, envoyés en prison après le 1er août, avaient plus que doublé le délai imparti avant notre sortie du camp. Quoi de plus probable que les Allemands traiteraient l'accord comme un autre « bout de papier » et nous enverraient dans des quartiers d'hiver confortables, si nous étions pris ?

Nous avions prévu de commencer quelques jours après notre arrivée au camp. Cela nous parut impossible, mais pour deux raisons le retard fut heureux. Cela nous a permis de retrouver notre santé et de nous habituer au plein air, et cela nous a rapproché du moment de la nouvelle lune au milieu de septembre.

Environ une semaine après notre arrivée, Wallace a décidé de ne pas nous accompagner. Depuis des mois, il avait son propre plan, qui ne recommandait ni à Tynsdale, ni à Kent, ni à moi. Il aimait plutôt l'idée de jouer seul, et son fort désir de revoir un peu plus ses amis à Ruhleben l'a finalement décidé. Tynsdale, Kent et moi avons « continué ».

Nos plans étaient assez simples, une fois sortis du camp. Nous comptions d'abord nous rendre à Berlin. De la capitale, un voyage en train d'une vingtaine d'heures (avec une pause de sept heures) devait nous conduire à une petite ville du nord-ouest de l'Allemagne, à soixante kilomètres à vol d'oiseau de la frontière néerlandaise. De là, nous avions l'intention de marcher, la distance par la route étant d'un peu plus de soixante-dix milles. Il faudrait traverser une rivière considérable, nous ne savions pas trop comment, mais nous étions tous des nageurs assez puissants.

La connaissance de l'allemand de Tynsdale n'était pas suffisamment bonne pour lui permettre de voyager sur le chemin de fer sans un compagnon pour parler. Kent, son ami particulier, était plus que disposé à prendre le risque d'être le courrier de Tynsdale et proposa que lui et son ami voyagent toujours dans un compartiment, tandis que je voyageais seul dans un autre. Cet arrangement était évidemment injuste. S'il avait la sagesse de voyager en deux groupes, Kent prendrait toujours le plus grand risque. Nous avons finalement convenu que Tynsdale serait alternativement sous la garde de Kent et de la mienne.

Nous avions des cartes et des boussoles. J'avais une bouteille d'eau et un sac à dos, et Kent en obtint un autre au camp. Il faudrait en acheter une troisième et deux bouteilles d'eau en cours de route.

Nous avions des vêtements ordinaires, dictés par le voyage en train ; aussi des sous-vêtements suffisants pour le froid, et deux épais pardessus entre nous. Deux de mes soies cirées protégeraient mes amis les jours de pluie. J'ai insisté pour porter un lourd ciré naval, suffisamment grand pour constituer une toile de fond décente pour nous trois. Si possible, nous avions l'intention de transporter de la nourriture pendant dix jours ; biscuits de cabine, dégoulinant, bœuf compressé, chocolat, cacao et lait en poudre, sucre et raisins secs.

Un de mes amis, dont j'ai parlé plusieurs fois dans ce récit, m'a parlé un matin. «Prenez», commença-t-il oraculairement et avec un clin d'œil, «une livre de vrai gruau écossais, une livre de jus de fruits et une livre de sucre. Bien mélanger. Abaissez la pâte jusqu'à ce qu'elle atteigne environ trois quarts de pouce d'épaisseur et faites-la cuire à four chaud pendant quatre heures. Le résultat ressemblera à des sablés. C'est extrêmement durable. Qu'il s'effrite facilement en une poudre grossière ne vous préoccupe que dans la mesure où vous devrez le transporter convenablement emballé. Des mouchoirs feront l'affaire. À la rigueur, un gâteau par jour, plus petit que votre main, vous permettra de tenir indéfiniment. Et, ajouta-t-il volontiers, si vous me donnez le matériel, je le ferai pour vous. Mais attention, mâchez-les bien lorsque vous les mangez. Il faudra un certain temps pour les mastiquer correctement. Vous devez le faire pour profiter pleinement des flocons d'avoine.

Les gâteaux carrés, un peu plus petits que la paume de la main d'un homme, qu'il nous remit par colis quelques jours après, étaient plutôt lourds pour leur taille. Nous avons pensé à en transporter dix par homme, avons réduit les biscuits à deux par jour et avons complètement abandonné la viande et le cacao.

Pour emporter tout cela pendant le voyage en chemin de fer, nous avions un porte-manteau allemand bon marché, que j'avais acheté à cet effet en prison, et deux petits sacs à main en cuir. Quant à l'argent, j'étais assez bien pourvu. Mes compagnons disposaient de sommes moindres et, à nous deux, nous avions de quoi même en cas d'urgence.

Entre-temps, nous avons réussi à être vus ensemble le moins possible. La fuite était dans l'air. Deux tentatives émanant d'autres casernes échouèrent au cours de la première quinzaine. Ce qui était pire pour nous, c'est que trois hommes de notre caserne ont pris le mors aux dents et sont partis une nuit. Ils étaient de nouveau en cellule avant l'aube.

Les autorités du camp étaient bien éveillées et renforcèrent lentement les gardes. De plus en plus de chiens policiers arriveraient presque quotidiennement. (Je doute que ces rapports soient exacts.) Les sous-officiers patrouillaient sans cesse parmi les sentinelles, ou se cachaient et surveillaient pendant des heures les endroits où ils pensaient que les fugitifs passeraient.

Tant que nous savions à l'avance où se trouvaient ces endroits, cela n'avait pas beaucoup d'importance, mais cela augmentait certainement ma nervosité et mon impatience. Je crois que j'ai été une dure épreuve pour mes amis avec mes supplications incessantes et irrationnelles pour « que quelque chose soit fait ».

Kent et Tynsdale avaient réussi leur première évasion du camp en soudoyant simplement la sentinelle à la porte et une autre, et en sortant. Nous avions espéré répéter cette performance. Ces deux sentinelles étaient toujours de garde au camp. Immédiatement après notre arrivée, nous les avons interrogés sur leur volonté de gagner facilement quelques centaines de marks. Nous ne l'avons pas fait nous-mêmes, mais nous avons utilisé les bons offices d'un ami de Tynsdale, qui avait des relations approfondies de nature différente avec les deux soldats allemands et qui pouvait exercer sur eux une forte pression. Pour apprécier l'importance de l'aide qu'il nous a apportée, il faut rappeler qu'aucun soldat n'avait le droit de parler avec un prisonnier. Il nous aurait été difficile d'établir une communication directe avec les deux militaires. Non seulement la caserne disciplinaire était la moins adaptée aux réunions secrètes, mais ses détenus étaient maintenus sous une surveillance plus continue que le reste des internés.

Les deux soldats étaient tout à fait disposés à faire des affaires, mais affirmaient que tout ce qu'ils pouvaient faire était d'y prendre une part entièrement passive. L'ancienne méthode simple était hors de question. Les autorités du camp se méfiaient trop de l'existence d'irrégularités parmi les gardes et du danger de nouvelles tentatives maintenant que la « bande » était de retour au camp. « Si nous obtenons certains postes, nous ne contesterons pas pendant un temps déterminé », c'est ce que nous ont fait comprendre les militaires.

La situation s'aggrave lorsqu'un de ces soldats est soudainement envoyé au front. Ses multiples activités en faveur des prisonniers – le paiement étant effectué avec de la nourriture anglaise – avaient fini par lui causer des ennuis. L'autre homme, son associé dans la plupart des transactions, s'attendait au même sort et devint intraitable pendant quelques jours. Comme rien ne lui était arrivé, il reprit peu à peu son état d'esprit normal.

Nous avions l'intention de quitter le camp au coin ouest. C'était plus éloigné de la caserne des évadés et plus proche de Spandau. Notre itinéraire devait nous conduire à travers une partie de Spandau.

Un box dans la caserne n°8 était notre quartier général. C'est là que notre équipement était conservé et c'est là que nous avions l'intention de nous habiller.

Les fenêtres du grenier de la caserne n° 4 donnaient sur l'enceinte de la caserne des visiteurs. Ils mesuraient environ deux pieds carrés et étaient recouverts d'un grillage qui pouvait facilement être retiré. Comme le grenier de cette caserne était divisé en un grand nombre de petites cellules, seuls les habitants d'une seule cellule avaient besoin d'être mis dans notre confiance dans une certaine mesure. Ils se sont engagés avec empressement à ce que tout soit prêt au bout de quelques heures, y compris la corde par laquelle il faudrait descendre. Une fois dans l'enceinte de la Caserne des Visiteurs, nous n'aurons qu'une seule clôture métallique à escalader pour pénétrer dans l'espace entre celle-ci et la clôture extérieure en bois. Les clôtures métalliques étaient constituées de grillage solide avec des brins de fil de fer barbelé le long du sommet. Ils mesuraient environ huit pieds de haut. La clôture en bois ne s'étendait que sur une petite distance. Le reste avait été détruit par un incendie survenu dans le camp en juin de la même année. Sur une partie du chemin, nous devrions être partiellement protégés de la vue des sentinelles par la clôture en bois et les structures qui nous entourent.

Il y avait un chemin creux, bien éclairé par l'électricité et bien gardé. Les sentinelles ont marché au sommet d'une berge et ont pu voir la majeure partie de l'espace entre le grillage et la clôture en bois. Le poteau n° 2 se trouvait au coin de la clôture en bois, là où le chemin rencontrait la route qui longeait le devant du camp et s'étendait le long du chemin sur environ soixante-dix mètres. Puis vint le poteau n° 3. L'extrémité de la clôture en bois était plus proche de la route que de l'autre extrémité du poteau n° 2.

La tentative devait avoir lieu pendant que notre homme était de service. Il devait être sourd et aveugle. Cela nous laisserait libres de concentrer notre attention sur le message n°3.

"Dimanche prochain!" Kent me l'a longuement raconté un vendredi. "Es-tu prêt?"

« Bon Dieu, mec, j'étais prêt ces deux dernières semaines ! Puis j'ai commencé à ruminer : « Dimanche ? C'est plutôt gênant !

"C'est vrai, mais pensez-vous que nous devrions le retarder pour cette raison ?"

« Non, certainement pas ! Tynsdale se rend-il compte de l'état des choses ?

«Je n'en ai pas discuté avec lui. Si nous parvenons à un accord, il sera sûr de partager le même avis.»

Il y eut deux objections au jour proposé : l'une parce que c'était un dimanche, ce qui rendait l'entrée à Berlin plutôt risquée, l'autre parce que c'était le 16 septembre, ce qui rendait encore plus difficile la sortie de la capitale.

Quant à dimanche, la nourriture manquait en Allemagne, notamment dans la capitale, et le commerce illégal était monnaie courante. Chaque dimanche, les habitants affluaient en masse dans la campagne pour acheter directement aux paysans les produits agricoles, offrant des prix bien supérieurs à ceux fixés par la loi. Pour mettre fin à cela, la police arrêtait fréquemment les passagers qui se rendaient en ville sur les chemins de fer nationaux et locaux, dans le métro et dans les tramways, et inspectait leurs bagages. Une fouille de nos sacs et ballots signifierait une arrestation immédiate.

Deuxièmement, à 2 HEURES DU MATIN le 17 septembre – le lundi suivant le jour que nous avions choisi – l'heure d'été devait passer à l'heure astronomique. Par conséquent, les trains dans tout le pays partaient indépendamment des horaires imprimés pendant plusieurs heures avant et après le recul des aiguilles des horloges. Nous ne pouvions donc pas être sûrs de pouvoir ou non prendre le train que nous avions sélectionné.

Nous sommes arrivés à la conclusion que nous devrions prendre le risque. Mais ne pourrait-on pas minimiser le premier, le plus grand des deux risques, en réduisant le nombre de nos bagages ? « Nous ne prendrons qu'un seul des petits sacs à main, nous jetterons ceux-ci et ces articles et nous emporterons de la nourriture pendant six jours seulement », avons-nous décidé.

La quantité de nourriture que nous avons finalement emportée avec nous s'établissait par homme et par jour comme suit : une tablette de chocolat, deux petits biscuits-cabanes avec du jus, un gâteau des fameux « sablés des évadés », deux ou trois morceaux de sucre, et une demi-douzaine de raisins secs. Une boîte de conserve de comprimés de lait malté Horlick était emportée en réserve, ainsi qu'un petit flacon de cognac.

CHAPITRE XXI
LE JOUR

Le 16 septembre 1917, notre homme montait la garde au poste n°2 de 19 heures à 21 HEURES et de nouveau quatre heures plus tard. Il avait pour consigne de s'attendre à quelque chose entre 8 et 9 heures, ou, à défaut, lors de son prochain quart de travail. La dernière partie de ses instructions avait été réfléchie après coup. Il était prévu que nous prenions le train à la Lehrter Bahnhof de Berlin à 23h47. CELA nous aurait considérablement gênés si nous avions dû retarder notre départ. Si tout se passait de manière satisfaisante pour la sentinelle, elle recevrait sa récompense le lendemain matin, quoi qu'il nous arrive.

Ce soir-là, nous devions être comptés pour la dernière fois de la saison à 19 heures. L'appel nominal a eu lieu sur le terrain de jeu, au centre de l'hippodrome. C'était à l'extérieur du camp fortement protégé proprement dit, et il commençait à faire trop sombre, à l'heure mentionnée, pour permettre aux prisonniers de sortir de l'une des trois clôtures grillagées qui l'entouraient.

Dès que les rangs se sont rompus après être repassés dans l'enceinte intérieure du camp, nous nous sommes dirigés nonchalamment et séparément vers la caserne n° 8. La loge dans laquelle nous sommes entrés était tout à fait déserte. On voyait deux de ses habitants bavarder près d'une des entrées de la caserne, d'où ils pouvaient héler tout visiteur fortuit qui aurait l'intention de les chercher dans leurs quartiers. Nous nous sommes habillés le plus rapidement possible, mais nous nous sommes préparés un peu plus tard que prévu. Nos bagages avaient été transportés dans l'après-midi vers le box choisi dans le grenier de la caserne n° 4 par des hommes pas particulièrement intéressés par notre entreprise.

La cabine de nos amis était dans le noir. La fenêtre ouverte en face de la porte en carton-carton à ossature de bois laissait apparaître une légère lueur gris-rosé venant du ciel à l'ouest. L'espace confiné semblait rempli de formes vaguement visibles qui murmuraient que tout était prêt.

De manière assez perverse, pensai-je, Tynsdale m'a soudainement demandé de l'accompagner « pour jeter un œil à la porte ». C'était une double porte, abondamment protégée par des barbelés, qui donnait accès à l'enceinte de la Caserne des Visiteurs pendant la demi-heure hebdomadaire où les visiteurs étaient autorisés à voir les prisonniers. Sans tenir compte le moins du monde de mes protestations, il a disparu et j'ai dû le suivre.

«Je pense que nous ferions mieux de franchir le portail au lieu de tomber par la fenêtre», fut-il tout ce qu'il répondit à mes questions sur son caprice inattendu. Face à mon opposition quelque peu véhémente à toute modification de notre ligne de conduite souvent et mûrement réfléchie, il a fait la sourde oreille.

«Je vais grimper ici», annonça-t-il d'une manière truculente après une brève inspection, et il commença presque immédiatement à adapter l'action à ses paroles. Aussi peu d'attention qu'il m'avait prêté, il accordait moins d'attention à une vingtaine ou une trentaine d'hommes, pour la plupart des marins, qui flânaient près de l'endroit. Et puis une très belle chose s'est produite. Dès que ces hommes virent ce que Tynsdale faisait, et sans aucune hésitation perceptible, ils commencèrent à marcher négligemment autour de lui, protégeant ainsi ses activités plus efficacement qu'ils n'auraient pu le faire par tout autre moyen. Quant à moi, je me suis dépêché de retourner au loft.

« Allez, » murmurai-je à Kent, à bout de souffle, « vite ! Tynsdale grimpe par-dessus la porte. Il est austère et a l'air fou. J'ai saisi la corde, je me suis faufilé par la fenêtre et j'étais si pressé de descendre que j'ai laissé la corde glisser entre mes doigts. Naturellement, une bonne partie de la peau collait à la corde. J'ai atterri avec une bosse et j'ai eu juste le temps de m'écarter lorsque les deux cents livres de Kent se sont écrasés derrière moi. Nous nous levâmes, tous deux les paumes brûlantes, tandis que les pardessus semblaient pleuvoir par la fenêtre du dessus. Nous avons réussi à rattraper les deux grips alors qu'ils tombaient. Pendant tout ce temps, nous entendions Tynsdale faire un vacarme épouvantable parmi les câbles. Dès qu'il eut franchi les deux premiers obstacles, il commença à franchir la troisième barrière, tandis que Kent et moi portions notre attirail jusqu'au pied de celle-ci. Ensuite, Kent est passé par-dessus et j'ai chargé les affaires à Tynsdale, qui se tenait prêt à les recevoir. Kent était un homme costaud et il me parut plus que maladroit à ce moment-là. Comment a-t-il réussi à franchir la clôture sans attirer toute la garde autour de nos oreilles, je n'arrive pas encore à le comprendre. Ma propre performance leur a probablement semblé tout aussi mauvaise.

Alors que je lâchais ma dernière prise, un murmure de scène venant de la fenêtre à une quinzaine de mètres de là, parvint à nos oreilles : « Laissez tomber, imbéciles, laissez tomber ! Les hommes dans le grenier pouvaient voir les sentinelles au-dessus des baraquements en bois, bas et intermédiaires. À en juger par l'excitation contenue dans leurs voix, l'une des sentinelles devait venir vers nous avec beaucoup de détermination.

Un champ de mauvaises herbes sur notre gauche était le seul abri près de nous. Attrapant le deuxième porte-manteau, qui se trouvait toujours près de la clôture, j'ai plongé dessus et suis tombé à côté de Kent. Tynsdale, qui s'était avancé, battit en retraite précipitamment vers nous et disparut de l'autre côté de Kent.

Nous étions là, essoufflés et dangereusement près de l'extrémité inférieure. Je n'osais même pas relever la tête, et puis après un très, très long intervalle, les voix étouffées retentirent à nouveau, venues du ciel : « Tout est clair. Poursuivre."

Nous arrivons au bout de la clôture en bois. La sentinelle ennemie était introuvable. Quelques pas rapides et longs nous conduisirent à travers le chemin creux, dans le champ de pommes de terre et au-delà du cercle des lumières électriques éblouissantes. Kent était en tête. Soudain, il tomba, et nous suivions son exemple au moment même où la porte de la caserne des soldats, à cinquante mètres peut-être sur notre gauche, s'ouvrait avec un déclic. Puis il s'est refermé.

Les vignes de pommes de terre offrent une très bonne couverture pour un homme en position couchée. Il faisait sombre aussi. Mais, allongé là, j'avais le sentiment inconfortable qu'une partie importante et visible de mon anatomie devait ressortir à la vue de tous. Je m'aplatis le plus possible et essayai en vain de diminuer ma masse par une contraction musculaire générale, mais je semblais gonfler dans des dimensions toujours plus grandes. Quand j'ai levé la tête après un certain temps, j'ai vu deux objets ronds gris et noirs au-dessus des pommes de terre. C'étaient mes compagnons. Nous avions tous cédé au même élan au même moment. Rien de menaçant n'était visible. En silence, nous nous levâmes et peu après regagnâmes la route.

Nous devions désormais jouer le rôle de civils allemands inoffensifs et, par conséquent, la nécessité du silence n'était plus nécessaire. "Qu'est-ce qui a poussé cette porte à s'ouvrir et à claquer ?" J'ai demandé à Kent. "Je n'ai pas pris le temps de regarder moi-même."

"Deux soldats sont sortis de la caserne et se sont dirigés vers le camp."

«Eh bien, tout va bien, je suppose. Vous connaissez cette route. C'est vous qui dirigez.

Kent se retourna et s'éloigna, suivi de près par Tynsdale et moi. Nous n'avions pas fait beaucoup de pas lorsque j'ai soudain vu le bout d'une cigarette briller dans le noir devant nous. Kent hésita, s'arrêta et nous chuchota.

"Oh, continue!" J'ai répondu avec irritation. "Nous ne pouvons pas nous arrêter là." Kent avança et dépassa deux soldats qui se tenaient au bord de la route. Ils se sont avancés, nous barrant le passage. J'ai fait mine de les dépasser, mais ils ne se sont pas écartés pour faire de la place.

"Que faites-vous ici?" » a demandé l'un d'eux.

"Que veux-tu?" J'ai contré.

"Nous voulons savoir qui vous êtes et d'où vous venez."

« De quel droit nous arrêtez-vous ainsi et nous posez-vous des questions ?

"Qu'entendez-vous par arrêter quelqu'un sur la voie publique ?" La voix de Kent a amplifié ma question. Je n'avais pas remarqué qu'il s'était retourné et avait rejoint notre groupe. "C'est une voie publique, vous savez."

Tynsdale, qui ne parlait pas très bien l'allemand, se tenait discrètement derrière Kent et moi et avait sans aucun doute l'impression d'être importun.

« Ce n'est pas une voie publique ordinaire. Il y a un camp de prisonniers anglais par là. Nos instructions sont de garder un œil sur la circulation ici, sur ce qu'il y a. C'était toujours le même homme qui parlait. Sa déclaration m'a semblé un peu étrange puisque ni lui ni son compagnon n'étaient visiblement armés et ni l'un ni l'autre ne portaient de casque, deux signes indiquant qu'ils n'étaient pas de service. "À moins que vous n'ayez un passeport ou que vous puissiez établir votre identité par d'autres moyens, vous devrez venir avec nous, afin que nous puissions vérifier qui vous êtes."

"Non, je n'ai pas de passeport", dis-je lentement. "Vous n'avez pas toujours besoin d'un simple va-et-vient depuis votre travail." J'essayais de réfléchir à ce qu'il fallait faire ou à dire, et en particulier s'il fallait risquer environ dix ans de prison, si la seule solution qui nous semblait ouverte échouait.

"Oh, n'importe quoi fera l'affaire", continua le soldat, "une enveloppe qui vous est adressée, par exemple."

J'avais pris ma décision. "Droite. Je vais te donner quelque chose. Voici mon passeport. » Et je lui tendis un billet de cent marks sorti de mon portefeuille.

Le soldat a regardé la facture, puis moi. Il poussa son compagnon dans les côtes avec son coude et le lui montra.

« Vous voyez ce que cet homme appelle un passeport ? Est-ce que tout va bien?"

"C'est bon", dit l'autre.

"Garçon Garçon! Vous êtes des gars, vous l'êtes ! Dis, tu ne pars qu'une nuit à Berlin, ou tu ne reviens pas ?

«C'est bien ainsi», lui dis-je.

« Dites, de quelle caserne venez-vous, les gars ?

« Tu n'as pas à t'inquiéter pour ça pour l'instant. Vous entendrez tout cela demain matin.

"Ah très bien! Mais tu l'as battu maintenant, vite ! et ils se tournèrent pour partir. Mais j'ai eu l'idée de les utiliser davantage.

« Dites, » ai-je appelé, « nous voulons entrer à Spandau. Est-il probable que nous soyons arrêtés ? Y a-t-il beaucoup de sentinelles par là ? Quelle est la meilleure voie à suivre ?

"Beaucoup. Continuez tout droit, puis tournez à gauche et traversez la voie ferrée. Ils sont partis.

Quand j'ai cherché la poignée que j'avais déposée pour accéder à mon portefeuille, je l'ai trouvée disparue. Kent avait continué son chemin. Tynsdale était toujours près de moi.

« Où est ce portemanteau ? lui ai-je demandé avec enthousiasme. "Je l'ai déposé ici."

«Je ne sais pas», répondit-il. «Je ne l'ai pas vu du tout. Où l'as-tu posé ?

Pendant quelques secondes, nous avons regardé sous les buissons, sans succès. « Un homme qui accepte un pot-de-vin volera », était une conclusion assez naturelle à laquelle on pouvait arriver.

« Attendez une minute », ai-je jeté par-dessus mon épaule et me suis lancé à la poursuite des deux soldats. C'était la plus grande de nos deux poignées qui manquait, contenant la partie la plus importante de notre équipement.

"Qu'est-ce que tu veux maintenant?" c'est ainsi qu'ils m'ont reçu. Aucun d'eux ne transportait quoi que ce soit.

"Oh, rien," répondis-je d'un ton léger. Ne pouvant les prendre sur le fait, je n'osais pas prendre le risque de les accuser. «Je pensais avoir perdu quelque chose», dis-je.

Celui qui parlait marmonna quelque chose de menaçant. Ils étaient naturellement très désireux de se débarrasser de nous maintenant.

« Venez, » dis-je à Tynsdale avec résignation, lorsque je l'eus rejoint. "Nous devons en tirer le meilleur parti." Un peu plus loin sur la route, Kent nous attendait à l'ombre d'un buisson, avec ses deux poignées. Il avait ramassé le mien quand il avait commencé à avancer et m'avait causé quelques mauvais moments. Ici, nous nous brossions avec nos mains et nos mouchoirs. Une courte promenade dans de larges rues désertes, la plupart flanquées de bâtiments d'usine, s'est révélée agréablement sans intérêt.

Il était encore tôt dans la soirée, mais la large artère de Spandau, non loin de la gare, était déserte, à l'exception d'un petit groupe de personnes entre deux grands lampadaires qui, comme nous, attendaient un tram pour Berlin. Les arcs de lumière pétillaient légèrement de temps en temps et projetaient des ombres violettes passagères sur l'île, qui servait de plate-forme aux tramways.

Nous étions tous les trois un peu éloignés, échangeant de temps en temps un mot ou deux en allemand. Nous étions chauds d'excitation et d'effort. Je portais le grand portemanteau et un pardessus sur mon bras. Kent avait l'autre sac, Tynsdale, une soie cirée enveloppée dans son pardessus.

Le premier tramway était bondé, mais un second, immédiatement derrière, n'était que moyennement plein. Comme convenu, nous sommes montés sur la plate-forme du conducteur, la partie la plus sombre du véhicule et la moins recherchée.

Pendant le premier quart d'heure de notre trajet, les lignes de tramway et les rues étaient parallèles, mais de l'autre côté, à la voie ferrée qui passait devant le camp. La porte est du camp de Ruhleben se trouvait à un moment donné à moins de deux cents mètres d'une halte où les officiers et les hommes de la garde du camp montaient habituellement à bord des tramways pour se rendre en ville. À peine à la moitié de cette distance, une sentinelle patrouillait.

La possibilité d'une rencontre fâcheuse à ce stade nous tenait en haleine. Si quelqu'un de Ruhleben était entré accidentellement dans notre voiture, nous n'avions pas l'intention d'y prêter attention, à moins qu'il ne se présente sur le quai avant. Ce que nous aurions dû faire dans ce cas, je ne le sais pas. Notre débrouillardise n'a heureusement pas été mise à l'épreuve.

La plate-forme avant est devenue assez bondée. Je réussis à manœuvrer Tynsdale dans un coin et me plaçai devant lui, le coupant ainsi de toute probabilité d'être interpellé par l'un des passagers. Kent pouvait prendre soin de lui-même, peut-être mieux que moi, car il était plus disposé à parler sa langue. A mi-chemin de Berlin, devant la gare du West End de Charlottenburg, où avait commencé mon voyage en train il y a dix-huit mois, la voie était bloquée par une voiture en panne. Il fallut une demi-heure pour l'acheminer sur une voie d'évitement et dégager la ligne. Nous n'étions pas pressés par le temps et restions à notre place, presque les seuls passagers à le faire.

Notre destination immédiate était la Wilhelms Platz à Berlin. De là, nous devions nous rendre à la gare de Lehrter. Sans nous-mêmes connaître la situation locale, nous avions une idée sur la façon de procéder. Kent devait être guide et directeur intérimaire, mais il continuait à me consulter, qui se contentait de le suivre.

Broadway, aux heures les plus fréquentées de la journée, n'est pas aussi bondée que l'étaient, cette nuit-là, les rues beaucoup plus larges de la capitale allemande. Il semblait que toute la population de Berlin errait plus ou moins sans but. Deux flux massifs de personnes se déplaçaient dans des directions opposées sur les trottoirs et débordaient du trottoir sur la chaussée. D'une certaine manière, cela nous a été favorable. Sauf par hasard, il aurait été impossible de nous retrouver. En revanche, il était difficile pour un groupe de trois de se déplacer en tram ou en omnibus. A chaque arrêt de ces transports publics, une lutte libre semblait se dérouler pour les places à l'intérieur ; non pas la précipitation dont nous avons l'habitude de nous plaindre à Londres, mais une bousculade dans laquelle la force brutale a triomphé sans aucun respect trivial pour les bonnes manières et les droits d'autrui.

Après être descendus et avoir traversé la Wilhelms Platz, Kent trouva une station de métro.

« Prenez un billet en première classe pour vous. J'en achèterai deux », étaient ses instructions, murmurées en allemand.

J'en ai acheté un de troisième classe. Je n'ai pas voulu. J'étais tout simplement trop génial pour demander la première classe. Cela signifiait la prononciation d'un mot supplémentaire. J'aurais pu le parler aussi correctement que n'importe quel Allemand, mais supposons qu'il n'y ait pas de première classe dans le métro ! Ils deviendraient méfiants ! C'était très idiot de ma part. Erreur n°1.

Naturellement, la troisième classe était bondée. En Allemagne, il n'est pas d'usage d'être poli envers le sexe doux. Je le savais aussi bien que tout le monde. Mais lorsqu'une femme âgée, l'air très fatiguée, s'accrochait à une sangle juste devant moi, je me suis levé avant de savoir ce que je faisais. Elle déclina le siège proposé, confuse. Pour réparer ma « cassure », je me rassis en toute hâte, les oreilles en feu. Erreur n°2. Kent m'a lancé un regard poignard depuis le siège opposé, et dès qu'il en a eu l'occasion, j'ai obtenu ma perruque.

Sur la Leipziger Platz, la foule était plus nombreuse. Il n'y avait pas la moindre chance de monter dans un train.

« Il y a des droshkies là-bas », dit Kent en me tirant le bras pour attirer mon attention.

"Prends en un !" J'ai répondu sèchement.

Ce qui est merveilleux, c'est que le chauffeur nous a accepté comme tarif. Les bagages que nous transportions et notre destination, Lehrter Bahnhof, ont fait l'affaire, je crois.

La promenade à travers la Sieges Allee, devant la plus grande atrocité du « Iron Hindenburg », et plus loin dans les rues résidentielles désertes, était splendide. Nous avons allumé des cigarettes et j'ai retrouvé mon sang-froid. Je le voulais. D'un air sombre, je réfléchis que deux erreurs suffisaient amplement pour une journée.

À onze heures, nous trouvâmes la salle des réservations de la gare Lehrter bondée. Kent et moi avons déposé nos bagages et avons pris place dans la longue file d'attente devant le bureau de réservation.

« À quelle heure onze heures quarante-sept pour Hanovre ce soir ? J'ai demandé à un porteur qui passait devant moi.

— Douze heures quarante-sept, mais ce soir seulement.

Nous avions presque deux heures à parcourir, d'une manière ou d'une autre. Pas à la gare, c'était certain.

«Suivez Tynsdale et moi. Restez le plus loin possible à l'arrière et ne nous perdez pas, dis-je à Kent.

La gare Lehrter est située dans la partie nord-ouest de Berlin. Il ne semblait pas y avoir de cafés décents à proximité où nous pourrions passer du temps et prendre un verre. Cependant, comme nous avions très soif, nous avons trouvé un endroit bas de gamme pas très loin dans lequel nous avons commandé chacun un verre de bière. Lorsque la serveuse apporta la boisson, elle nous dit sans grâce que le café allait fermer dans quelques minutes. Nous avons vidé nos verres en toute hâte, heureux de quitter les lieux le plus rapidement possible. Trois soldats allemands nous observaient depuis une table proche de la nôtre avec beaucoup trop d'attention à notre goût.

A l'extérieur, la formation précédente a repris. En marchant très lentement, je suis repassé devant la gare, le long de la rivière Spree, puis à travers les rues désertes d'un quartier résidentiel et enfin, par hasard, dans la Friedrich Strasse avec sa foule dense. En chemin, j'entretins un semblant de conversation avec Tynsdale. Je n'irais plus dans un café, si près de l'heure de fermeture, pensant que nous étions les plus en sécurité parmi la foule, qui avançait aussi tranquillement que nous. Tynsdale se contentait de me suivre et Kent n'avait aucune chance de faire valoir ses objections.

Plus lentement, si possible, nous sommes retournés à la gare, où nous sommes arrivés avec cinquante minutes d'avance. Après avoir récupéré nos bagages, nous avons passé du temps dans la salle d'attente et au restaurant, autour d'une bière, d'un café et d'une limonade. Les cigarettes allemandes, achetées au comptoir, nous permettaient de profiter d'une fumée apaisante.

« Devrions-nous sortir sur le quai maintenant ? » » demanda Kent vingt minutes avant l'heure du train.

"Non; attends, répondis-je. Plus tard, j'expliquai que, puisque notre absence était probablement connue à ce moment-là dans le camp et qu'il y avait une chance que les passeports soient inspectés à un terminus, j'ai pensé qu'il serait préférable que nous nous précipitions vers le quai en tant que retardataires.

Si je me souviens bien, Kent devait chaperonner Tynsdale jusqu'à Hanovre. Au dernier moment, je lui demandai de venir dans mon compartiment. J'aurais dû m'inquiéter pour mes amis si j'avais voyagé seul dans une relative sécurité et j'étais sûr de me sentir plus heureux avec Tynsdale à mes côtés. À tort ou à raison, j'imaginais que je pourrais prendre soin de lui aussi bien que Kent.

Le train était à l'arrêt et était bondé jusqu'au dernier siège lorsque nous avons essayé de monter à bord.

« Pouvons-nous monter dans un compartiment de première classe ? J'ai demandé à un fonctionnaire très occupé. "Il n'y a pas de place dans la seconde."

"Troisième et deuxième seulement dans ce train", répondit-il, puis il nous poussa, Tynsdale et moi, dans une voiture déjà bondée, d'où il expulsa un soldat qui avait un billet de troisième classe.

«Asseyez-vous», dis-je péremptoirement à Tynsdale, qui obéit. Je me tenais dans l'allée, appuyé contre la fenêtre. Kent disparut dans un autre compartiment.

Ensuite, nous sommes partis, devant le camp de Ruhleben, vers Spandau comme premier arrêt. Il semblait évident que notre absence était désormais connue au camp. Nous craignions que le train ne soit fouillé à Spandau. J'ai trouvé un certain réconfort dans son état de surpeuplement. Lorsqu'une nouvelle foule de personnes s'est rassemblée dans la petite salle debout restante, j'ai béni le manque de trains qui provoquait l'encombrement. Depuis, des informations me sont parvenues selon lesquelles les autorités du camp n'ont découvert notre évasion qu'à l'appel du lendemain matin.

Au bout d'une heure, le compartiment se vida, jusqu'à ce que nous nous retrouvions seuls, à l'exception d'un sous-officier allemand qui, gros comme un cochon, respirait de façon steroreuse dans son sommeil. Tynsdale dormait derrière son pardessus. J'ai suivi son exemple pendant de courtes périodes, le sentiment mal à l'aise d'avoir quelque chose ou quelqu'un à qui s'occuper de me suivait dans des rêves confus.

A la gare centrale de Hanovre, nos bagages sont allés au vestiaire et nous sommes allés nous-mêmes dans la salle d'attente et au restaurant pour prendre une tasse de café.

Je connaissais assez bien Hanovre et je devais conduire mes amis à l'Eilenriede, un immense parc public qui encercle un quart de la ville. La plus grande partie est en réalité une forêt densément boisée, où nous pourrions passer la matinée, ou une partie de celle-ci, en toute sécurité. Tynsdale et moi devant, Kent derrière, nous nous y rendîmes, autant que possible à travers les ruelles.

C'était une matinée typique de septembre, promettant une journée chaude. La vie de la ville commençait à s'agiter : les gens allaient travailler, les laitiers faisaient leur tournée, la charrette d'un fermier en retard claquait de temps en temps sur les pavés ; des rues principales arrivaient le bourdonnement des chariots et le tintement des cloches.

Dans le parc, Kent s'est enfermé et nous avons marché un moment de front, parlant librement en allemand. Nous nous sommes sentis fatigués et nous nous sommes finalement assis dans un endroit isolé, entouré de bois épais et de sous-bois. A de longs intervalles, des randonneurs matinaux nous dépassaient, des vieux messieurs solitaires et plusieurs couples qui, décidément, n'éprouvaient aucun besoin de compagnie supplémentaire et, par conséquent, faisaient plus attention à nous que les vieux messieurs. A proximité, deux femmes ramassaient du bois et le chargeaient dans des « landaus » délabrés. Ils étaient généralement hors de vue, mais nous les entendions tout le temps, brisant les bâtons secs en longueurs convenables.

Peu à peu, le soleil aspirait les brumes, mais la brume d'une journée d'automne demeurait. Des rayons de lumière obliques traversaient le feuillage, qui émettait des reflets scintillants, où il se déplaçait dans une très légère brise, tandis que ses ombres semblaient danser joyeusement sur le sol. Un chœur complet d'oiseaux gazouillait et gazouillait pour célébrer la chaleur de l'été déclinant. Le bourdonnement des insectes régnait dans l'air. Un papillon passait par intervalles, et derrière notre siège, une colonie de fourmis s'affairait.

Les feuilles avaient commencé à tomber. Ils couvraient le sol entre les arbres, mais les branches elles-mêmes ne présentaient que le feuillage vert foncé de l'été.

Notre environnement m'a intensément ému. Je n'avais pas vu ainsi une chose verte en dix-sept mois de prison. Je n'avais pas été parmi les arbres verts depuis plus de trois ans. Le siège, aussi dur soit-il, était confortable pour nos corps fatigués. Nous nous sentions paresseux, et après avoir discuté des événements de la nuit et esquissé la prochaine étape, la conversation languissait. Nous aussi, nous avions faim. Deux biscuits chacun et une dose plutôt généreuse de chocolat étaient bons.

Kent nous a dit qu'il avait immédiatement trouvé une place dans le train, la veille au soir. Son compartiment s'était vidé plus tôt que le nôtre et il avait bavardé pendant la majeure partie du voyage avec son seul compagnon de voyage, un lieutenant. Je ne sais pas combien de mensonges il lui a raconté.

A dix heures, nous retournâmes à pied en ville. La chaleur était désormais accablante. Un itinéraire détourné, pour perdre du temps, nous a conduit dans la rue principale, la Georg Strasse. Dans une galerie marchande, je suis entré dans un magasin d'équipement de sport, laissant Tynsdale attendre dehors avec Kent, et j'ai obtenu deux gourdes militaires et un sac à dos extrêmement de mauvaise qualité à un prix exorbitant. Kent a acheté des cigares. Un solide couteau à fermoir fut ajouté à mon équipement. A un passage à niveau du tram, je me suis renseigné auprès d'un policier au sujet des voitures qui allaient à Hainholz. J'avais l'intention de répéter le truc que Wallace et moi avions utilisé dix mois auparavant et d'éviter de quitter la gare principale. Il était alors trop tôt pour prendre un repas dans un restaurant – vers onze heures – alors nous sommes entrés dans le célèbre Kafé Kroepke, où nous nous sommes assis à différentes tables dans l'ordre de notre entrée.

En revenant de la gare, portant nos bagages et marchant dans l'ordre habituel, j'ai aperçu un individu aux allures de détective qui traversait la route dans notre direction. Il s'est placé derrière Tynsdale et moi, entre nous et Kent. Je l'observais du mieux que je pouvais, mais cela ne semblait pas nous intéresser. Pendant que nous attendions le tram, Kent s'est refermé et j'ai failli m'étouffer de rage. Je pensais que ses instructions : « Faites comme nous, mais restez à l'écart » couvraient tout. Maintenant, il me posait des questions. Mais, après tout, cela ne faisait qu'égaliser le score de la nuit précédente contre *moi* .

A Hainholz, je me présentai au guichet et demandai deux billets de deuxième classe pour Brême. Kent en avait demandé une dix minutes auparavant et on lui avait dit d'attendre.

« Est-ce que vous voyagez ensemble ? » a demandé le commis aux réservations.

"Non non. Je voyage avec mon ami », et j'ai agité une main incertaine vers Tynsdale, qui regardait avec un visage impassible depuis un siège derrière nous.

« Dois-je comprendre que vous vouliez un laissez-passer pour deux, et vous, » se tournant vers Kent, qui se tenait à côté de moi, « pour un ?

Kent signifia son assentiment.

«Je veux deux billets pour Brême. Deux!" dis-je.

« Vous voyez, expliqua l'homme, je n'ai pas de billets pour Brême en stock. Je dois rédiger des laissez-passer pour vous. Cela économisera du travail si deux personnes voyagent ensemble. Je peux alors établir un laissez-passer commun pour deux. Dieu merci, ce n'était rien d'autre !

Nous nous sommes précipités sur le quai juste à temps et avons attendu une demi-heure le train en retard, un autre train de type parlementaire.

Tynsdale et moi occupâmes les deux dernières places dans un compartiment occupé par un homme bien habillé et soigné, quatre clapets avec des cartes scolaires et une très jolie femme.

Je me suis senti très soulagé lorsque le train a démarré. Une autre partie de notre aventure était terminée ! Nous avions désormais quitté la route directe vers la Hollande, la route par laquelle les autorités s'attendaient à ce que nous empruntions. Cloppenburg, qui était l'objectif ultime de notre voyage en train, se trouvait en ligne droite, à quelques kilomètres à l'ouest de nous. Pourtant, nous allions mettre encore sept heures et demie pour y arriver et avons dû changer deux fois de direction de notre vol.

C'est donc avec un calme considérable que j'étais assis, écoutant le bavardage des clapets et les ronflements occasionnels de l'homme, et regardant le paysage par la fenêtre.

Il s'étendait jusqu'à l'horizon, dansant dans la brume thermique. Vers quatre heures, des nuages blancs firent leur apparition dans le ciel azur, suivis bientôt de nuages gris. Lorsque nous sommes arrivés à la gare de Brême, où nous avons dû attendre quarante minutes pour un autre train, qui devait partir à cinq heures et demie, une forte averse tambourinait sur la verrière.

Nos compagnons de voyage sont restés avec nous tout le long du chemin. Environ une demi-heure avant notre arrivée à destination, la jolie dame à côté de moi a commencé à préparer son arrivée. Ses cheveux, en abondance, nécessitaient beaucoup de tapotements et de tirages, ce qui ne modifiait en rien leur apparence à l'œil masculin. Elle s'assit en avant sur son siège et, le dos droit et les bras levés, elle prit la pose captivante d'une femme mettant la dernière touche habile à ses toilettes. Bien que soucieux de ne pas paraître impoli, je m'efforçais de ne rien perdre de ses mouvements, qui me paraissaient d'autant plus charmants que je n'avais pas vu près de moi une femme de sa classe depuis plus de trois ans. Ses bras et ses épaules arrondis et bien modelés apparaissaient faiblement à travers le chemisier fin. Heureusement, elle nous tournait à moitié le dos, à moi et à mon compagnon, et nous pouvions contempler à notre guise.

"N'était-elle pas jolie !" » furent les premiers mots de Tynsdale au restaurant de la gare après quatre heures de silence.

"N'est-ce pas !"

Nous prenions une tasse de café, assis ensemble à la même table. Je suis sorti acheter les trois billets et me laver. À mon grand étonnement, il y avait du vrai savon à utiliser, et pas seulement à regarder comme une curiosité, dans les toilettes de la gare. J'ai fait remarquer ce fait extraordinaire au commis, qui m'a dit très franchement qu'il se faisait un devoir d'avoir du vrai savon, et qu'il lui était rentable de l'acheter en gros à dix-huit marks la livre. Cela impliquait un commerce illicite, et le franc-parler de sa déclaration illustrait le contournement général des lois commerciales strictes et des limites de prix.

Le voyage jusqu'à Oldenburg, notre prochaine étape, ne dura qu'une demi-heure, mais fut la partie la plus éprouvante de notre évasion. Nous étions sur la ligne principale menant à un important centre naval et aéronautique, Wilhelmshaven, et bien que nous ne l'ayons pas approché à moins de cinquante milles, ce fait ne m'a jamais quitté l'esprit. De plus, le compartiment dans lequel Tynsdale et moi nous trouvions était tellement bondé que nous avons d'abord dû rester debout. Dès qu'un siège devenait vacant, Tynsdale s'y glissait. C'était ensuite la vitre de l'autre côté de la voiture, heureusement à l'écart d'un individu curieux et extrêmement bavard, qui, après avoir été repoussé par un officier et s'être attiré le regard hostile d'un homme en uniforme de marine, est tombé pendant une courte période seulement dans silence relatif. Avant qu'il n'ouvre à nouveau ses écluses, je m'étais assis à côté de Tynsdale, observant secrètement le dangereux fou, comme je l'appelais, et envoyant des prières sincères pour que mon ami s'en tienne à la lecture du livre qu'il tenait dans sa main comme d'habitude. Il ne voulait pas le faire, mais il regardait par la fenêtre, donnant chaque fois, je le sentais, l'occasion à notre ami en conversation d'ouvrir le feu.

Les trente-cinq minutes prévues ne prendront pas fin. Même lorsque ma montre m'indiquait qu'ils étaient passés, le train continuait à s'arrêter dans les petites gares et en rase campagne, et reprenait son jogging après un court arrêt. Mon anxiété était grande, mais j'eus enfin ma récompense lorsque nous arrivâmes à Oldenbourg.

Qu'est-ce qui fait qu'un endroit semble « sûr » et un autre menaçant ? Dans la plupart des cas, c'est difficile à expliquer. La confortable assurance de sécurité que j'avais ici, je l'attribuais à l'absence de foule dans la gare et au fait qu'un bureau de réservation entre les quais permettait d'acheter de nouveaux billets sans avoir à franchir les portes avec leurs hôtes hostiles. garde de soldats. Dix-huit mois plus tôt, les volets devant les fenêtres d'un bureau intermédiaire similaire à la gare de Dortmund m'avaient fait réfléchir que les autorités voulaient forcer tous les passagers à se soumettre à la surveillance du gardien et des détectives omniprésents. Maintenant, le visage de l'employé de l'autre côté de la vitre semblait de bon augure. Nous n'étions d'ailleurs pas en Prusse, mais dans le duché d'Oldenbourg.

Notre train devait partir vingt minutes après notre arrivée tardive. Après une courte attente sur le quai, il a été acheminé. Nous nous sommes tous trois regroupés dans le même compartiment, mais nous avons pris place dans des coins différents. Nous n'avons pas fait très attention à cette démonstration de non-appartenance, car personne ne nous a rejoint. Kent a acheté deux petits paniers de fruits à un vendeur qui passait dans le train, et nous avions suffisamment faim pour commencer à grignoter leur contenu immédiatement.

Durant la première partie de cette dernière partie d'une heure et demie nous sommes restés seuls. Le crépuscule se transformait rapidement en obscurité totale. Bientôt il devint impossible de distinguer les noms des stations faiblement éclairées. Je les vérifiai soigneusement depuis l'horaire ouvert à côté de moi, de peur que nous ne descendions trop tôt ou trop tard.

A 8h30 nous sommes arrivés à Cloppenburg. La première partie de notre aventure, et probablement la plus dangereuse, était derrière nous.

CHAPITRE XXII
ORDRE DE MARCHE

Mes deux compagnons s'étaient confiés à ma direction pour le cheminement jusqu'à la frontière. Ma première tâche était de les piloter hors de la ville par le côté droit, si possible, et, ce qui était plus difficile, par la route la plus favorable. Au vu des circonstances, je pensais que c'était une tâche aussi ardue qu'on pouvait me le confier, au tout début. Si une entreprise aussi minime que la nôtre pouvait être décrite en termes militaires, je la comparerais à une action d'arrière-garde et à une retraite réussie hors de contact avec les éclaireurs avancés de l'ennemi.

C'était une nuit très sombre. Seules quelques étoiles brillaient à travers la canopée des nuages. Je ne connaissais rien de la ville, à l'exception du peu d'informations que l'on pouvait tirer d'une carte automobile à l'échelle 1: 300 000. L'horaire nous avait appris que nous devions arriver à une gare et qu'un train devait partir d'une autre environ une demi-heure plus tard. Un certain nombre de personnes étaient susceptibles de passer de l'un à l'autre. Les suivre, comme si nous étions du même avis, nous donnerait un sursaut et nous porterait hors des yeux des agents des chemins de fer. Après cela, il me faudrait faire de mon mieux, sans le secours ni d'une boussole, que je ne pourrais consulter, ni des étoiles, qui n'étaient pas visibles.

Tant que nous étions susceptibles de rencontrer du monde, l'ordre de marche était le suivant : moi dans la camionnette, Tynsdale et Kent à l'arrière, le plus loin possible sans perdre le contact.

La plupart des gens qui avaient quitté la gare avec nous restaient sur la même route, prouvant ainsi que notre calcul était exact. Nous marchions à leur suite, moi portant le porte-manteau, qui devint vite lourd. De grands arbres bordaient les rues partout ; leurs ombres empêchaient de voir à plus de quelques pas. Je suivais les autres voyageurs plus par le son que par la vue. Mes compagnons devaient rester à distance de moi. Il semblait y avoir un dédale de rues et, comptant sur la chance, je me suis tourné vers l'une d'elles. Nous nous sommes retrouvés seuls. A un autre coin, mon instinct me poussa à prendre un virage serré à droite. Puis les rues perdirent leur caractère propre. Les maisons semblaient irrégulièrement dispersées sur un sol nu, sous des arbres imposants. De nouveau, ils se rassemblèrent dans une rue, ou un semblant de rue. Ici, mes amis se sont enfermés et j'ai donné le portemanteau lesté de plomb à Kent. Un coup d'œil furtif à la boussole me réconforta un peu. Il semblait qu'un terrain découvert apparaissait devant nous, mais c'était difficile à dire. Près d'une lampe, trois filles nous croisèrent, bras dessus bras dessous. Avec curiosité, ils tournèrent la tête.

La route montait et courbait, des champs étaient de chaque côté, la silhouette d'une maison devant ; à gauche, à cinquante mètres peut-être, les contours déchiquetés d'un bois.

« Nous sommes à découvert, annonçai-je, et sur une voie favorable, je pense. Allons dans ce bois et préparons nos sacs à dos. Quelle heure est-il?"

« Neuf heures dix minutes », répondit Kent, qui portait la montre-bracelet lumineuse.

Ce n'était qu'une mince ceinture d'arbres à l'abri de laquelle nous disposions nos chargements et nous débarrassions des cols blancs et des chemises que nous portions. Du sud arrivaient les aboiements d'un chien et le bruit du trafic ferroviaire. Le chien n'était pas loin. Que ce soit à cause de son aboiement ou d'une lumière que nous avons aperçue, nous avons senti une maison dans la même direction, suffisamment proche pour nécessiter une manipulation prudente de nos torches électriques. Il n'était pas nécessaire de prévenir mes amis. Ils étaient prudemment accroupis près du sol, ne dépassant jamais une position assise et masquant la lumière avec leur corps. C'est moi qui ai reçu une légère réprimande de la part du très prudent Kent. Je ne pense pas que mon action le méritait, mais j'étais tellement ravi que son effet châtiant était peut-être bon. Sans oublier que nous devions encore franchir deux lignes fortement gardées, la rivière Ems et la frontière hollandaise, je sentais néanmoins que notre tâche était à plus de moitié accomplie.

Lorsque nous avons eu fini, j'ai demandé à mes amis de s'allonger, un de chaque côté de moi, afin que je puisse utiliser la lampe de poche pour examiner minutieusement la carte. J'ai reconnu sans difficulté la route à notre droite. C'était une route de seconde classe qui partageait l'angle entre les deux grandes routes. Quant à la direction, elle était entièrement favorable ; quant à la sécurité, elle était préférable à une autoroute de première classe. Un ruisseau était indiqué sur la carte comme coulant à proximité, ce qui était presque plus important que toute autre chose, car nous n'avions pas pu remplir nos gourdes. Nous avions soif, mais pas encore de façon inconfortable. Mes expériences m'avaient appris la nécessité primordiale de toujours avoir suffisamment d'eau. Comment l'obtenir a commencé à occuper désormais une grande partie de mes pensées.

«C'est assez évident», ai-je remarqué. « Nous suivrons cette route à travers le village de Vahren. Nous trouverons de l'eau vers midi. Vers une heure trente, nous tournerons à angle droit dans cette route qui nous mènera de nouveau à l'eau, puis dans la grande route du nord. J'ai décrit en détail la marche nocturne envisagée. « Et maintenant, » finis-je en mettant la carte et la lampe de poche dans ma poche et en me levant, « bonne chance à nous ! Allez. Je serai devant jusqu'à nouvel ordre.

Une fois sur la route, partant d'un bon pas, nous nous tournâmes vers l'ouest, vers la Hollande et vers la liberté.

Quand je me souviens des événements de mes deux premières évasions, je suis étonné de la clarté avec laquelle les événements de chaque minute s'impriment dans mon esprit. Il me suffit de fermer les yeux pour voir les images, entendre les sons et, dans une certaine mesure, être sous l'influence des mêmes émotions que j'ai alors éprouvées.

Il en va quelque peu différemment de mes souvenirs de cette dernière évasion. Pour la plupart, ils sont aussi brillants qu'ils peuvent l'être. Mais il y a des zones floues dans les images de ma mémoire. Un certain nombre d'entre eux semblent totalement effacés.

Peu de temps après que tout fut fini, nous avons noté le déroulement des événements. Ces notes et nos cartes m'aident maintenant dans mes efforts pour me souvenir des cinq prochains jours. Mais même au moment de fixer nos souvenirs avec un crayon et du papier, alors qu'ils n'avaient pas encore une semaine, nos efforts communs se sont révélés insuffisants pour combler un vide d'environ six heures au cours de la deuxième nuit de notre promenade.

C'était une sensation glorieuse de sentir une route sous nos pieds et d'avoir la campagne autour de nous. C'était à peu près au moment de la nouvelle lune. La pluie avait cessé des heures auparavant, mais les nuages masquaient toujours les étoiles et la nuit était extrêmement sombre.

Au fil du temps, le premier village fut indiqué par quelques maisons éparses, comme des avant-postes. Nous avons ralenti.

Une masse dense d'ombre noire s'étendait devant nous. Aucune lumière n'était visible nulle part. Nous avancions lentement, jusqu'à ce que les contours flous d'un toit ici et d'un pignon là se détachent des groupes d'arbres énormes qui éclipsaient complètement le village dans des masses de feuillage vaguement visibles. A pas furtifs, presque à tâtons, nous entrâmes dans l'obscurité qui semblait se refermer derrière nous. Rien ne rompait le silence, à l'exception du cliquetis d'une chaîne à une ou deux reprises et du meuglement sourd d'une vache. En revanche, il nous a semblé léger lorsque nous avons réapparu à l'air libre.

« Nous devrions arriver à l'eau dans une demi-heure maintenant. Faites attention. Ce sera un petit ruisseau. Nous pourrions le manquer », ai-je conseillé. Kent était juste derrière moi avec Tynsdale.

Une demi-heure, trois quarts d'heure, mais pas d'eau. Au lieu de cela, nous sommes entrés dans un autre village, non indiqué sur la carte. Parmi les maisons, une route bifurquait vers le nord. J'avais terriblement soif. Ma langue était lourde dans ma bouche.

« Essayons de couper ce coin, dis-je. L'autre bras du ruisseau existe peut-être en réalité. Je pense que cette route tournera vers le nord-ouest ou l'ouest et nous y amènera plus rapidement. Ce n'est pas indiqué sur la carte.

Mes amis étaient toujours prêts à suivre ma suggestion et nous l'avons essayé.

La route tournait vers l'ouest, puis l'ouest vers le sud.

« Arrêtez-vous un instant ! Nous ferions mieux de revenir à l'ancienne route. Je n'aime pas beaucoup ça maintenant.

Tynsdale et Kent suivirent à nouveau docilement.

C'était le premier cas parmi tant d'autres dans lequel je ne me laissais pas guider par mon instinct, comme j'aurais dû le faire si j'avais été seul. Je ressentais si fortement ma responsabilité envers mes amis que je n'aimais pas prendre des mesures que je ne pouvais pas entièrement expliquer par un raisonnement froid. L'instinct est généralement déraisonnable. D'ailleurs, cela induit parfois en erreur. Dans notre cas, cela pourrait nous obliger à traverser le pays à pied, et les étendues de campagne dans cette partie de l'Allemagne semblaient interdites sur la carte, étant pour la plupart marquées de bruyères, de landes et de marécages.

Ayant regagné l'ancienne route, je découvris au bout d'un moment qu'elle tournait trop vers le sud. J'y réfléchissais encore lorsque nous entrâmes sur une autoroute lisse, large et de première classe.

"Reposons-nous un moment", suggérai-je.

Nous nous sommes assis, les pieds dans le fossé, près du tronc d'un des arbres énormes qui bordent la route.

"Savez-vous où nous sommes?" » demanda Kent après avoir consulté la carte et cligné de nouveau des yeux pour habituer mes yeux à la nuit.

"Bien sûr que oui," reniflai-je avec irritation. « Nous sommes sur cette horrible autoroute du sud que je voulais éviter. J'aurais aimé ne pas avoir été assez stupide pour abandonner l'autre route. Je ne sais pas comment nous sommes arrivés ici. La carte ne montre aucune route de liaison jusqu'ici. Le seul dommage causé, à ma connaissance, c'est que nous avons augmenté notre distance par rapport à l'eau. Nous pouvons prendre la route secondaire qui mène au nord, si nous suivons la *chaussée* . Oh, j'ai soif ! Je vais essayer une cigarette. Nous nous sommes tous illuminés.

A trois de front, nous recommençons.

« Il y a un panneau indicateur », dit Kent, dont les yeux étaient exceptionnellement bons.

« À Molbergen », pouvait-on lire en indiquant une route secondaire droite perpendiculaire à notre direction.

"C'est celui que nous recherchons", ai-je annoncé. « Comment te sens-tu, Tynsdale ? »

"Je peux à peine garder les yeux ouverts", répondit-il.

«Eh bien, nous aurons bientôt de l'eau», dis-je pour le consoler.

"Je vais avancer en tant que meneur de course", a suggéré Kent.

"Bien!" Cela semblait une idée magnifique. « Je vais prendre l'arrière. Tynsdale ferait mieux de vous suivre de près pour profiter de votre rythme.

Kent a mené à un rythme soutenu le long de la route sablonneuse et défoncée pendant une heure et demie. Le pays s'étendait à plat de chaque côté, souvent interrompu par des parcelles de forêt. Une ligne téléphonique sur notre gauche m'irritait par la monotonie de sa succession incessante et interminable de pôles. J'avais la vieille sensation de monter une colline. Nous n'avons pas trouvé d'eau. Nous arrivâmes ensuite à la route du nord, dans laquelle nous tournâmes à gauche.

À ce moment-là, ma langue était collante. J'avais la sensation qu'une croûte s'était formée aux commissures de ma bouche. Ni Tynsdale ni Kent n'ont ressenti une soif aussi aiguë. Un peu plus loin sur la *chaussée*, je m'arrêtai.

« Il y a une maison là-bas. Je vais voir s'il y a un puits ou non. Ils doivent avoir un approvisionnement en eau », ai-je remarqué.

Tynsdale et Kent attendirent d'abord sur la route, mais me suivirent bientôt. Le bâtiment solitaire se dressait à une cinquantaine de pas de lui, et un puits avec treuil et toit protecteur faisait face à son côté ouest. Aucun seau n'était attaché au câble métallique, mais un vieux pot en fonte gisait sur le sol à côté du couronnement en pierre. Nous l'avons attaché au bout de la corde avec des morceaux de ficelle et, tournant avec précaution la poignée du guindeau, nous l'avons laissé tomber. Quand il est apparu, rempli d'une eau très froide et merveilleuse, y a-t-il jamais eu quelque chose d'aussi délicieux ? Nous buvions à tour de rôle, non pas une, mais plusieurs fois ; puis nous avons rempli nos bouteilles d'eau et bu la majeure partie du liquide restant.

Nous avons traversé un autre village au cours des heures restantes. Derrière, nous arrivâmes à un grand ruisseau, non indiqué sur la carte, qui jaillissait en gargouillant sous le pont de pierre. J'ai insisté pour un autre verre et un réapprovisionnement de nos bouteilles d'eau.

«Je ne peux plus rester éveillé», se plaignit Tynsdale un peu plus tard.

« Je suppose que nous ferions mieux de nous reposer, alors. Tu ne le penses pas, Kent ? Nous allons simplement quitter la route et nous allonger sous cette haie. Seulement pour une demi-heure, attention. Nous devons trouver un abri décent avant l'aube. C'était à trois heures et demie.

Nous étendîmes les cirés comme toile de fond et nous enroulâmes nos pardessus. Je voulais rester éveillé, mais je m'endormis aussi vite que les deux autres, pour ne me réveiller qu'une heure après.

« Lève-toi, vite ! Pas de temps a perdre. Se lever!" J'ai excité mes amis. Il ne nous restait pas plus d'une demi-heure environ pour trouver un bon abri. Déjà l'air frappait ma joue avec la fraîcheur humide de l'aube. Ça « sentait » le matin.

Nous avons fait nos valises en toute hâte et nous nous sommes dépêchés sur la route. De temps en temps, nous nous engageions dans une route secondaire qui semblait conduire vers un bois. Mais les arbres dispersés près de l'horizon produisent dans l'obscurité l'impression d'une forêt, puisque seuls leurs contours sont visibles sur le ciel. Nous nous sommes aperçus à chaque fois que nous avions été entraînés dans une quête infructueuse.

L'horizon à l'est devenait gris lorsque nous arrivâmes à un petit épi à un carrefour.

"Cela devra suffire", dis-je, un peu dubitatif.

En me poussant au cœur du bosquet, et utilisant ma torche pour éviter de poignarder les branches, j'ai découvert dans un buisson un nœud coulant pour piéger les oiseaux. Je l'ai montré à mes amis. « Cela ne ressemble pas à de la sécurité, n'est-ce pas ? »

Dans la partie la plus dense du spinney, nous nous arrêtons.

« Attendez quelques minutes, voulez-vous ? Je vais voir si je peux ou non trouver quelque chose de mieux à portée de main. Sur ce, je les ai quittés. J'explorai nos environs immédiats sans succès, localisai une maison à proximité et eus finalement quelques difficultés à retrouver mes compagnons. Quand j'ai cru que j'étais près d'eux, j'ai sifflé doucement, et

Kent m'a répondu, à moins d'un mètre de moi. Mes amis avaient préparé un camp et je m'étendis à côté d'eux sur les cirés. Les deux pardessus que nous avons étendus sur nous, et les toiles cirées par-dessus. Les sacs à dos servaient d'oreillers, et presque en un instant nous nous endormions.

CHAPITRE XXIII
LA ROUTE À TRAVERS LA NUIT

Nous nous sommes réveillés en plein jour, ce qui a révélé la maigreur de notre couverture. En levant simplement la tête, nous pouvions voir passer les gens et les véhicules sur les routes, et le bruit des voix et le grincement des roues étaient par intervalles très distincts toute la journée. Qu'il soit beaucoup plus difficile de voir à l'intérieur d'un fourré qu'à partir de celui-ci, c'était une consolation avec laquelle nous nous rassurions à plusieurs reprises. Je ne pense pas que les autres se sentaient plus nerveux que moi, qui pensais que nous étions en sécurité tant que nous gardions notre position couchée. Nous n'avons pratiquement pas bougé pendant les seize heures, je crois.

Nous avons mangé nos rations en deux fois et, avec des interruptions, nous avons beaucoup dormi. Nous n'avons plus jamais dormi autant en une journée en Allemagne. Je doute que nous en ayons eu autant avant que tout soit fini.

Les lueurs occasionnelles du soleil au cours de la matinée devenaient de plus en plus rares à mesure que l'après-midi avançait. Des nuages gris menaçaient la pluie avec plus de détermination à mesure que la journée avançait, mais un vent fort qui soufflait dans les branches au-dessus de nous la retenait jusqu'au soir, où elle commença par une ou deux petites averses préparatoires.

Lorsque la lumière a commencé à faiblir, nous avons fait nos bagages et nous sommes assis dans nos imperméables, discutant à voix basse et écoutant le bruit occasionnel des gouttes parmi les feuilles. Les routes étaient devenues désertes à mesure que la nuit tombait.

À 9h30, nous avons commencé notre deuxième nuit.

Deux considérations avaient déterminé mon choix théorique d'itinéraire pour la nuit. L'une était l'opportunité de rester bien au nord d'un terrain d'entraînement d'artillerie de l'autre côté de l'Ems, l'autre la question de l'eau.

Afin de réaliser mes intentions, nous avions l'intention de quitter la route de première classe pour une route de communication qui devait bifurquer dans un village situé à environ une heure de marche plus loin. Il devait conduire en ligne assez droite à travers une étendue de pays désolée et de dimensions considérables.

Peu après notre départ, la bruine s'est transformée en une averse régulière qui tambourinait bruyamment sur les cirés et les chapeaux. Un panneau indiquant la distance de Cloppenburg nous indiquait notre position exacte et nous permettait de calculer l'étendue du terrain parcouru la nuit précédente. Nous avons parcouru 28 kilomètres (17½ miles).

Nous cherchâmes de nouveau en vain le ruisseau que nous avions espéré trouver pendant la première heure. L'eau que nous transportions commençait à manquer et j'avais hâte d'avoir à nouveau les bouteilles pleines et de prendre une bonne boisson. Dans le premier village où nous arrivâmes, le gargouillis d'une trombe était trop tentant et, malgré les protestations de mes amis, je bus abondamment et remplis ma bouteille, sur quoi ils suivirent mon exemple. C'était aussi bien qu'ils le faisaient, car plus de vingt-quatre heures devaient s'écouler avant que nous ayons une autre occasion, moins agréable, d'étancher notre soif avec plus d'une gorgée à la fois de nos bouteilles, ce qui était tout ce que nous avions. nous sommes permis entre les sources.

Pour notre vision très circonscrite, le village et tous ceux que nous avions traversés jusqu'ici et que nous devions encore traverser étaient du même type. La nuit, leurs rues, mal définies parmi les bâtiments de ferme dispersés, étaient enveloppées d'une obscurité impénétrable, et à la fois sûres et difficiles à suivre pour les hommes dans notre position. Deux pas de côté, et ses compagnons furent perdus de vue. Il était souvent impossible de faire la distinction entre la route et une ruelle ne menant nulle part, sans l'aide du cône de lumière rapidement éteint et instantanément éteint de nos torches.

Dans ce village et dans le prochain village où nous arrivions, je ne me risquerais pas à emprunter l'un des chemins secondaires probables, sans une assurance supplémentaire, comme celle qu'un panneau indicateur m'aurait donnée, de trouver le virage à droite. Les panneaux indicateurs brillaient par leur absence. Pendant toute la nuit, nous n'en trouvâmes que deux, aucun d'eux n'étant d'aucune utilité pour le but recherché, et ce furent les derniers que nous vîmes pour le reste du voyage.

Nous avons donc continué sur la route de première classe, facile à suivre, jusqu'à ce qu'elle rejoigne à nouveau la route du sud dans le village de Werfte. Il était environ une heure et demie du matin.

La grande route continuait désormais plein ouest à travers un pays plat, monotone et marécageux. Aussi vite que nous le pouvions, nous avons avancé, Kent avançant de son pas habituel, heure après heure. Pour notre objectif, nous avions deux petits lacs, indiqués sur la carte comme touchant la route du côté nord. Ils devaient nous fournir de l'eau avant que nous nous cachions. Juste derrière eux, une seule route de troisième classe, impossible à confondre, devait nous diriger vers le nord le troisième soir dans notre quête de notre bonne latitude, et en évitant l'extrémité nord du terrain d'artillerie, à ce moment-là pas plus de huit ou neuf milles devant nous.

Le deuxième panneau indicateur que nous aperçûmes cette nuit-là, peu avant l'aube, nous permit de déterminer notre position avec précision, mais un peu plus tard nous arrivâmes à la conclusion que nos cartes nous avaient encore trompés. Les lacs n'étaient nulle part en vue, alors que nous aurions dû les dépasser ou les atteindre. Depuis que nous avions quitté Werfte, la trace du tramway à vapeur suivait la route sur notre droite, et un écran de buissons et de bois gênait notre vue vers le nord. Maintenant, nous les franchissons en force, déterminés à trouver une cachette à l'écart de la route.

"Voilà le lac!" cria Kent en désignant l'étendue noire vers laquelle, tel un bouclier d'argent terne, la surface de l'eau brillait à trois quarts de mile au nord-nord-est. Il était alors trop tard pour s'en approcher. Au nord de nous, un petit fourré, paraissant comme d'habitude plusieurs fois sa taille réelle, nous invitait au repos. Nous avons avancé vers lui sur un sol élastique et couvert de bruyère et à travers plusieurs clôtures grillagées.

Au bord d'un fossé profond, peu abrité par des buissons, de jeunes arbres, quelques ajoncs et de la bruyère, nous avons campé. C'était un endroit assez sûr, car, comme nous l'avons vu plus tard, il n'y avait aucune maison à moins d'un tiers de mille (à l'époque nous pensions qu'il n'y avait aucune habitation à plusieurs milles) ni aucune terre labourée.

Notre lieu de repos, au bord du fossé, avait été choisi uniquement dans un but de dissimulation. C'était très inconfortable de s'allonger. Avant que le soleil n'éclaire l'horizon, nous étions de nouveau réveillés.

La pluie avait cessé après minuit, et maintenant un vent violent dispersait les derniers nuages qui couraient dans le ciel du nord-est, teintés de rose sur leur face inférieure. L'air était extraordinairement clair. Sa fraîcheur rafraîchissante a rapidement chassé les derniers restes de sommeil écoeurants de notre cerveau. Le soleil s'est levé. Au loin, à l'est, le clocher de l'église de Werfte se dressait nettement au-dessus de la tache verte qui indiquait le village.

Je m'éloignais de mes amis dans la matinée pour glaner quelques renseignements, si possible, par un regard de l'autre côté du bosquet, vers l'ouest. Le bleu pâle du ciel au-dessus, tacheté de nuages pressés, le bord plat de la ligne d'horizon, interrompu par deux villages éloignés, la ligne de la route par laquelle nous étions arrivés, se poursuivant vers le gros village de Soegel, et un solitaire la ferme, à sept cents mètres de là, composait le paysage. Pendant que j'étais allongé derrière un buisson d'ajoncs, une charrette de campagne traversait mon champ de vision. Entre moi et la route invisible, un certain nombre de bœufs sonnaient des cloches peu mélodieuses à chaque mouvement précipité de leur tête.

« Nous n'avons pas besoin de chercher la route ce soir. C'est là, à l'ouest, annonçai-je en rejoignant mes amis. « Nous pouvons lever le camp tôt et aller chercher de l'eau dès que le crépuscule s'installe. Après cela, nous traverserons le pays vers le nord-ouest, tournerons vers le nord sur la route

», etc. J'ai décrit la marche de la nuit suivante. Nos plans étaient très élaborés, mais n'ont abouti à rien.

"Très bien", mes compagnons acquiescèrent. "Maintenant, prends quelque chose à manger." Ils grignotaient leurs rations. Pendant un moment, nous avons discuté dans une excellente humeur.

« Il y a un bien meilleur endroit où s'allonger juste derrière nous. Cela semble assez sûr », suggéra Tynsdale en revenant vers nous à travers les buissons après une courte absence.

"Oui; changeons ! Je l'ai vu aussi », a soutenu Kent.

Nous nous sommes donc déplacés et nous sommes bientôt allongés confortablement installés à l'abri de quelques buissons. Ici, nous avons été gênés par les moustiques, car l'air était calme, mais nous avions chaud et avons réussi à dormir un peu pendant le reste de la journée.

À 20h30 , nous avancions péniblement à travers la bruyère en direction du lac qui brillait au fond d'une dépression peu profonde. Nous nous léchions les lèvres en prévision du verre que nous allions prendre. A deux cents mètres du rivage, le terrain devint marécageux, puis bourbier. Nous nous sommes alignés en ligne pour trouver un chemin ferme jusqu'au bord de l'eau, mais nous avons dû y renoncer face à l'impossibilité.

La pluie était menaçante depuis quatre heures, mais elle résistait toujours lorsque nous reprenâmes la route et nous dirigeâmes vers le nord. Nous avions marché régulièrement pendant environ une heure. La nuit était noire. Des marécages noirs et plats s'étendaient tout autour jusqu'à l'horizon indistinct. Çà et là, des stries plus claires de fossés, remplis d'eau fétide et stagnante, s'étendaient à travers l'étendue noire. Les fils d'une ligne téléphonique à notre droite bourdonnaient au gré du vent.

Nous marchions du mieux que nous pouvions, moi un peu en avant à droite, Tynsdale de l'autre côté de la route, Kent me marchant presque sur les talons. Le ruban de gazon sous mes pieds semblait assez large.

Une soudaine éclaboussure derrière moi m'a fait m'arrêter et me retourner. Un visage blanc à mes pieds se souleva, semblait-il, hors du sol, et Kent retourna précipitamment sur la route, faisant jaillir de l'eau de toutes les coutures.

« Saviez -*vous* que vous marchiez à moins d'un demi-pouce d'un fossé ? Comment se fait-il que *tu* ne sois pas tombé dedans ? m'a-t-il demandé sauvagement.

"Es-tu blessé?" J'ai contre-interrogé anxieusement.

"Pas du tout! L'eau était juste assez profonde pour me couvrir entièrement, à l'exception de mon sac à dos. Cela semble sec, » répondit-il en se tâtant partout. "Mais j'ai perdu mon chapeau."

"Rien d'autre?"

"Non je ne pense pas. Peu importe le vieux chapeau. Je ne le porte presque jamais.

"Viens donc! Continuez à bouger, sinon vous allez attraper froid.

Après environ une heure et demie, pendant laquelle de nombreux sentiers avaient démontré le manque de fiabilité de nos cartes dans cette localité, aucun d'entre eux n'étant balisé, un chemin carrossable sur notre gauche s'est avéré trop tentant pour moi.

« Êtes-vous prêts, les gars, » ai-je demandé, « à me suivre en terrain inexploré ? Je suis certain que je peux faire mieux grâce à la seule boussole, et probablement nous faire gagner plusieurs kilomètres.

« Ne faites pas de discours, vieil homme ; se débrouiller. Nous suivrons.

J'ai eu la chance de pouvoir justifier cette décision. Trois quarts d'heure plus tard, nous atteignions une autoroute située à un mille en avant du village de Spahn, notre objectif le plus proche. Satisfait de moi, j'annonce un net gain d'environ trois milles. Ici, nous nous sommes reposés pendant une vingtaine de minutes, assis sur la route, les pieds dans le fossé. Kent et Tynsdale ont bu une gorgée du flacon de cognac et nous avons tous mangé quelque chose.

« C'est le cinquième sanctuaire que nous voyons depuis lundi soir. J'ai toujours pensé que le nord de l'Allemagne était entièrement protestant », a fait remarquer Kent lorsque notre recherche d'eau à l'entrée d'une colonie nous a fait contourner la structure.

« De toute façon, nous préférerions de loin un puits », fut notre opinion unanime.

Il nous fallait simplement de l'eau. Après avoir fouillé les maisons, nous avons finalement trouvé une cuve à moitié pleine. Il contenait un bon nombre de larves d'insectes, à en juger par les corps minuscules et mous qui passaient sur nos langues pendant que nous buvions, mais nous continuions notre marche avec de lourdes outres d'eau.

Le nom du village, en lettres noires sur un tableau blanc, dissipe tout doute possible sur notre position. Un message blanc à proximité de ce panneau a suscité mon commentaire furieux :

« J'aimerais savoir combien de ces poteaux bestiaux sans panneaux de direction nous avons vu jusqu'à présent ! Les Boches pensent-ils qu'ils peuvent rendre la tâche plus difficile à une armée d'invasion ou quelque chose comme ça, en mettant en pièces leurs panneaux indicateurs ?

Pendant l'heure et demie suivante, notre chemin s'est déroulé à travers une forêt dense. La clairière droite et très large qui servait de route était ensablée jusqu'aux chevilles. Alors qu'il cédait et cédait sous la pression vers l'arrière de nos pieds précipités, il produisait la sensation cauchemardesque de lutter désespérément dans une fuite essoufflée contre une force retardatrice. Des milliers de lucioles parsemaient le bord de la route de points de lumière verdâtre ou dessinaient dans l'air des courbes de phosphorescence. Une forte averse nous a poussés à assumer la protection étouffante de nos imperméables. Plusieurs fois, je vérifiai la direction de la route au début et j'empruntai même à cet effet la boussole de Tynsdale, car l'aiguille de la mienne semblait se déplacer lentement, mais je ne remarquai rien d'anormal.

Le prochain village, dans lequel nous sommes entrés peu après minuit, était très différent de ce à quoi nous nous attendions. C'était d'une taille considérable. Les rues étaient plongées dans l'obscurité, même si des lampadaires électriques étaient installés. Mais les carrés jaunes des nombreuses fenêtres éclairées annonçaient de nombreux habitants pas encore couchés. Près de l'église, nous prenons une route sur notre droite. Parmi les dernières maisons, j'ai vérifié la direction de la route.

« Ce n'est pas la route que nous souhaitons », fut ma conclusion. « Menant trop directement au nord. Nous ferions mieux de revenir en arrière et de chercher le bon. Qu'en penses-tu ?

"Pensez-vous que c'est sûr?"

« Eh bien, nous n'avons pas beaucoup de temps à perdre. Mais les rues sont assez sombres. Nous pourrions prendre le risque.

Nous passons de nouveau devant l'église. Dans ce qui ressemblait au presbytère d'un côté, trois grandes fenêtres éclairaient la route devant. Une ombre passa sur les stores. Une porte claqua. En toute hâte, nous nous enfonçons dans l'ombre plus loin. Les pas d'un seul homme résonnaient derrière nous, apparemment déterminés de façon inquiétante. Il faisait trop sombre pour voir à plus de trois ou quatre mètres, mais nous étions sincèrement heureux lorsque le bruit s'est progressivement éloigné et que nous nous sommes retrouvés en rase campagne sur une sorte de chemin de charrettes.

« Ce n'est pas non plus la bonne route. Trop à l'ouest cette fois-ci », fut ma conclusion. « La première route est la meilleure des deux. Nous riposterons dans tout le pays.

Nous l'avons fait en vingt minutes de travail dans les champs. Bientôt, cela commença à mieux correspondre à la direction indiquée sur la carte. Deux heures à travers une forêt infestée de lucioles nous ont vu entrer dans un autre village, aussi sombre et aussi sûr que tous ceux que nous avions déjà traversés. À l'extrémité, nous nous arrêtâmes.

« Nous devons simplement voir si nous ne pouvons pas obtenir plus d'eau », ai-je dit. « Je ne sais pas vraiment où nous en sommes. J'espère que tout ira bien, mais je ne sais pas combien de temps il nous faudra pour trouver un ruisseau. Ces fermes doivent avoir un approvisionnement en eau quelque part. Attendez juste au coin ici. Je vais partir en reconnaissance. S'il m'arrive quelque chose, je ferai assez de bruit pour vous le faire savoir. Ensuite, vous pourrez quitter le village et m'attendre un moment raisonnable quelque part sur la route. Et je les ai laissés protester doucement.

À travers une cour de ferme jonchée de fumier, je me suis lancé furtivement dans une sorte de potager. Debout là, j'ai utilisé ma lampe de poche une fois pour regarder autour de moi. Derrière moi, juste au-dessus de ma tête et à portée de main, s'étendait la grosse branche d'un arbre, courbée sous une lourde charge de pommes. Les premiers que j'ai touchés sont restés aussitôt dans ma main, ce qui montrait qu'ils étaient mûrs. J'ai rempli mes poches et rempli mon chapeau. J'en ai presque trente. Puis j'ai rejoint mes compagnons qui devenaient impatients et anxieux. Il ne m'est jamais venu à l'esprit d'envoyer Tynsdale et Kent chercher leur quota, et ils n'ont pas non plus pensé à le suggérer. Je regrette toujours cette omission. Nous partagâmes le butin et plongâmes nos dents dans la chair dure, juteuse et sucrée du fruit qui avait tenté notre Mère à tous.

A l'extrémité du village, une pancarte cassée gisait dans le fossé : « Village de Wahn, Arrondissement de ——, District de —— », etc. Le cœur serré, je cherchai ma carte.

"Formez-vous et jetons un coup d'œil", dis-je. "Nous voilà! Je suis vraiment désolé ; J'ai été un imbécile ! Nous avons pris la mauvaise route à Spahn. Ce grand village était Soegel, pas Werpeloh, comme je le pensais. Pas étonnant que nous soyons perplexes. Pas étonnant que j'ai failli nous mettre dans un pétrin désespéré. Heureusement, nous sommes à présent dégagés et, sans l'eau, nous serions peut-être mieux lotis que sur notre propre route. Partons en voyage maintenant et voyons si nous pouvons arriver à Kluse. C'est un peu plus de six milles.

Cette erreur a été pour moi une pilule très amère à avaler. Le fait qu'il n'y ait eu aucun mal n'était qu'une maigre consolation. Il ne faut tout simplement pas commettre d'erreurs lors d'une évasion.

Forêts et marécages, poteaux télégraphiques et lucioles, et tambours de pluie, et nous étions, oh, si fatigués !

A 15h45, un très grand bâtiment solitaire sur notre droite m'a attiré vers lui à la recherche du précieux liquide. C'était une énorme bergerie dont les occupants entassés poussèrent un bêlement terrifié lorsque le rayon de ma torche frappa accidentellement un trou dans le mur. Une motion visant à entrer dans le loft pour une bonne journée de sommeil a été rejetée par l'opposition déterminée de Kent, car trop dangereuse.

Une demi-heure plus tard, nous nous traînâmes dans un épais bosquet de pins, dressâmes notre camp dans une obscurité impénétrable, nous humectâmes les lèvres d'un peu d'eau de pluie insipide et nous endormîmes.

CHAPITRE XXIV
TRAVERSER LE SME

Il faisait encore nuit quand j'ouvris les yeux. Un son régulier résonnait tout autour de moi, et à proximité un son plus précis : Tap-tap-tap-tap. Je n'étais qu'à moitié réveillé.

J'étendis la main et la mis dans une mare d'eau qui s'était formée sur la soie cirée qui nous recouvrait. Il pleuvait le plus fort du ciel.

Une demi-heure de réflexion décousue m'a amené à la conclusion qu'il valait mieux faire quelque chose. Jusqu'à présent, les pardessus sous les soies cirées étaient à peine mouillés. Les premières lueurs grises de l'aube commençaient à filtrer à travers les arbres rapprochés.

"Réveillez-vous! Réveillez-vous! Il pleut », ai-je appelé. "Nous allons être trempés et nous ne voulons pas transporter trente livres d'eau supplémentaires sur notre dos."

Je me suis levé. Avec le lourd couteau à fermoir acheté à Hanovre, j'ai coupé les branches juste au-dessus de nos têtes et j'ai tendu un auvent de soies cirées à trois pieds au-dessus du sol, essayant en vain de leur faire verser l'eau par-dessus le bord de l'abri, au lieu de la laisser s'accumuler. sur nous. Pendant un temps, tout allait bien ; puis la pluie cessa.

À présent, la lumière indiquait que nous avions campé bien trop près de la route pour pouvoir nous cacher correctement. Mais l'auvent avait trouvé l'approbation de mes amis, et j'étais si fier de cet appareil que j'hésitai à conseiller de déplacer le camp plus loin dans le fourré. Au lieu de cela, je me suis mis au travail pour le camoufler avec un écran de branches et de jeunes arbres, que j'ai coupés et enfoncés dans le sol. Je me suis beaucoup plus mouillé en faisant tout cela que si j'avais pris les choses tranquillement. Tynsdale aussi, qui a été infecté par ma passion pour le travail.

Lorsqu'une charrette grinça sur la route, ses roues bien visibles de notre cachette, nous décidâmes de partir. Au cœur du bosquet, les arbres étaient beaucoup plus petits, à peine plus grands que nous, et plus espacés. Ceci et le ciel ouvert au-dessus de nous nous ont donné une sensation de liberté et d'air frais. J'ai construit un autre abri. Des averses occasionnelles pendant la matinée remplissaient d'eau les endroits affaissés de la marquise, et nous buvions cette eau malgré le goût amer que lui donnait la toile huilée.

Dormir, même entre les douches, était presque hors de question. Au fil du jour, des milliers de moustiques avaient pris vie parmi les herbes recouvrant le sol. Ils montaient en nuées partout où nous allions et attaquaient les êtres téméraires qui, de manière inattendue, avaient pénétré dans leur forteresse.

Bientôt, nos mains et nos visages étaient rouges et enflés à cause de leurs morsures.

Vers midi, les derniers nuages disparurent. Le soleil commença à descendre d'un ciel d'un bleu profond, ses rayons tombant chauds et brûlants dans l'espace sans vent entre les arbres. Nous nous sommes débarrassés de nos vêtements d'extérieur mouillés et les avons étalés sur les sapins autour de nous pour les faire sécher au soleil.

Les seuls bruits qui nous parvenaient étaient le sifflement occasionnel d'un remorqueur sur la rivière Ems, qui n'est plus qu'à trois milles à l'ouest. Le cri plus rare et plus proche d'une locomotive sur une ligne parallèle à sa rive interrompait de temps en temps le zzzz-ping, zzzz-ping des moustiques qui planaient. Un chien a aboyé à proximité. Une lente charrette roulait et craquait devant le bosquet.

La route devant le fourré convergeait vers la voie ferrée, qu'elle rencontrait à trois ou quatre milles au nord de nous au village et à la gare de Kluse, à un peu plus de trois milles à l'est de Steinbild et de l'Ems. A deux milles et demi au nord de ce dernier village un bois était indiqué sur la carte. C'était notre prochain objectif.

D'après les informations reçues, nous supposions que l'Ems était fortement gardé par des sentinelles et des patrouilles. Le ruban de pays de cinq milles de large entre sa rive ouest et la frontière néerlandaise était *le Sperrgebiet* (territoire fermé). Personne n'était autorisé à y entrer sauf avec un permis militaire spécial. Une journée d'observation à l'abri de la forêt devait nous montrer comment traverser au mieux la rivière, si nous pouvions la traverser à la nage, avec ou sans bagages, et si nécessaire, permettre la construction d'un petit radeau pour transporter cette dernière. Peut-être pourrions-nous voler un bateau !

Près de la gare de Kluse, nous avions l'intention de traverser la voie ferrée, de nous faufiler à travers le village, puis de traverser la campagne jusqu'à la rivière et la forêt.

Le crépuscule nous a trouvés derrière des buissons au bord de la route déserte, attendant la nuit.

Nous avons commencé tôt, en marchant lentement au début, pour perdre du temps. À mesure que l'obscurité s'épaississait, nous accélérions notre rythme. Mais il est difficile d'accélérer quand on démarre lentement. Peut-être que le village et la gare étaient plus éloignés que nous le pensions. Quoi qu'il en soit, il nous a fallu attendre longtemps avant d'apercevoir les premiers feux de signalisation sur la voie ferrée. Comme la nuit précédente, la route traversait un terrain marécageux parfaitement plat et désolé, traversé de fossés d'eau stagnante. Un bois nous accompagna quelque temps sur notre droite. Les étoiles étaient parfois obscurcies par des nuages à la dérive.

Soudain, nous avons vu un groupe de feux de signalisation rouges au-dessus de la forme sombre d'un pont de signalisation, le bâtiment de la gare éclairée à une centaine de mètres plus loin et un passage à niveau qui sortait de notre route à angle droit. "Ça y est," dis-je.

Nous avons marché sur les métaux. Juste au-delà d'eux, un petit immeuble sur notre gauche, aux fenêtres éclairées, jetait une lueur sur la route. Jetant un regard inquiet autour de moi, je passai dans l'ombre profonde de l'avenue au-delà.

Un peu plus tard, nous nous trouvions sur un pont dans le petit village. Un ruisseau considérable coulait en gargouillant en dessous.

« Lorsque nous sommes passés devant cette maison, » dit Tynsdale avec désinvolture, « un gros chien du type policier est venu après moi. J'étais le dernier à marcher, tu sais. La brute a enfoncé son nez derrière mon genou et s'est détournée sans un bruit ! »

Nous avons pris un bon verre au bord du ruisseau, puis avons emprunté la route défoncée, bordée d'arbres et sombre. À un endroit probable, peut-être à cinq cents mètres derrière le village, je me suis arrêté. « C'est ici que commence notre travail à l'échelle du pays ; restez à proximité.

Dans la mesure du possible, nous nous sommes dirigés vers le nord-ouest. Les choses allaient mal. Le pays était divisé par des grillages, des fossés profonds et des haies, en petits champs, pour la plupart des prairies marécageuses. La moitié du temps, nous pataugions dans l'eau par-dessus nos chaussures. Cela a duré une période indéterminée et s'est terminé lorsque nous avons atteint une route où elle courait du nord vers le sud-ouest. Ici, j'ai eu ce qui s'est avéré être une inspiration.

J'avais vu le début de la route indiquée sur la carte plus au nord. Sur le papier, cela ne se terminait nulle part. En fait, il était là, à un endroit où il ne devrait pas être. Sa surface profondément ornée montrait qu'il était fréquemment utilisé. Le village de Steinbild, au sud de nous maintenant, était évidemment sa destination.

J'ai expliqué à mes compagnons : « Je suis aussi sûr que possible que cette route entre dans Steinbild au bord de l'eau et évite la rue principale. La courbe semble le montrer. J'aimerais le suivre. Rester allongé dans les bois, loin de tout, et observer la rivière ne nous apportera peut-être rien. Dans le village, nous pouvons trouver un bateau. De toute façon, nous disposons de peu de temps et pouvons toujours revenir. Ce ne sera pas si dangereux, avec prudence, si l'endroit est aussi sombre que les villages que nous avons vus jusqu'à présent. Veux-tu tenter ta chance et me suivre ?

« Nous vous suivrons partout où vous nous dirigerez », dit Kent chaleureusement. Le signe de tête de Tynsdale, je le tenais pour acquis ; Je ne pouvais pas le voir.

Au bout d'un quart d'heure, nous étions parmi des maisons éparses. Encore une fois, cinq minutes plus tard, nous nous trouvions à l'ombre d'immenses arbres, dans une telle obscurité que nous n'avions conscience de la présence de l'autre qu'au son de la respiration et des petits mouvements.

Devant nous le mirage de quelques étoiles dansait incertain sur la surface lisse d'un fleuve assez large. Un poisson éclaboussait bruyamment pendant que nous écoutions des bruits suspects.

Nous nous sommes déplacés prudemment le long du sentier fluvial, en amont, vers le sud. Les arbres continuaient leur procession majestueuse et ininterrompue. Une barge du grand type allemand en acier se trouvait à mi-chemin vers le milieu du courant. Un bateau était attaché à sa poupe. Quelque chose, j'oublie maintenant ce que c'était, nous a fait avancer : j'ai un vague souvenir d'une lumière dans sa cabine. Une autre barge, avec un bateau à ses côtés, se profilait haut sur l'eau et sans chargement, en face d'une petite jetée de terre qui se terminait à une vingtaine de mètres du bateau. Dans une maison, un peu plus haut, une fenêtre éclairée clignotait dans la nuit.

Nous étions sur la jetée.

« Qui doit prendre ce bateau ? » » demanda Tynsdale.

« Tirez au sort », ai-je suggéré. Le morceau d'allumette le plus court est resté dans ma main. Mon sac à dos est sorti.

"Vous allez debout?" » s'enquit Kent.

"Sans peur; rien de tel que de faire les choses confortablement. Sortez cette serviette, voulez-vous, et soyez prêt.

Mes vêtements étaient enlevés. Prudemment, je me suis glissé dans l'eau. Je me souviens distinctement, même à cet instant, que mes orteils agrippaient les bâtons formant les fondations de la jetée. La berge est tombée verticalement au-delà de ma profondeur. Me préparant au choc du froid, je m'éloignai pour me laisser prendre dans une délicieuse étreinte tiède par la douce rivière. Deux longs coups. Je me suis arrêté pour sentir le courant. Il n'y en avait pas. Trois de plus. Le bateau se dressait au-dessus de moi. En tirant vers le haut, j'ai attrapé le plat-bord à l'arrière du bout des doigts. "Bump, bump, bump", dirent les arcs contre le côté du briquet dans un faible mouvement. "Boum, boum, boum." Je m'étais redressé et suis monté à l'intérieur. "Bump." Je me tenais à l'avant, tâtonnant avec le peintre, qui était assez grand pour servir d'aussière à un jeune paquebot White Star. "Bosse." L'écart entre le briquet et le bateau s'est élargi à mesure que je m'éloignais prudemment.

J'ai attrapé un poteau posé au fond du bateau. L'eau s'est avérée trop profonde pour la barque, alors je l'ai utilisé comme pagaie, debout sur un banc avant.

Le bateau était extrêmement maladroit. Tynsdale a saisi le peintre lorsque les arcs ont touché la jetée. "Rentre dans tes affaires, nous ferons le reste."

"Voici le cognac." Kent m'a tendu la fiole avec sollicitude. Je n'en avais pas besoin, mais je pensais que je méritais d'être tiré.

Une fois habillé, j'ai rejoint mes amis et nous avons mis nos affaires dans le bateau. Tynsdale, qui avait grandi parmi les marins, l'avait fait pivoter de manière à ce que son nez pointe vers l'aval. Nous sommes montés dedans.

Kent et moi étions assis à la proue lorsqu'il s'est éloigné et a commencé à nous propulser à travers la rivière à la manière d'un bon marin avec une rame qu'il avait trouvée au fond du bateau. En le faisant passer silencieusement sur la poupe, il la guida autour du comptoir de la barge, sous le câble métallique qui reliait cette dernière à celui situé plus bas, et jusqu'au cours d'eau placide.

Pas un mot n'a été prononcé une fois que nous avons été clairs. La majeure partie de la barge vide diminuait à mesure que la bande d'eau s'élargissait entre nous. Les arbres sur la rive que nous avions quittée rapetissaient, une ligne de lumière tremblante brillait à la surface de la rivière depuis la fenêtre clignotante de la chaumière. Puis l'autre rive devint distincte et élevée. Le nez du bateau a basculé vers l'amont et s'est touché. Je ne sais pas vraiment qui était à terre le premier, Kent ou moi, mais je suis certain que j'avais le peintre.

« Ne la laissez pas dériver », murmura Tynsdale depuis sa dunette, lorsque j'eus débarqué en toute hâte. "Assurez quelque part, si vous le pouvez." Nous avons trouvé un poteau surmonté d'un anneau de fer, presque enfoncé dans le sol, et fixé. Nos sacs furent déposés à terre. Tynsdale partit le dernier, comme il convenait au capitaine.

« Laissez-la là », conseilla-t-il. « Si nous la laissons dériver et nous faisons prendre, nous serons accusés de l'avoir volée. Ils ne prendront peut-être pas la peine d'enquêter s'ils la trouvent ici.

Nous nous retirâmes en toute hâte parmi quelques buissons qui parsemaient les creux le long de la berge de la rivière.

« Conseil de guerre », suggérai-je avec une grande joie. « Que faut-il faire maintenant ? À quelle heure, Kent ?

"Douze quarante-cinq."

« Quelles sont vos opinions ? Devons-nous ou non essayer de passer la frontière ce soir ?

« Ce soir, certainement ce soir ! » » insista Tynsdale. Nous étions tous très excités, bien sûr.

« Le temps presse ! Attendez demain soir ! » conseilla le prudent Kent.

La décision m'appartenait.

« Le temps *presse* , mais nous pourrions le faire. La question est : pouvons-nous trouver une couverture si nous ne le faisons pas ? Il doit être bon pour remplir son objectif dans le Sperrgebiet. Je pense que nous devrions abandonner tout ce que nous pouvons épargner et avancer le plus vite possible. Nous pouvons toujours changer d'avis, jusqu'à ce que nous soyons entrés dans le bourbier.

"Bien!" grogna Tynsdale.

"Comme tu veux," céda Kent gracieusement.

« Alors dépêchez-vous ! » J'ai demandé.

Fébrilement, nous avons fouillé nos impedimenta, mis dans nos poches le reste de nos biscuits, des sablés d'évasion, du chocolat et toutes les choses indispensables qui n'étaient pas déjà là, et avons fourré sacs à dos, pardessus, imperméables et tout le reste sous les buissons.

Je connaissais trop bien la carte pour vouloir la regarder longuement. N'avions-nous pas passé des journées entières à étudier le tronçon devant nous, souvent à l'aide de loupes ?

« À quelle heure, Kent ? »

"Une heure."

"Donnez-moi exactement une demi-heure."

Soulagé d'une trentaine de livres de poids, j'ai mis le rythme le plus rapide de ma puissance en aval, le long de la berge de la rivière. J'espérais y trouver un chemin qui nous mènerait au « point de départ » au nord de nous, où je comptais me rendre au marais. Le chemin était là. Le trajet était facile et relativement sûr. Des buissons parsemaient les berges et offraient un abri continu.

On ne peut nier que notre démarche était risquée. Nous tenions pour acquis que nous ne rencontrerions aucune sentinelle le long du fleuve, malgré nos informations contraires. Mais avancer lentement et prudemment semblait tout aussi risqué à l'époque. Seule la vitesse pourrait nous aider à franchir la frontière cette nuit-là.

Ma décision d'essayer de mener notre entreprise à terme immédiatement était erronée. J'aurais dû voir qu'il était plus que probable que nous trouvions un abri le long de la rivière. Pourtant, je ne sais pas.

"La demi-heure est terminée", a déclaré Kent.

La rivière coulait tranquillement sur notre droite, tourbillonnant doucement. Juste en face de nous, un marigot se perdait entre de hauts roseaux. C'était l'endroit que j'espérais atteindre. Nous avons rempli nos bouteilles d'eau et bu. Puis je glissai le long de la berge, m'élevai ici au-dessus de la campagne environnante, et partis plein ouest, suivi de mes compagnons. Passant quelques mètres de buissons épars, avec de l'herbe épaisse entre eux, je m'enfonçai dans un bosquet dense de jeunes chênes. En poussant et en tendant, j'ai travaillé dessus, afin de passer ce que j'imaginais être une ceinture étroite. Il ne s'arrêterait pas, mais s'épaissirait, rendant finalement tout progrès impossible. À la lueur de la torche, les petits arbres se tenaient impénétrablement proches.

« Voici notre couverture ; pas le temps de contourner ce patch, et ce n'est pas nécessaire non plus », ai-je dit.

"Eh bien, je suis content", a commenté Kent.

«J'aurais aimé que nous n'ayons pas laissé nos pardessus derrière nous», ai-je réfléchi. "Voyons. Quatre heures avant le jour. Nous aurons terriblement froid. Allons les chercher. Beaucoup de temps. Rien d'autre a faire."

De retour sur la rive de la rivière, j'ai attaché mon mouchoir à une branche, à hauteur de genou au-dessus du sol. Après avoir soigneusement regardé autour de moi, pour imprimer dans mon esprit les contours du paysage, nous sommes repartis.

Je n'avais pas le moindre doute sur notre capacité à retrouver nos sacs et à disparaître de nouveau dans notre cachette. Le creux où nous les avions laissés ? Seigneur! Je pourrais y marcher les yeux bandés. Je pourrais dessiner sa forme maintenant. Mon assurance n'a pas du tout été atténuée par les sombres pressentiments de Kent, sur lesquels il a commencé alors que nous approchions de l'endroit.

Nous avons retrouvé le bateau, mais pas nos bagages ; nous l'avons cherché pendant plus d'une demi-heure, avec une certaine insouciance à la fin. Il y avait des milliers de creux apparemment identiques. Ils s'étaient multipliés à l'extrême pendant notre absence. Je pensais les avoir tous inscrits. Mais nos bagages ont été perdus et sont restés perdus.

"Pas d'Utilisation. Nous devons y aller. J'ai finalement cédé à l'impulsion des autres.

Vers 15h30, nous nous sommes allongés sur les feuilles sèches parmi les jeunes arbres de chêne et nous nous sommes endormis.

CHAPITRE XXV
LE DERNIER TOUR

Une demi-heure plus tard, nous étions de nouveau réveillés, frissonnant et claquant des dents. Le vent se levait et bruissait dans la canopée de feuilles au-dessus de nos têtes. Il faisait sombre et extrêmement froid.

«Je vais faire quelque chose», ai-je annoncé. « Nous pourrions avoir de la pluie. Je vais construire un abri.

Les jeunes arbres de chêne constituaient un matériau idéal pour une tonnelle, même si le couteau à fermoir ne mordait pas facilement leurs fibres dures. Ensemble, nous avons entrelacé les couronnes de six ou sept jeunes arbres robustes, poussant en cercle, et avons tordu de longues branches dans et hors des tiges. Nous avons réalisé un toit petit mais dense. Nous avons recouvert le sol de petites brindilles et de feuilles jusqu'à une profondeur de deux ou trois pouces.

L'effort a fait circuler à nouveau le sang dans nos veines. Avant que nous ayons fini, il faisait jour.

Le vent s'était transformé en un vent violent qui hurlait, rugissait et bruissait parmi le feuillage, envoyant parfois des tourbillons jusque dans notre cachette. Cela empêchait la pluie, qui menaçait de temps en temps au cours de la matinée. Il n'y avait pas de moustiques. Je ne crois pas qu'il y en ait jamais parmi les chênes.

Plusieurs excursions au bord de la rivière, à deux ou seuls, l'un de nous restant toujours sous la tonnelle, nous réchauffaient un peu lorsque nous avions froid jusqu'aux os. Le sentier fluvial et la ceinture de buissons épars restèrent déserts toute la journée. Mais nous avons observé un trafic fluvial considérable. De longues files de barges, pour la plupart vides, étaient remorquées en amont par de puissants remorqueurs.

Tynsdale fit un tour vers l'ouest, loin de la rivière, et signala une ferme à quelque distance de notre cachette dans cette direction, ainsi que l'existence d'un étang et d'une ceinture de marais derrière le fourré.

Nous avons dormi par bribes de minutes, jusqu'à ce que le froid nous réveille à nouveau et nous fasse à nouveau danser ou explorer. C'était le camp le plus misérable que nous ayons jamais connu, mais le plus sûr et celui où nous avions le moins soif. Il y avait plus d'eau autour de nous que ce qui était tout à fait souhaitable, pensions-nous à l'époque. Vingt-quatre heures plus tard, avec le recul, nous avons changé d'avis.

La distance de ce camp à la frontière hollandaise était de cinq milles à l'ouest-nord-ouest, à vol d'oiseau. En face de nous, la frontière traversait un vaste marécage, la lande de Bourtange, longue de vingt-cinq milles et large de cinq à sept milles.

D'après notre carte, ni route ni sentier ne le traversaient, ce qui était une des raisons pour lesquelles nous l'avions choisi comme point de frappe. Les « informations reçues » nous avaient confortés dans l'idée que les marécages qui s'étendent le long de presque toute la frontière nord entre la Hollande et l'Allemagne peuvent être traversés en été et en automne pendant les années normales. D'autres informations tendaient à montrer qu'en comparaison, leur surveillance était négligente. Je n'avais jamais oublié un article de journal que j'avais lu à Ruhleben au cours de l'hiver 1915-1916. Un territorial avait décrit ses fonctions de garde-frontière. Il y avait un passage : « Quand j'étais en service, je partageais une petite cabane avec un autre homme… Nous avons dû marcher deux heures jusqu'au poste le plus proche. Deux hommes pour garder deux heures ! Ridicule! Camouflage! mais reste-

Notre itinéraire traverserait la moitié nord de la lande. J'en avais maintes fois parlé avec mes compagnons.

« Il y a cette grande forêt à l'extrémité nord du marais. Si les pluies récentes ont rendu le marais impraticable, il faudra s'y rendre et tenter de franchir la frontière là où il traverse le bois. Je devrais détester devoir faire ça. Cent contre une, les sentinelles y seront aussi épaisses que des mouches en été. Mais nous n'avons peut-être pas d'alternative. Pour cette éventualité, nous prendrons la route la plus favorable à travers le marais, en marchant d'ouest en nord. Comme nous devons continuellement contourner les mauvais endroits, nous ferons toutes les corrections vers le nord, et nous nous dirigerons ainsi vers le bois, et diminuerons ainsi la distance.

« Ces deux routes parallèles à la rivière, que nous devrons traverser avant d'arriver au marais proprement dit, seront dangereuses. Je ne devrais pas me demander si des sentinelles et des patrouilles s'y trouveraient. Mais je ne peux pas imaginer comment ils peuvent facilement soulager un homme dans un bourbier sans voies ; peux-tu?"

À 17h30, nous avons pris notre dernier repas. C'était un modèle très mince. Nous n'avions réservé que du chocolat et la boîte de comprimés de lait malté Horlick, que nous avions toujours considéré comme notre ration d'urgence. Nous les avons divisés en parts égales.

À 17 h 45, j'ai conseillé de couper des douves longues et robustes. Ils seraient utiles, pensai-je, pour le travail qui nous attend. Je ne pensais pas qu'ils feraient toute la différence entre l'échec et le succès.

A 6 heures, nous ne pouvions plus le coller dans le fourré. Nous sommes sortis et avons marché de long en large derrière les buissons, en attendant la nuit.

Bien sûr, nous étions à cran. Je ne crois pas que nous ayons dormi dix-huit heures depuis samedi. C'était maintenant vendredi. Et nous attendions simplement, attendant le moment où nous pourrions agir, où la partie allait se décider. Nous n'étions pas très nerveux, mais nous étions maîtrisés. Je pense que nous pensions tous que nous devions réussir, même si j'ai essayé de voir le côté noir des choses. Il paraissait tellement impossible que trois années, trois années ! de captivité fussent terminées . Avons-nous regardé loin devant ? Je me souviens que mon esprit n'allait pas plus loin que de visualiser une rivière, à environ un mile de l'autre côté de la frontière, ce qui devait nous dire que nous étions libres !

Le soleil avait disparu, le vent s'était calmé. Le ciel, débarrassé des nuages, s'étendait d'un bleu pâle d'une ligne d'horizon à l'autre. Un croissant de lune l'avait aperçu pour la dernière fois au-dessus de la limite occidentale du monde et suivait le soleil. Les ombres devenaient denses sous les buissons et le feuillage de la canopée.

La rivière murmurait doucement tandis que nous allions boire. Tynsdale s'accroupit contre la berge escarpée et tendit les bouteilles pleines, une à une. Nous avons pris nos bâtons et avons descendu la rivière très lentement, avant qu'il ne fasse complètement nuit, à la recherche de la campagne sur la gauche.

Les étoiles étaient apparues les unes après les autres. Rapidement, leur nombre augmenta, jusqu'à ce que des myriades d'entre eux scintillent et brillent. C'était une nuit absolument idéale pour notre objectif.

Les chênes sur notre gauche ont pris fin. Une dépression peu profonde, avec des reflets d'eau ici et là, s'interposait entre nous et la colline à quelque distance de là.

« Ici, nous commençons, dis-je, notre dernier tour !

« Huit heures trente », dit Kent.

"Allez!" J'ai répondu.

En descendant de la rive du fleuve, nous trouvâmes le terrain le plus difficile. Deux ou trois larges fossés de drainage étaient franchis à l'aide de leurs écluses, les plus petits étaient franchis avec nos douves. Puis vinrent des prairies marécageuses et des étendues d'eau ouvertes. Pendant environ une heure, nous étions presque toujours au-dessus de nos chevilles, souvent beaucoup plus profondément, errant dans les endroits les moins profonds.

Dans une sorte de vallon, sur un terrain montant maintenant, avec de petits taillis à droite, à gauche et devant, nous nous arrêtâmes, enlevâmes nos bottes, les vidâmes de l'eau, et essorâmes nos chaussettes et nos pantalons. C'était bien nécessaire. Le bruit jaillissant de nos pas annonçait notre présence au loin dans la nuit calme.

Ici, si je ne me trompe, c'était peut-être un peu plus tard, nous avons fixé l'ordre de notre marche. J'ai pris la camionnette. Ma tâche était de choisir le chemin pour garder la direction. Kent, ensuite, devait prêter une attention particulière à notre environnement le plus proche, essayer de repérer les dangers – sentinelles et patrouilles, etc. – et compter le temps. Tous les quatre ou cinq cents mètres, il devait signaler « à terre », lorsque nous devions « échouer ». Par cette manœuvre, nous rétrécirions l'horizon et, peut-être, repérerions des sentinelles contre la ligne du ciel. Tynsdale, à l'arrière, devait vérifier la direction et parler s'il me voyait faire un faux mouvement. Nous devions tous garder les yeux grands ouverts et tous les sens en alerte.

Lorsque nous avons atteint le sommet, nous sommes descendus silencieusement. Il y avait la première route, en travers de notre parcours, à peine visible sur l'étendue noire et plate. Rien ne bougeait ; aucun bruit, sauf celui de notre propre respiration, ne troublait le silence. En traversant obliquement quelques champs, nous arrivâmes à la deuxième route.

Nous nous accroupîmes de nouveau. "Tout va bien. Continue."

Ensuite, une surface lisse et très élastique rendit la marche agréable pendant un court moment.

« Hou… » commençai-je.

"Maisons à gauche et à droite devant!" murmura Kent. Encore une fois, nous avons regardé et écouté.

Il s'agissait de deux petites structures individuelles, distantes d'environ trois cents mètres, comme si elles étaient tombées d'une boîte de jeu géante pour enfant. Après avoir traversé l'espace intermédiaire, j'ai trouvé un chemin pour passer devant eux.

Alors commença le marais proprement dit, aussi plat et aussi noir, d'abord, comme un lac d'asphalte figé, couvert de la même végétation extrêmement courte que nous avions déjà rencontrée, comme de très petites plantes de bruyère, ou leurs racines densément entrelacées, et très élastique avec la tourbière cachée en dessous.

Avec le plus grand soin, j'ai gardé l'étoile du nord juste un peu devant mon épaule droite. Nous avancions rapidement. Il ne semblait pas possible que des sentinelles se tiennent sur un terrain vague sans trace.

Je me sentais très sûre de moi, très exaltée, très heureuse. Nous avons eu le temps de remarquer notre environnement. Ils étaient extrêmement étranges. Nous étions au centre d'un cercle parfait, noir comme de la poix, à l'exception de quelques taches blanchâtres devant nous.

Ces taches blanchâtres se rapprochaient. Le premier que nous avons approché, j'ai testé avec mon staff. Sable ferme ! Ils se multipliaient, se rejoignaient ici et là. Seulement d'étroites bandes noires maintenant, reliées à de plus grandes zones noires au-delà. Soudain, l'un des espaces blancs, pas du tout différent à regarder de ceux que nous avions déjà traversés, était de l'eau. Correction nord. Ils étaient tous de l'eau ! Nous étions poussés vers le nord à un rythme effréné. J'ai donc corrigé une ou deux fois vers le sud, d'abord, puis alternativement avec une déviation vers le nord.

C'était une tâche angoissante de choisir le chemin. Nos arrêts et nos enquêtes délibérés étaient devenus de moins en moins fréquents à mesure que les arrêts involontaires augmentaient en nombre. Parfois nous avions vu et croisé une piste.

Je pense que Kent venait d'annoncer « midi », quand...

« Pfatt ! » dit un fusil, loin au nord. Nous avons regardé attentivement dans la direction du son.

« Pfatt ! » répéta-t-il méchamment ; « pfatt ! »

Nous ne pouvions pas voir le crachat de flammes. Cela devait être dans le bois. Plus tard, lorsque nous avons rencontré les hommes à qui les balles étaient destinées, cela s'est avéré exact.

Sans dire un mot aux autres, je me tournai plein ouest. Les marais sont plus gentils que les fusiliers allemands.

Nous avons cessé de faire des remarques. Nous étions trop nerveux pour parler.

«C'est un patch d'un genre différent», ai-je pensé. Comme un argent terne, il brillait sous les étoiles, mais pas aussi brillant que les autres. Le sol était très instable autour de nous. Je sentais de lentes vagues rouler lentement sous mes pieds, provoquées par mes propres pas et ceux de mes compagnons sur le mince tapis de matière végétale recouvrant le marécage. Lorsque j'ai testé le patch, j'ai trouvé qu'il s'agissait de slime. Correction vers le sud, tout le sud maintenant, pour s'éloigner du bois. Les zones de bave se multipliaient, se multipliaient, se confondaient. Le troisième auquel je suis arrivé a d'abord semblé opposer une certaine résistance au bâton de sonde, puis la perche est entrée comme dans l'eau. J'ai perdu l'équilibre. Mon pied gauche a basculé vers l'avant pour trouver une autre prise. Instantanément, c'était sous la surface. Les bras de Kent étaient tout aussi rapides autour de moi. Violemment, il me repoussa, je m'accrochai à mon bâton.

"Merci!"

Le terrain empirait de plus en plus. Certains des endroits visqueux qui semblaient plus fermes que les autres que nous avons traversés. D'un pied plat, nous glissions dessus l'un après l'autre, nos bâtons tenus horizontalement.

Brusquement, nous nous trouvâmes dans les coupes de tourbe – de grands trous et fossés béants, s'étendant principalement du nord au sud, noirs, avec parfois une étoile ou deux, se reflétant dans l'eau sale à environ un pied au-dessous du bord. Le passage devait se faire sur des ponts de tourbe debout, larges à peine de plus de deux pieds, qui se balançaient à mesure que nous les parcourions d'un pas traînant. Je m'en tenais résolument à la direction ouest, du mieux que je pouvais. Aller vers le sud semblait plus facile, mais cette direction signifiait aucun progrès vers la frontière, bien au contraire. Et le nord ? Non, merci! Pas après ces tirs.

Je me tenais en équilibre précaire sur un pont de tourbe, le poteau lancé très en avant comme troisième jambe – oh, ces précieux bâtons ! – lorsqu'un clapotis retentit derrière moi et un gargouillis. Kent était entré.

"Ce qui s'est passé? Tu ne peux pas l'aider ? Je ne peux pas!" J'ai appelé Tynsdale.

Nous étions bien trop stressés pour ressentir une émotion particulière. En tout cas, je l'étais. Et pour ce qui est d'aider, je ne pouvais même pas tourner la tête sans perdre l'équilibre.

Avant que Tynsdale ait pu répondre, j'ai entendu un léger bousculade, le bruissement de l'eau, puis la voix sourde de Kent exprimant son opinion totalement intransigeante sur les coupes de tourbe. Une partie de son pont s'était effondrée sous son pied. Il était tombé dans un trou. Le gros jeune arbre de chêne, tenu fermement à deux mains, une extrémité enfoncée dans le sol pour tenir, était tombé à travers l'ouverture, son autre extrémité descendant sur le sol ferme. Cela avait maintenu Kent suspendu. Seules ses jambes étaient entrées dans l'eau.

L'incident m'a décidé. « Sud », ai-je appelé par-dessus mon épaule.

Peu de temps après, les tourbières se raréfient.

"Ouest!"

Il y avait encore des taches gluantes ! Nous en avons fait le tour quelques-uns. Nous avons traversé la plupart d'entre eux en ligne droite. Ils semblaient plus fermes ici. Quelques feuilles d'eau beaucoup plus petites ! Puis à nouveau une surface plane, ininterrompue et élastique.

Nous allions tous fort, pour nous diriger vers l'ouest aussi vite que nous pouvions mettre les pieds sur terre ; aucune idée, maintenant, de s'accroupir.

Un fil de fer barbelé, derrière lui un fossé large et profond, au-delà un champ labouré, se trouvait devant nous.

L'esprit humain est un étrange artifice. Nous venions de négocier un terrain plutôt laid. Nous ne nous étions pas préoccupés des risques que nous avions pris, et nous en avions à peine pris conscience. Nous hésitions maintenant quelques instants devant un fossé aux parois fermes que, dans le pire des cas, nous aurions facilement pu franchir à gué. Finalement, nous sautâmes et tombâmes dans l'eau jusqu'à mi-genoux. J'y ai perdu ma précieuse gourde en aluminium. Puis à travers le champ, à travers un autre fossé, et ainsi de suite quatre fois.

En chemin, j'ai demandé à Tynsdale : « Rien à remarquer sur notre parcours ?

"Je pensais que vous l'aviez modifié et que vous aviez basculé plein ouest à un moment donné."

"Oui, après les coups de feu."

"Intentionnel?"

"Bien sûr!"

"Je le pensais."

Un canal, apparemment en construction, était traversé sur un gros tronc d'arbre qui le franchissait. Kent et moi l'avons fait à califourchon. Tynsdale marchait. Deux cents mètres plus loin, nous nous trouvions sur les rives d'un autre canal pleinement développé.

« Nous devons être en Hollande », ai-je remarqué.

"Je ne voudrais pas le dire", a répondu Kent. "Vous savez qu'il y a un canal parallèle et proche de la frontière du côté allemand, quarante ou cinquante milles plus au sud."

"Oui, et c'est marqué sur notre carte, et ce n'est pas le cas."

« Une rivière, pas un canal, devait nous montrer que nous étions en Hollande
! »

« C'est vrai, mais ils ont peut-être transformé la rivière en canal. Mec, la
frontière traverse le marais. Nous sommes hors du marais. Nous sommes en
Hollande, je vous parie ce que vous voulez.

"Je ne pense pas que tu devrais être aussi sûr de lui."

"Mais je suis. Ici, tu veux traverser à la nage ?

"Non."

"D'accord! Nous tournerons vers le sud le long de ses rives ! »

Bientôt nous arrivâmes devant une maison qui se trouvait à une centaine de
mètres à l'est, vers l'Allemagne.

« Allons voir », ai-je suggéré. Nous l'avons fait.

Le caractère même de la chaumière, tel qu'il était, me paraissait anti-allemand.
J'ai sorti ma lampe de poche : « Ce n'est pas allemand. Regardez cette porte
d'entrée. Décoré de fleurs peintes !

Kent arriva de quelque part, essoufflé : « Cela ne peut pas être l'Allemagne !
Il y a un grand plat plein de pommes de terre sur la table dans la pièce de
devant !

« Frappons ! »

Nous avons frappé. Nous n'eûmes pas le temps de poser des questions, car,
avant que le dernier coup ait sonné : « Hollande ! Hollande!" » appela une
voix masculine de l'intérieur.

Hollande! Nous nous sommes levés et nous sommes regardés en silence, puis
nous avons reculé de quelques pas.

"Salut, les garçons," dis-je. "Hanche, hanche, hanche—"

Trois faibles acclamations semblèrent immédiatement englouties dans
l'obscurité. Comme nos voix étaient minces, faibles et lointaines !

Puis nous avons fait demi-tour pour nous diriger vers le village le plus proche.

CHAPITRE XXVI
ENFIN LIBRE

Nous avions à peine fait quelques pas lorsqu'un homme courut après nous. Son néerlandais et notre allemand ont rendu la conversation possible. Kent était plutôt doué pour comprendre et transmettre son message.

« Orlog gefangenen ? » » demanda l'homme.

"Ouais, ouais!"

« Roosland ? »

« Non, non ; Engelsch !

"Engelsch?" Il nous saisit la main et la serra chaleureusement. Ensuite, nous avons dû le raccompagner à son chalet. Il nous a fait entrer dans la pièce où Kent avait vu le « grand plat rempli de pommes de terre ». Sa femme, en tenue pittoresque, lançait une volée de questions à son mari, joignait les mains, serrait les nôtres et commençait à allumer la cuisine. Deux filles – ou y en avait-il trois ? – surgirent des lits caverneux des cabanes, enfoncés dans le mur. Timidement, ils s'habillèrent devant nous.

Ensuite, la table était remplie de choses à manger. Nous avions du veau frit, du pain, du beurre et beaucoup de lait et de café chaud. Tout cela nous a été proposé spontanément dans la maison d'un ouvrier agricole à 2h30 du matin. Avec envie, je regardais mes compagnons prendre leur repas. J'étais trop épuisé pour en faire plus qu'un spectacle.

Un peu plus tard, l'homme nous a accompagnés au village le plus proche, Sellingen. Il marchait devant avec Kent, Tynsdale et moi suivions à l'arrière. La promenade était un cauchemar pour moi. Notre guide portait une lanterne. Je ne pouvais détourner mes yeux de son reflet au sol. Les rayons directs me transperçaient les yeux de manière intolérable. Il semblait suspendu à une arcade gothique qui s'éloignait toujours devant moi. J'étais presque convaincu de la réalité de l'arcade.

« Ne pouvons-nous pas franchir cette porte ? » J'ai demandé à Tynsdale.

« Quelle porte ? Ici, où vas-tu ? et il m'a tiré le bras et m'a évité de marcher dans le canal. Après cela, je me suis ressaisi et je me suis senti mieux. Mes deux amis étaient beaucoup plus frais que moi.

Nous arrivâmes enfin au village et on nous donna un délicieux lit sur beaucoup de paille, avec beaucoup de couvertures.

Kent se leva tôt le lendemain matin. Il accepta je ne sais combien d'invitations successives à déjeuner, tandis que Tynsdale et moi dormions jusqu'à sept heures et demie. Au cours de la matinée, nous avons été conduits à un poste militaire à Ter Apel par le policier du village, qui est apparu dans son plus bel uniforme, avec deux énormes pompons d'argent sur la poitrine.

L'atmosphère même était différente. Un sergent à la charge duquel nous étions confiés regrettait de ne pas pouvoir mettre à notre disposition des chambres convenables. "Mais comme il faudra d'abord mettre ces messieurs en quarantaine, ils comprendront peut-être si on les éloigne des meubles rembourrés."

Nous nous sommes lavés et avons pris un excellent repas avec une bouteille de porto.

« Avez-vous rencontré des sentinelles ? on nous a demandé.

"Pas une."

"Où as-tu traversé?"

"Au nord de Sellingen."

« Vous êtes donc passé par le marais ? » avec des sourcils relevés.

"Oui, juste en face."

"Tu as eu de la chance. Il y a encore quinze jours, des sentinelles se tenaient le long de la frontière à intervalles de cent mètres. Puis ils se retirèrent, car le marais devenait impraticable. Vous aussi, vous avez eu de la chance de traverser l'Ems. Un grand nombre de fugitifs s'y noient.

« Un jour, lors de ma première tentative, je me suis fait prendre par les Allemands sur le sol néerlandais », ai-je remarqué au cours de la conversation.

"Quoi? Sur le territoire néerlandais ? Où était-ce?" Le sergent était très intéressé.

« Je peux vous le montrer sur une carte. C'était au nord-ouest de Bocholt.

Il disparut et revint avec des cartes et des formulaires télégraphiques. Je lui ai raconté mon histoire, il a pris des notes et écrit deux télégrammes.

« Ce que vous dites est possible », dit-il enfin. "Nos hommes se tiennent à trois cents mètres derrière la frontière réelle."

Nous avons passé les deux nuits suivantes dans un refuge à Coevorden. Nous y avons rencontré un certain nombre de soldats et de sous-officiers russes qui avaient réussi leur évasion et attendaient, comme nous, d'être envoyés dans un camp de quarantaine. Parmi eux, trois avaient traversé la même nuit que nous, mais à travers les bois à l'extrémité nord du marais. Nous leur sommes redevables, ainsi qu'à leur camarade décédé sur le sol allemand, des coups de semonce de minuit.

S'ensuit une quinzaine de jours dans un camp de quarantaine à Enschede. Selon la réglementation néerlandaise, toute personne « franchissant la frontière de manière irrégulière », sans passeport, visée par un consul néerlandais, est soumise à cette quarantaine. Nous avons essayé d'écourter notre séjour là-bas, en prétendant que nous venions d'un camp sain. Nous n'avons pas réussi.

Nous n'avons pas aimé le camp d'Enschede. La nourriture était insuffisante pour nous, qui ne pouvions vivre presque exclusivement de pommes de terre. Nous avons trouvé étrange que nous ne soyons pas autorisés à compléter nos rations en achetant de la nourriture supplémentaire. Au début, les seules choses que nous pouvions acheter étaient des pommes et du chocolat, et seulement en quantité limitée. Notre profonde gratitude va cependant à M. Tattersall d'Enschede, qui s'est occupé infatigablement de nous et des autres Anglais du camp d'Enschede, au grand désavantage de sa poche.

Après avoir reçu un certificat de bonne santé, en tant que civils, nous avons été autorisés à nous rendre à Rotterdam sans garde. Nous y sommes arrivés un soir à dix heures, et j'ai été aussitôt arrêté, étant pris pour un détourneur de fonds qui avait décampé le même jour de quelque part, emportant avec lui quinze mille florins de l'argent d'autrui. Mon passeport sanitaire a sauvé la situation.

Le lendemain matin, nous étions au consulat britannique. Le reste de la journée, nous avons parcouru la ville en automobile, du consulat au bureau des expéditions, du bureau des expéditions à un autre endroit, de là au médecin du consulat, de retour au bureau des expéditions et au photographe. , et encore une fois au consulat. Cette nuit-là, nous étions à bord à Hoek van Holland.

Deux jours après… !

Dans l'aube grise d'un matin d'automne, notre petit navire s'est levé face à la houle montante alors qu'il s'éloignait pour prendre place dans le convoi. Bientôt, elle dansa joyeusement au son strident du vent et au bruissement grésillant des mers. Deux longues formes grises et basses nous accompagnaient sur chaque quartier. À peine perceptibles au début, ils sont devenus plus distincts avec la lumière. Ils étaient plus nombreux, mais invisibles, gardant la longue file de navires. Parfois, d'autres formes apparaissaient à l'horizon, très pâles dans leurs peintures de guerre.

Vers le soir, je revis les pilotis bien connus d'un débarcadère britannique. Combien de fois je les avais imaginés pendant trois longues années ! C'était toujours là que j'avais imaginé mon retour. C'était devenu réalité.

Six semaines plus tard : Heure : 10 HEURES DU MATIN. Entre le serviteur.

"Vous êtes recherché au téléphone, monsieur."

"Qui est-ce?"

"Il ne veut pas donner de nom, monsieur."

« Merci. - Bonjour ! Tiens!"

"C'est M. Keith?"

"Oui. Qui parle?"

"Tu ne reconnais pas ma voix, Eric?"

"Non, je ne peux pas dire que oui."

"C'est Wace!"

"Qu'est ce que c'est?"

"Moi... Wallace, Wallace !"

"Bonté divine!"

"Oui; arrivé hier soir ! Je parle de Hackney. *Tu* sais!"

Wallace avait donc gagné aussi, même s'il jouait en solitaire !

www.ingramcontent.com/pod-product-compliance
Lightning Source LLC
LaVergne TN
LVHW040517200726
843493LV00017B/1321